예수님과의 대화

예수님과의 대화

3쇄 인쇄 2024년 1월 15일
3쇄 발행 2024년 1월 19일

지은이　지정금
발행인　한치호
펴낸곳　종려가지
주　소　서울시 은평구 은평로14길 9-5
전　화　02-964-6993
팩　스　02-2208-0153
등　록　제 311 20140000 13호(2014.3.21)
E-mail : 153books@hanmail.net

ISBN 979-11-952561-7-4

정가 : 15,000원

- 이 출판물은 저작권법에 의해 보호받는 창작물이므로, 무단 복제와 무단 전재를 할 수 없습니다.
- 잘못된 책은 구입하신 곳에서 바꿔드립니다.

예수님과의 대화

은사사역 50년, 주님과 동행해 온 길

지정금 목사 간증

추천사

내가 우리 총회 사무실에서 지정금 목사를 처음 만난 지도 20여년이 지났다. 그때 우리 교단으로 들어 올 때에 내가 직접 인터뷰를 했었는데, 지 목사에게는 그때나 지금이나 시들지 않는 한결 같은 열정이 있다. 진리를 사수하는 목자 특유의 열정이리라 생각한다.

지 목사와 대화하다 보면 그에게서 주님을 뜨겁게 사랑하는 마음이 느껴진다.

나는 지 목사를 영육간에 지정의의 고른 성장을 요구하시는 예수 그리스도의 전인 치유사역에 아주 충실한 여종이라고 생각 한다. 지 목사는 진리의 말씀을 수호함에 있어서는 옳곧기가 그지없고 타협도 하지 않는다. 그러나 지 목사가 자연치유로 다가 올 때는 마치 엄마의 손길처럼 푸근하다. 지 목사의 해박한 건강의 지식을 듣고 있다 보면 나에게도 태초의 자연환경으로의 갈망을 촉구하게 한다

– 태초의 자연으로 돌아가야 태초의 건강을 누릴 수 있다 –

이것이 지 목사가 지은 건강 지침서의 서두이다.

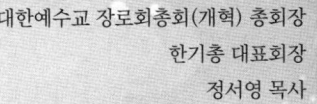

대한예수교 장로회총회(개혁) 총회장
한기총 대표회장
정서영 목사

　영혼의 건강은 하나님 말씀을 먹음으로 건강을 유지하고 육의 건강은 태초의 순 음식 섭생과 인체에 대한 지식으로 건강을 관리하자는 것이 지 목사의 – 태초 건강지론 –이다.

　나도 총회와 신학교의 일로 바쁜 일정 속에 가끔 몸이 지칠 때면 지 목사에게 몸의 관리를 맡기기도 하면서 우리 총회와 지 목사는 지난 20여년을 함께 걸어 왔다.

　지 목사에게는 지식을 탐구하는 남다른 열정도 있다. 본인이 지금껏 배우고 아는 지식에 안주하지 않고 목자로서 양들을 인도하는 자답게 더 열심히 더 많이 배우려고 항상 노력하는 그 자세가 우리 총회의 이념과 같아서 보기 좋다.

　용인에 머물면서 한 동안 총회에도 잘 보이지 않고 기도 생활만 하는가 싶더니 그간에 간증집을 내게 되었다는 기쁜 소식을 접하면서 추천에 즈음한다.

머리글

"내가 네게 준 내말 들을 기록하라."(계 21:5~7)

사랑하는 성도님들께

주께서 명령하신 말씀에 의지해서 그동안 주께서 저와 함께 하시며 저의 삶 가운데서 역사하셨던 주님의 일들과 주님께서 제게 직접 대화하시며 들려 주셨던 주님의 말씀들에 대한 기록입니다.

이제는 더 미룰 수가 없다는 절박한 심정으로 그간에 미뤄왔던 기록 중재의 작업을 시작함에 앞서서 이 일을 허락하신 주님께 감사를 드리오며, 이 글은 지난 50여 년 전에 처음 임하신 말씀 계시로부터 시작하여 최근까지 저의 영안을 밝히시어 하늘의 비밀과 온 교회와 성도들의 삶에 대하여 인도하고 계시는 주의 역사하심의 산 간증입니다. 성령님의 인도하심에 의지하여 사실 위주로 기록한 저의 진솔한 고백입니다.

제가 간증문마다 관련 성구를 찾아서 기록을 하였는데, 때때로 막힐 때마다 주께서 친히 성경책을 펼치시면서 간증과 관련된 말씀들을 찾도록 도와 주셨습니다.

이 글을 읽는 모든 성도님들께 천지에 충만하신 하나님의 복이 함께 하시길 우리 주 예수 그리스도의 이름으로 기도합니다.
 여종은 십자가 뒤로 감추어 주시고 주님 홀로 영광 받으시옵소서. 아멘.

2014년 7월

지정금 목사

목차

머리글 _ 6

01. 새벽 종소리 _ 13
02. 주님의 인도하심 _ 23
03. 주님의 음성 _ 26
04. 주님의 현현하심 _ 34
05. 내 증인이 되라 _ 39
06. 교회 안의 우상들 _ 41
07. 훈련과 연단 _ 45
08. 믿는 자들의 시련 _ 49
09. 병을 치료하신 하나님 _ 52
10. 내 뜻은 여전하니라 _ 56
11. 가르치시는 하나님 _ 63
12. 내 주를 가까이 하게 함은 십자가 짐 같은 고생이나 _ 65
13. 김치 장사 _ 68
14. 순복음선교센터 506호 _ 73
15. 갈멜산 금식기도원 _ 79
16. 영이 분리되어 나가다 _ 83
17. 맨 마지막에 나가는 담배의 영 _ 87
18. 소나무의 격려 _ 89

19. 금식기도를 마치다 _ 92
20. 보호식의 실패 _ 95
21. 성령의 치유하심 _ 98
22. 나도 똑같은 팔이에유 _ 101
23. 무당의 속죄 _ 103
24. 며느리가 아픈 이유 _ 106
25. 개나리들의 찬양 _ 112
26. 자궁암 환자 _ 114
27. 병의 재발 _ 126
28. 여학생의 자궁암의 원인 _ 128
29. 강대상 의자 위의 똥 _ 134
30. 수도원에서 생긴 일 _ 139
31. 당뇨병 환자의 아들 _ 144
32. 손으로 지은 죄 _ 147
33. 벙어리가 되어 _ 152
34. 이웃집의 순호 할머니 _ 155
35. 환우들에게서 나간 것들 _ 159
36. 아기 해골을 가득 실은 두 대의 트럭 _ 162
37. 네가 외로운 것이 아니라 내가 외로운 것이라 _ 165
38. 죽은 자가 다시 살아났음 _ 167
39. 장군님의 심장병 _ 171

40. 옥황상제와 재림 예수 _ 175

41. 길 잃은 청지기 _ 186

42. 무학산의 십자바위 _ 190

43. 100일 작정 산 기도의 여인 _ 194

44. IMF 사태 _ 199

45. 아들의 본 아버지 _ 202

46. 음란죄의 회개 _ 205

47. 백포도주 한 잔의 의미 _ 209

48. 여자 목사라는 직분 _ 214

49. 예수교회 _ 216

50. 교회를 짓겠다더니 _ 220

51. 교회 땅의 경계 _ 224

52. 주께서 원하시는 자리 _ 227

53. 아직도 명예에 마음이 있느냐 _ 229

54. 남사의 우물 _ 231

55. 별미 기도의 역사 _ 235

56. 꼽추의 등을 펴주신 하나님 _ 242

57. 오십견 환자 _ 245

58. 모기 목소리 _ 248

59. 게하시의 기도 _ 251

60. 순응하라 _ 253

61. 그를 포기하라　_ 257
62. 건져 주어라　_ 262
63. 집사님의 친정어머니　_ 267
64. 사회주의 국가의 교회　_ 271
65. 기도하는 자의 의　_ 274
66. 헌신하는 자　_ 276
67. 아담아 네가 어디 있느냐　_ 280
68. 벙어리 귀신　_ 283
69. 생후 2개월된 서연이의 난소암　_ 290
70. 세월호 참사현장을 다녀가면서　_ 293
71. 비에 젖은 진도 앞산　_ 296
72. 명지대학교로 가라　_ 298
73. 백석대학교　_ 301
74. 주님의 책과 내 책　_ 303
75. 7월의 기도　_ 306
76. 두릅 순　_ 308
77. 문서 선교사　_ 310
78. 미국인 선교사　_ 313
79. 극동지역에서 가장 큰 자　_ 317

01 새벽 종소리

　　1982년 4월 27일 제가 스물여덟 되던 해였습니다. 그 무렵에 저는 그 간에 해오던 건축사업이 실패하는 바람에 돈도 어음들도 전부 부도가 나서 빈털털이가 되었습니다.

　어음장과 수표들이 다 쓸모없는 휴지쪼가리가 되어버리자 엄청난 스트레스로 인해 몸도 마음도 다 망가져 있었습니다. 심장병까지 생겨서 호흡곤란이 오는 바람에 하루하루를 근근이 약으로 연명하며 힘겨운 나날을 보내고 있을 때였습니다.

　비가 개인 어느 날, 모처럼 해바라기가 하고 싶어서 조심조심 골목길 밖으로 걸어 나와 이웃집 담벼락에 의지하고 서서 망연히 하늘을 바라보고 있을 때였습니다. 거의 매일 밤마다 불면증에 시달리면서 몸과 마음은 황폐해져 버렸고 모든 것이 다 망가져서 저는 아무런 소망도 없이 하루하루 지쳐만 가고 있었습니다. 날마다 삶과 죽음의 교차점을 오르내리며 혼자 앓는 번뇌의 연속이었습니다.

- 여태껏 나는 무엇을 하고 있었는지
나는 지금 왜 이곳에 머물러 있는 것인지
나는 무엇을 해야 하는지
나는 어떻게 살아야 하는 것인지
나는 누구를 만나야 하는 것인가
나는 도대체 무엇인가
나는 지금 무엇을 기다리고 있는 것인가 -
생의 번민은 끊임없이 저를 괴롭혔습니다.

어느 날, 밤새 잠을 설치며 가슴의 통증으로 몹시 괴로워하던 어느 새벽녘에 어디에선가 교회의 새벽 종소리가 귀에 들려 왔습니다. 저는 그 새벽 종소리에 이끌려서 새벽기도 시간에 그 교회를 몇 번 찾아 가 보았습니다.

잠이 안 오고 밤새 뒤척일 때에는 마치 넓은 운동장 한가운데에 혼자서 앉아 있는 듯한 절박한 심정이 되고는 했습니다. 그럴 때면 새벽녘의 종소리가 얼마나 반갑게 들렸는지 모릅니다.

그동안에, 만났던 사람들도 갑자기 제 곁을 다 떠나가 버렸고, 수중에 돈도 떨어지고 나니까 모든 것이 다 귀찮아지고 아무런 계획도 세울 수가 없었습니다. 그날, 모처럼 집 밖으로 나와서 해바라기를 하며 서서 있었는데 가끔 새벽 종소리에 이끌려서 교회에 갔을 때 보았던 - 그 윗동네의 교회에서 문 앞에서 안내를 하던 - 여 집사가 반색을 하며 제게 다가 왔습니다.

그녀는 볼 때마다 똑같은 검정색 몽당치마에 흰 저고리를 받쳐 입고 있었는데 나이가 50대 후반 정도 돼 보였습니다.

"아이고, 선생님 반갑습니다. 제가 선생님을 만나려고 지금 오는 중이었습니다. 잠깐만 저 좀 따라 가 주시지요."

"예? 어디를요? 이 시간에 교회 가자고요?"

"교회가 아니고, 저희 집에 좀 가시자고요."

"저, 지금 몹시 몸이 피곤한데 왜 그러시지요?"

"지금, 급히 선생님을 모시고 오라는 명령을 받아서 오는 길입니다. 선생님을 저희 집에 꼭 모시고 가야만 됩니다. 저희 집은 마침 요 앞에 찻길만 건너면 됩니다. 잠깐이면 됩니다. 잠깐만 같이 가십시다! 선생님이 꼭 만나야 할 분이 기다리고 있습니다."

"아니, 누가 나를 어떻게 알고 보자는 거예요? 좀 지나치십니다. 저도 그전에 교회에 다녀 봤는데요. 교회 다니는 사람들 말들이 너무 많고 해서 아주 딱 질색입니다. 사양하겠습니다. 제가 몸도 안 좋고 좀 힘이 드네요. 저 그만 들어가겠습니다."

"아, 그게 말이지. 예, 기도도 많이 하는 제가 잘 아는 분인데요. 능력도 많이 받은 예언가께서 저희 집에 오셨는데요. 그분이 저에게 하는 말이, 지금 길로 나가면 만나는 사람이 있는데 자기가 급히 만나야 할 사람이라고 하면서 저보고 그 사람을 무조건 저희 집으로 모시고 오라 했습니다.(눅 22:10) 평소에 예언이 아주 정확하신 분이라서 순종하는 맘으로 나왔는데 시장 통을 지나면서 아무리 많은 사람이 지나쳐도 제 맘에 감동이 없었습니다. 그래서 교회 쪽으로 기도하며 가다가 선생님을 보는 순간, 그 모시고 오라는 분이 바로 선생님 이란 생각이 들었습니다. 잠시면 됩니다. 잠시만 저희 집에 가줘야 되겠습니다."(마 21:2)

"좀 그렇네요…"

"그러면, 예… 선생님댁이 조 골목 안에 세 번째 집이 맞지요? 그 집에 첫 번째 방에 사시는 것 같던데 지가 가서 예언가 그분을 선생님 댁으로 모시고 오겠습니다. 잠시 지가 퍼뜩 갔다 오겠습니다."

저는 참으로 어이가 없었습니다. 그 여자는 누군가를 금새 끌고 올 기세였는데 그 여자는 이미 우리 집까지 다 알고 있었습니다.

임시 거처하는 그 쪼그만 셋방이 제가 사는 집이라고 알고 있는 것입니다.

마지막으로 한 장 남은 그 어음이 떨어질 날짜만 기다리면서 가지고 있던 돈으로 그럭저럭 호텔에서 생활을 하고 있던 저에게 어느 날, 동생이 호텔 방으로 불쑥 찾아 와서는 다짜고짜로 돈 십 만원만 내놓으라고 하길래 뭔가 필요한 것이 있는 것 같아서 10만 원짜리 수표 2장을 주었었는데, 알고 보니 동생이 그 돈으로 셋방을 얻어 놓은 것이었습니다.

"언니 하루 호텔비면 여기서는 그 돈이면 한 달을 살 수 있어. 여기에서 아파트로 들어갈 때까지만 살아봐." 라고 하면서 얻어준 조그만 월셋방이었습니다. 어느 결에 동생이 이부자리와 취사도구까지 다 사다가 갖추어 놓은 조촐한 살림방이었습니다.

예언가가 됐든 점쟁이가 됐든 간에 좁은 방으로 누굴 데려 온다고 하는 데야 자존심도 상하고, 괜히 새벽에 그 교회는 올라갔다가 진드기 같은 예수쟁이한테 잘못 걸렸다 싶기도 했습니다.

임시 거처하는 내 환경을 다 드러내기 보다는 성가셔도 내가 차라리 한번만 잠시 다녀오는 게 덜 귀찮겠다 싶어서 저는 하는 수 없이 그녀를 따라 가기로 했습니다. 그녀의 집은 꽤 괜찮게 지은 옛 한옥이었습니다. 안방에 문을 열고 들어서자 열 명쯤의 사람들이 빙 둘러 앉아 있다가 저를 모두 주목해서 바라보았습니다.

그 중에 한 젊은 남자가 저를 아래위로 쭉 훑어 보았는데 아마도 그가 저를 만나려고 하는 예언가인 모양이었습니다. 제가 문 바로 안쪽에 자리를 잡고 앉자마자 그 남자가 말했습니다.

"주께서 당신을 급히 부르고 계십니다. 그래서 오시라고 했습니다."

"주님이요, 저를요?"

"전에 서원하셨었죠?"

"서원이요?"

"주님께 약속한 것 말입니다. 그걸 지키셔야 됩니다."(민 30:2)

저는 한참 기억을 더듬어 올라가다가 한참만에서야 옛날에 교회 다닐 때 하도 급해서 하나님께 했던 일방적인 기도 약속이 기억이 났습니다. 오래 묵은 기억 속에서 희미하게 떠올린 가슴 아픈 이야기였습니다.

그 당시에, 저는 24살 되던 해에 저와 동갑의 남자를 만나서 열애에 **빠졌었**고 결혼을 준비하며 아기를 갖게 되었습니다. 그러나 출산이 임박해서야 그 남자의 진짜 나이가 스무 살이라는 것을 알았고, 그때, 애 아빠는 이런 저런 핑계를 대며 결혼의 약속이 자꾸만 늦어졌습니다.

그 당시에는 "미혼모"라는 단어가 상식 밖의 일이었고, 여자가 남자보다 연상이라는 것 자체가 크게 부도덕하게 여겨지는 때입니다. 신혼의 꿈에 부풀어 있던 저는 갑자기 아무 대책도 없는 "미혼모"가 되었고, 군대도 안 간 나이 어린 남자를 꼬드겨서 애까지 낳아 남의 아들의 앞길을 막는 부도덕한 나이 많은 여자라고 지탄을 받는 처지가 되어버렸습니다.

　어렵게 출산을 하고 친정에서 아기를 키웠습니다. 애기 아빠와 저는 가까운 교회에서 양가의 부모님들도 없는 조촐한 결혼식을 올리고 친정에서 함께 살았습니다.

　그러던 어느 날, 아기는 자기네 왕족 집안의 36대 종손이라고 하면서 시댁에서 아기를 데려다 키우겠다고 아기를 데려 오라 한다고 아이의 아빠가 말했습니다. 저는 젖 먹는 아기를 데려 오라는 것은 저를 시댁에서 며느리로 인정하겠다고 아기와 함께 오라고 하는 말인줄로 알고 그 다음날 바로 기뻐하며, 아기의 짐 가방을 대강 챙겨서 아기를 등에 업고 시댁으로 갔습니다.

　초인종을 누르자 가사 도우미가 밖으로 나오더니 다짜고짜로 제 손을 잡고서 집 뒤로 저를 끌고 가는 것이었습니다.

　"언니, 지금 오빠네 집에 아기 데려다 줄려고 왔지요?"

　"예…"

　"제 말 잘 들으세요. 어제 오빠네 집 어른들이 모여서 가족회의를 했는데요. 아기를 그대로 두면 오빠의 앞길이 두고두고 막힐 테니까 아기를 뺏어다가 해외로 입양을 시켜버리자고 합의를 봤습니다. 오빠도 그 자리에서 그렇게 하겠다고 했어요."

　"오빠가 동의를 했다고요?"

　"예, 오빠도 동의했어요. 그 자리에 있었고 저 보는데서 동의했다고요. 언니! 오빠를 사랑하지요?"

　"그럼요…"

　"그러면 절대 아기를 주지 마세요. 뺏기는 것이에요. 제가 집이 전라도 광

준데요 제가 두 달 전에 집에서 똑 같은 일을 당했어요. 애기 아빠랑 살게 될 줄만 알고, 시집에 아이를 먼저 보내라고 하는 말에 속아서 애기를 시집에 먼저 보냈다가 애기를 뺏겼어요. 그래서 제가 이렇게 미쳐서 집을 뛰쳐나온 것이에요. 저희 집 광주에서 잘 살아요. 미칠 것 같아서 무작정 서울로 와서 이 집에 처음 취직한 것이에요.

오빠를 정말 사랑한다면 애를 절대로 주지 마세요. 제가 두 달 전에 당한 일 하고 너무나 똑 같아서 이게 남의 일 같지가 않아서 -- 언니는 저처럼 속아서 억울한 일 당하지 마시라고 언니에게 이 말을 해 주는 것이에요."

그녀는 그렇게 말을 하고는 황급히 안으로 들어갔습니다.

저는 아기의 아빠가 그 가족회의 자리에 있었고 그 자리에서 아기의 해외 입양에 동의했다는 사실에 큰 충격을 받았습니다. 아기 아빠가 저에게 그런 사실을 숨기고서 아기를 먼저 데려간 다음에 잠깐만 기다리면 저도 자기네 집으로 데려 갈테니 아무 걱정 말고 아기를 보내라고 했다는 말이 거짓이었다는 사실이 쉽게 믿어지지 않았습니다.

한 평생을 함께 하기로 하고 결혼식까지 올리고 아기까지 낳게 한 그 사람이 거짓의 가면을 쓴 악마였다고 생각을 하니 아기만 없었다면 차라리 죽어 버리고만 싶었습니다. 허긴 그는 처음부터 저에게 자기 나이도 속였고, 여러 가지로 거짓말이 참 많았었습니다. 저는 아기를 등에 업은 채 아기의 옷 보따리를 들고서 그냥 터덜터덜 다시 친정으로 돌아 왔습니다.

그 후로도 몇 번인가를 돌도 안 지난 내 아들을 아이의 아비 집에서 뺏어

가려고 하는 통에 아이를 지켜야겠다는 일념으로 교회로 뛰어 가서는 아무도 없는 강대상 밑에 무릎을 꿇고 앉아서 계시는지 안 계시지는 지도 잘 모르는 하나님을 향하여 막연하게 울며 애원을 했었습니다.

"하나님, 이 아이를 저들에게 빼앗기지 않도록 지켜 주신다면 평생을 주의 일을 하며 살겠습니다."

다행히도 아이는 빼앗기지 않았습니다. 애 아빠는 군에 입대 한 뒤로 소식이 끊어졌고 저는 친정에서 아기를 키우며 젖을 떼기까지 기다렸습니다. 그 때, 저희 모자는 온갖 설움을 다 겪었습니다.

오동지도 다 지나 춘삼월인데
냉 고래에 밤새움은 아직도 춥네
배고픈 설움이야 잠들면 잊히련만
이도 저도 복을 못 탄 가엾은 우리 아가
젖가슴에 끌어안고 밤이 지난다

오동지도 다 지나 춘삼월인데
한 길에의 밤새움은 아직도 춥네

돌이 되어 아이의 젖을 떼자 저는 돈을 벌기 위해서 일어섰습니다. 그리고 하나님께 기도했습니다.

"하나님 아버지, 저에게 딱 3년만 시간을 주십시오. 지금부터 3년 동안에 아이에게 대학교 공부까지 가르칠 수 있는 돈을 벌어 놓고, 3년 후에 그때부터 주의 일을 하면서 살겠습니다."

희미하게 그때 했던 그 약속이 기억이 났습니다. 그러나 그 약속과 제 현실은 참 많이 떨어져 있었습니다. 저는 그 당시에 돈을 벌기 위해서 부산으로 내려 갔습니다. 그곳에서 살면서 그렇게 3년 동안을 저는 오직 아이의 장래를 혼자서 책임져야 하는 아빠와도 같은 엄마로서 열심히 살았습니다. 누군가 그랬습니다.

- 여자는 약해도 엄마는 강하다고 ‥‥-

저는 정말 열심히 일을 했습니다. 그러다 보니 막상 3년이 되었을 때에는 제가 벌여 놓은 사업체가 아주 잘 되고 있어서 제가 손을 떼는 것이 쉽지 않은 상황에 놓여 있었습니다.

그렇게 차일피일하면서 몇 년이 더 흐르면서 그렇게도 활발하게 잘 돼가던 모든 사업들이 갑자기 이상하게 부도를 만나면서 지지 기반도 없는 객지에서의 저의 삶 자체가 한 순간에 다 망가져버리고 빈털털이가 되어 심장병까지 나게 됐던 것입니다.(욥 1:16)

그러면서 제가 그녀를 그날 그 길에서 만나게 된 그때에 이르게 되었던 것이었습니다. 저는 그때까지만 해도 하나님이 계시는지 안 계시는지 조차도 모르면서 하루살이처럼 5살 먹은 아들과 둘이서 그날그날을 살아가고 있었습니다.

사람이 여호와께 서원하였거나 결심하고 서약하였으면 깨뜨리지 말고 그가 입으로 말 한 대로 다 이행할 것이니라 - 민 30:2

| 정금 생각 |

피조물들은 조물주에 대하여 대체로 동떨어진 개체처럼 저마다 나름대로의 삶에 급급하며 살아가고 있지만 그것은 우리의 시야가 가시적인 우주공간이라는 지식 수준에 머물러 있기 때문이다. 피조계에는 창조주의 절대적인 섭리가 총체적으로 운행하고 계신다. 성도라면 가시공간을 뛰어넘어서 창조주 하나님의 섭리를 볼 줄 아는 피조물로서의 겸허한 시각이 있어야 한다.

육을 지배하는 것은 영이다. 육은 짐승의 본능과도 같고, 영은 사람에게 생기를 주신 창조주 하나님과도 소통이 되는 생령의 수준이다. 나는 그동안 육적인 수준의 삶에 머물고 있었다. 그때 그 고마운 가사도우미를 통해서 나와 아기를 지켜주신 여호와 이레의 하나님께 감사를 드린다.

02 주님의 인도하심

　　그런데 지금, 생전 처음 보는 젊은 남자가 하나님만 알고 계셔야 하는 그 이야기를 하고 있는 것입니다. 순간, 저는 교회라는데도 점 같은 것이 있나 보다 하고 생각했습니다. 좀 어이없는 일이긴 했지만 사업도 가정도 다 망해 먹고, 병까지 얻어 매일 고통스럽게 버티는 그 마당에, 지푸라기라도 한 번 잡아 보자는 절박한 심정으로 그 예언가라는 남자에게 한 마디 했습니다.

　　"그래요? 그렇다면 하나님은 제가 지금 무얼 어떻게 하길 바라는지도 한번 말씀 해 보시지요."

　　그는 무엇인가 잠시 곰곰히 생각하는 것 같더니 말했습니다.

　　"지금은 제가 뭐라고 말씀을 드릴 수가 없고, 기도원에 가서 삼일 금식 기도를 하고 와서 삼일 후, 이 시간에 여기서 다시 한 번 더 만나지요. 기도하고 와서 말씀 드리도록 하겠습니다."

　　그 말에 조용히 앉아 있던 방 안의 모든 사람들이 흔쾌히 그러자고 동의하는 가운데 저도 그렇게 하기로 하고 일단 집으로 돌아 왔다가 삼일 후에 다시

어정쩡한 기분으로 그 집에 또 갈 수 밖에 없었습니다.

그 남자가 나를 위해서 무슨 기도를 한다는 것이 별로 믿어지지도 않았지만 하여튼 무엇엔가 이끌리듯 나는 힘이 없어서 휘청거리는 걸음으로 그 집을 또 찾아 갔습니다. 방 안에는 역시 전날처럼 십 여 명의 사람들이 모여 있었고, 예언가라는 그 젊은 남자도 와 있었습니다. 우리는 다같이 그 남자의 인도로 간단히 예배를 드렸습니다. 예배가 끝나자 그 남자가 제게 말을 했습니다.

"산에 가서 기도 하는데 주께서 환상 중에 나타나셔서 저에게 강보에 쌓인 갓 태어난 아기를 안겨 주셨습니다. 저는 그 아기를 받아 안고서 그 아기에게 옹달샘 물을 표주박으로 떠서 먹였습니다. 저는 그 아기가 선생님이라고 생각했습니다. 그러자 주께서 말씀하시기를 선생님이 지금은 제게 인도함을 받고 있지만 장차 먼 훗날에는 저와는 비교도 안 되는 어마어마한 큰 사역을 하실 분이라고 말씀하셨습니다. 선생님은 지금부터 백일을 아침 금식을 하며 6개월 동안 새벽 기도를 하라고 하셨습니다. 그러는 과정 가운데서 주님이 당신의 앞길을 인도하신 답니다. 그 이상은 저도 모르겠습니다. 제가 전할 말씀은 여기까지입니다."

사흘 동안 보지 못하고 먹지도 마시지도 아니하니라 그 때에 다메섹에 아나니아라 하는 제자가 있더니 주께서 환상 중에 불러 이르시되 아나니아야 하시거늘 대답하되 주여 내가 여기 있나이다 하니 주께서 이르시되 일어나 직가라 하는 거리로 가서 유다의 집에서 다소 사람 사울이라 하는 사람을 찾으라 그가 기도하는 중이니라 그가 아나니아라 하는 사람이 들어와서 자기에게 안수하여 다시 보게 하는 것을 보았느니라 하시거늘 아나니아가 대답하되 주여 이 사람에 대하여 내가 여러 사람에게 듣사온즉 그가 예루살렘에서 주의 성도에게 적지 않은 해를 끼쳤다 하더니 여기서도 주의 이름을 부르는 모든 사람을 결박할 권한을 대제사장들에게서 받았나이다 하거늘 주께서 이르시되 가라 이 사람은 내 이름을 이방인과 임금들과 이스라엘 자손들에게 전하기 위하여 택한 나의 그릇이라 그가 내 이름을 위하여 얼마나 고난을 받아야 할 것을 내가 그에게 보이리라 하시니 아나니아가 떠나 그 집에 들어가서 그에게 안수하여 이르되 형제 사울아 주 곧 네가 오는 길에서 나타나셨던 예수께서 나를 보내어 너로 다시 보게 하시고 성령으로 충만하게 하신다 하니 즉시 사울의 눈에서 비늘 같은 것이 벗어져 다시 보게 된지라 일어나 세례를 받고 음식을 먹으매 강건하여지니라 - 행 9:1~19

정금 생각
실존이신 창조주께서 왜 갑자기 내 삶 속에 당신의 존재를 드러내고 계실까? 그런 상황을 일컬어서 특별 계시라고 하는가 보다.

03 주님의 음성

　　　　1981년 4월 27일쯤으로 기억합니다. 저는 그 남자의 말들을 아무 변박함이 없이 그냥 받아드리기로 하고, 5월 1일부터 그렇게 기도를 시작하겠노라고 약속을 한 다음에 그들과 헤어졌습니다.

　며칠 후, 5월 1일이 되어서 작정한 대로 교회에서 5시에 드리는 새벽 기도를 가려고 자리에서 일어나 시계를 보니 시계는 이미 6시가 다 돼 가고 있었습니다. 밤새 잠못 이루고 뒤척이다가 잠깐 잠이 들면 악몽에 시달리는 것이 심장병의 일반적인 증상인지라 아마도 새벽 기도 시간이 거의 다 돼서야 겨우 잠이 들었던 것 같았습니다.

　새벽 예배는 다 끝났지만 기왕에 기도를 해 보려고 작정을 했던 터라 저는 일어나서 교회로 올라가 교회 문 앞의 돌기둥에 손바닥을 대고 몇 년 전의 그 언젠가 처럼 막연하게 몇 마디의 기도를 했습니다.

　하나님이 듣고 계시는지 안 듣고 계시는지, 보고 계시는 것인지도 아닌지도 모르는 어리석은 피조물은 그것도 주님께 대한 기도랍시고, 제 방식대로 몇 마디 중언부언 하고 나서 집으로 내려 왔습니다. 그런데 그 다음날도 어쩌면 하필 똑같은 시간에 똑같이 잠들고 깨면서 이틀을 그렇게 보내고 나니 어쩐지 맘이 좀 불편했습니다.

원래 제 성격이 무엇인가를 작정을 한번 하면 계획대로 해내야만 되는 성격으로서 성취욕이 강한 편이었는데 생각대로 잘 되지 않아서 영 마음이 편치 않았습니다. 그래서 자명종 시계를 하나 사다가 시간을 5시 15분 전에 맞춰서 머리맡에 놓고서 잠자리에 들었습니다. 아직 캄캄한 새벽 시간에 저는 한 음성을 들으며 잠에서 깨었습니다.

"한 알의 밀이 땅에 떨어져 죽지 아니 하면 한 알 그대로 있고
죽으면 많은 열매를 맺느니라." (요 12:24)

주님의 음성이셨습니다.
예수님의 말씀이셨습니다.

자리에서 조용히 일어나 앉아 보니, 어두운 방 안에는 어떤 안개 같은 기운이 가득 차 있었고, 그 음성은 조용하면서도 메아리치듯 경건하게 울리면서 제 침상을 빙글 빙글 돌고 계셨습니다.

저는 어떤 절대적인 그 기운 앞에서 감히 몸을 움직일 수가 없었습니다. 조심스레 시계를 보니 5시 15분 전이었습니다. 저는 시계가 울리지 않게 눌렀습니다.

제게는 엄청난 충격이었습니다. 예수님의 부활이 믿어지지 않아서 이스라엘의 신화처럼만 생각하며 교회를 떠났었는데 생생하게 살아 계신 예수님의

음성을 제가 직접 들은 것입니다.

폭포수 같으면서도 조용히 메아리치는 듯 장엄한 음성이셨습니다.

하나님이 없다고 생각하며 맘 내키는 대로 막 살아왔던 지난 날들이 한꺼번에 허망하게 머릿속에서 무너져 내리고 있었습니다. 저는 갑자기 존재를 드러내신 창조주 앞에서 제 자신의 지난 날들이 부끄럽기도 하고 두렵기도 했습니다.

어느덧 창밖이 밝아지고 6시쯤 되자 저는 몸을 조심조심 일으켜서 힘없는 걸음이지만 교회로 올라갔습니다. 그날 역시 전 날처럼 교회 문 앞의 돌기둥에 손을 대고, 잠시 기도를 하고서 집으로 내려 왔습니다. 그러나 주님의 살아계신 음성을 직접 듣고 체험한 저로서는 마음이 전날과 같지 않았었습니다.

아침 9시쯤에 그 예언자라는 남자에게서 전화가 걸려 왔습니다.

"지 선생님, 기도 잘 하고 계십니까?"

"왜요?"

"주께서 지 선생님이 기도하지 않는다고 탄식하고 계십니다."

"그래요? 그렇다면 제가 한 가지 여쭈어 봅시다. 아침 안 먹는 것은 하고 있는데 새벽 기도 그걸 잘 시간을 못 맞춰요. 차라리 철야 기도로 하면 안 됩니까?"

"할렐루야, 아이고! 하나님, 감사합니다. 지 선생님, 사실은 주께서 처음에 명령하신 기도가 6개월 새벽 기도가 아니고 6개월 철야기도였었습니다. 그런데 제가 하나님께 – '그 여인의 가녀린 몸으로 어찌 6개월 철야를 하라고 할 수 있겠습니까? 6개월 새벽 기도로 해 주소서!' 하고, 6개월 새벽 기도라고 말씀 드렸던 건데 그걸 말이지요. 선생님은 사흘도 안 되서 스스로 철야를 생각하시다니 참 대단한 영성을 이미 받으신 겁니다. 성령과 교감이 되고 있단 말입니다. 철야 기도로 영광을 돌리시면 훨씬 더 좋지요. 암요. 오늘부터 철야 기도로 나가십시오!"

"사실은 오늘 새벽에 예수님의 음성을 들었습니다."

"할렐루야!"

"그래서, 이왕에 잠도 못자고 뒤척일 바엔 교회로 가서 한번 확실하게 기도해보는 것도 괜찮을 것 같았습니다. 하나님께서 살아 계시는 것을 음성으로 제가 직접 체험을 했으니까요."

"할렐루야, 역시나 입니다. 아멘."

소경처럼 한 치 앞도 분별하지 못하고, 사업을 한다는 핑계로 세상 향락에 깊숙이 빠져서 살았던 제가 주님의 살아계심을 저의 직접 체험을 통해서 비로소 확신하였다고 말하자 전화 저편에서 그 남자가 어찌나 크게 소리를 질러 대던지, 제가 있는 곳까지 침이 막 튀는 것처럼 느껴질 정도였습니다.

– 주님, 저는 그동안 정말 소경처럼 살았습니다. –

전화를 끊고 나서, 그때부터 또 다시 하루 종일 걱정이 되었습니다. 그 큰 교회당에 가서 혼자 무섭게 밤을 지새울 생각을 하니–내가, 왜 또 그런 무모한 약속을 했을까– 하고 후회가 되며, 정말로 이러지도 저러지도 못하는 제 자신이 딱하고 기가 막혔습니다.

그래도 기왕에 한 약속이니까 밤 10시가 되자 일단 주님의 집인 교회로 올라 가 보았습니다. 교회 문이 잠긴 것만 확인하고 내려오면 체면치레는 될 것 같았습니다. 저 자신보다도 더 극성스럽게 저를 걱정해주는 그네들에 대한 '호응' 정도의 예의 차원이었습니다. 교회의 문을 살짝 흔들어 보았더니 역시 예상대로 안으로 잠겨 있었습니다. 잘됐다 싶어서 막 돌아 서는데, 안에서부터 발자국 소리가 점점 가까이 누군가가 분명 문을 열어주려고 나오는 기척이 있었습니다.

금방 문이 열리고 반색을 하며 제게 손을 내민 사람은 바로 그 극성스런 진드기 여 집사였습니다.

"아이고, 지 선생님! 어서 오이소. 기다리고 있었습니다. 퍼뜩 들어오이소!"

뭐라고 달리 할 말이 없었습니다. 알고 보니 그 여 집사는 남편을 일찍 사별하고 자녀들 하고 살면서 오래 전부터 매일 밤 혼자 교회에서 철야 기도를 하며 낮이나 밤이나 교회에만 매달려서 사는 과부였습니다.

저 혼자 밤을 지새우는 것이 아니라서 그나마 천만다행이라고 생각하면서 긴 장의자 맨 앞의 칸으로 가서 6개월 철야의 대장정의 자리를 잡고 앉았습니다.

장 집사라고 하는 그녀의 자리는 강대상 바로 아래 오른쪽 끝에 얇은 봄 이불이 반으로 펼쳐진 그 곳인 것 같았습니다. 그날 밤, 그냥 저냥 지난 일들을 떠올리며 시간만 보내다가 5시에 맨 뒷자리로 와서 새벽 예배를 마치고 내려왔습니다. 그 다음날도 똑같이 그 자리에 앉아서 밤을 꼬박 새우다보니 사흘째 되는 밤에는 잠이 쏟아지기 시작했습니다.

이르되 여러분이여 어찌하여 이러한 일을 하느냐 우리도 여러분과 같은 성정을 가진 사람이라 여러분에게 복음을 전하는 것은 이런 헛된 일을 버리고 천지와 바다와 그 가운데 만물을 지으시고 살아계신 하나님께로 돌아오게 함이라
- 행 14:15

정금 생각
하나님은 전능하신 창조주이시다 그 분이 하나님의 수준으로 나를 다스리지 않으시고 나 - 라는 우준한 피조물의 수준으로 내게 다가오셨다. 내가 깨달을 수 있도록 세심하게 배려하신 것이다.
전능하신 하나님이 왜 그토록 치밀하게 섭리하시면서까지 미천한 인간인 내게 다가오시는 것일까 - 먼 훗날에 깨닫게 된 것은 나에게는 성자 하나님이신 예수님의 피 값이 있기 때문이었고 따라서 하나님의 아들의 영으로 사는 만큼 나 또한 성부 하나님께서 당신의 아들과 같은 대우를 해주고 계시는 것이었다 - 칭의라니 웬 은혜인가 감지 덕지한 일이다.

내가 만난 지정금 목사

지정금 목사의 간증– '예수님과의 대화'

간증집의 책 제목을 처음 접했을 때 '이보다 더 적절한 제목을 찾을 수 있을까? 하는 생각을 했었습니다. 지 목사님은 이런 분이셨습니다.

항상 주님과 대화하듯 기도하시고, 일상생활의 거의 모든 것을 주님이 보시기에 어떠 하신가를 먼저 생각하시며, 늘 말씀을 묵상하시며 생활하시는 것을 제가 10여 년이 넘는 세월을 옆에서 지켜보았습니다.

"항상 기뻐하라 쉬지 말고 기도하라 범사에 감사하라(살전 5:16-18)"는 말씀을 단지 성경책에서만 볼 수 있는 것이고, 그저 성경책에 쓰여 있는 글귀에 지나지 않아서 그렇게 살아야 한다는 막연한 좋은 말씀으로만 생각했던 그런 개념적인 신앙인의 시절에 지 목사님을 만났습니다. 지 목사님의 옆에서 신앙생활을 하기 시작하면서부터는 하나님의 말씀이 살아서 움직이고 내 속에서 역사하신다는 것을 알게 되는 것이 그리 오래 걸리지 않았습니다.

나의 나약하고 무지했던 신앙을 뒤 돌아 보면, 기도는 무릎 꿇고 앉아서 격식을 갖추고 두 손을 모으고 교회나 정해진 어느 장소에서 해야 되는 것으로 생각했던 지난 시절도 있었습니다. 하지만 지 목사님은 이런 나의 무지함과 어리석음을 깨트리고 더 자유롭게 주님과 대화하는 법을 일깨워주셨고 무시로 주님과 대화하는 법도 생활 속에서 깨닫게 되었습니다.

지 목사님을 만나고 나서부터 저는 하나님을 더 가까이서 사랑 하며 더 많은 축복

을 체험했습니다 저희 가족은 축복도 받고 축복을 누리며 하나님의 은혜 가운데 오늘까지 잘 살고 있습니다. 주님을 사랑하며 자연과 더불어서 순응 하는 삶의 자세를 지향하는 지 목사님은 끊임없이 연구하는 자연치료학자 이기도 합니다. 덕분에 저희 집의 식단이 자연 친화적인 순음식으로 바뀌었습니다. 가족들의 건강 생활에도 많은 도움이 되고 있습니다.

저는 이 책, '예수님과의 대화' 중에 있는 몇 몇 이야기들을 옆에서 지켜본 증인 입니다, 제가 10 여 년 전에 처음 지 목사님을 만났을 때 지 목사님께서 하셨던 말씀이 있었습니다.

주님께서 맡기신 꼭 해야 될 일이 있다고 말씀 하셨던 적이 있었는데 그것이 바로 그간의 간증들을 책으로 쓰라고 주께서 말씀하셨다고 하셨던 것을 기억합니다. 주께서 명령하셨던 그 일을 지 목사님이 수행 하시게 된 것을 참으로 기쁘게 생각합니다.

지정금 목사님의 신앙생활 40년 간증집의 출간으로 주님께 영광을 돌려 드리며, 더 많은 성도님들이 예수님과의 대화를 통해서 주님을 만날 수 있게 되시기를 기도 드립니다.

2014년 7월

김영숙 권사

04 주님의 현현하심

저는 성전의 맨 앞자리의 긴 의자에 옆으로 누워서 깜빡 잠이 들었습니다. 그런데 누군가가 저를 퍼뜩 흔들 듯이 깨우는 것이었습니다. 저는 깜짝 놀라서 일어나 앉았습니다. 지난날들을 생각해 보니 큰 죄인이었던 게 사실이지만 뭐라고 기도도 잘 안 되고 잠은 계속 쏟아지는데 어찌해야 좋을지를 몰랐습니다. 그런데 이때 제게 어떤 말씀이 들려 왔습니다.

"성경 말씀 읽어라!"

그 음성의 지시하심에 따라서 저는 앞에 놓여 있던 성경책을 아무데나 펼쳐서 읽기 시작했습니다. 그러나 얼마 지나지 않아서 저는 바로 또 옆으로 쓰러져서 이내 잠이 들고 말았습니다.

그 음성은 바로 저를 깨워 일으키셨습니다. 저는 잠에서 깨어나

-죄인이 성경책을 읽으라면 읽어야지 잠을 자다니.

죄책감으로 성경책을 읽기 위해서 책을 다시 들여다보려고 했습니다. 그러자 그 음성은 이번엔 제게 다른 지시를 내리셨습니다.

"기도하라!"

창조주의 말씀 앞에서 피조물은 무조건 순응되었습니다. 저는 어렸을 적 기억 속의 주일학교 반사 선생님처럼, 두 손을 모으고 두 눈을 감았습니다.

그때, 갑자기 온몸이 피범벅이 된 채로 십자가 위에 달려 계신 예수님께서 제 앞에 모습을 들어 내셨습니다. 선혈이 낭자하게 처참한 모습이 바로 제 눈 앞에 서시자, 저는 "악!"하고 외마디 비명을 지르며 반사적으로 고개를 돌려서 그 끔찍한 모습을 피했습니다.

그러자 주께서 저를 책망하셨습니다.

"왜, 나를 부인하느냐?"

오른쪽으로 고개를 돌려 외면해 보았지만 주님은 계속해서 제 얼굴 앞에 서시며 저를 책망하셨습니다.

"왜, 나를 부인하느냐?"

저는 또 다시 왼쪽으로 얼굴을 돌려서 그 피범벅을 안 보려 했지만 주님은 계속하여 제 얼굴 앞에 따라와 서시며, 세 번씩이나 같은 말씀으로 저를 책망하셨습니다.

"왜, 나를 부인하느냐?"

주님의 음성은 아주 고요하면서도 근엄하게 울려 퍼지는 거대한 폭포의 물소리와도 같은 그런 소리셨습니다. 저는 울고 있었습니다.

잠시 후에 환상이 열렸습니다. 강대상이 보이고 그 양 옆으로 두 그루의 감람나무가 서 있었습니다.(계 11:4, 5) 그 앞에 제가 강대상을 마주 대하여 앉았고, 하늘로부터 지름 2미터 정도 넓이의 둥글고 굵은 빛줄기가 저를 비추면서 제게로 내려와서 저를 완전히 씻어주시는 것이었습니다.

그러더니 그 빛줄기 사이로 기름 묻은 한 손이 내려오시면서 제 머리 위에

안수해 주셨습니다. 그제서야 제가 죄 사함을 받고 구원을 받았다는 마음이 들었습니다.(행 15:11)

잠시 후에, 발에 끌리는 흰옷을 입으신 예수께서 제 앞에 서 계셨습니다. 그런데 이게 어찌된 일일까요? 저는 아무 말도 안 하고 있는데, 제 영이 평소에 제 속에 숨어 있던 불신의 비밀을 주님께 이실직고하는 것이었습니다.(롬 14:11, 12)

"저는요, 주님이 죽으셨다가 사흘 만에 다시 살아 나셨다는 게 믿어지지 않았어요."

제 영이 주님께 그렇게 말씀드리자 주님께서는 오히려 제게 이렇게 책망하듯이 물으셨습니다.

"사람의 머리를 가지고 하나님인 나를 헤아리려 하였더냐?"

하나님은 인간과는 차원이 다른 분이셨습니다. 저는 그 순간, 그야말로 사람의 머리로 하나님은 없다고 하면서 세상만사가 자기 맘먹기 달린 것이라는 둥하며, 그렇게 주절거리며 살아온 지난 날들이 하나님께 대하여 얼마나 무지하고, 얼마나 교만했던가를 부끄럽게 깨우치면서 주님 앞에 고개를 조아리고 서 있었습니다. 저의 두 눈에서는 회개의 눈물이 흘렀습니다.

환상은 계속되어졌습니다. 이번에는 조금 전의 그 모습은 사라지시고, 붉은 옷을 입으신 예수님께서 등에 십자가를 지시고, 골고다의 언덕 길을 올라가시는 모습을 보여 주셨습니다.

길은 위로 두 번이 꺾여 있었는데, 검붉은 악의 영들이 십자가를 지신 예수님을 이리 때려서 넘어뜨리고 저리 때려서 넘어뜨리고 있었는데 그때마다 주님께서는 힘겹게 다시 일어나시기를 여러 차례 반복하시면서 죽음의 언덕을 오르고 계셨습니다.(사 53:1~6)

사형에 가담한 로마의 군병들이 예수님께 채찍질을 했다고 알고 있었는데 로마의 군병들은 한 낱의 겉모습 일 뿐, 제게는 검고 붉은 어둠의 영들이 예수님께 매질을 하며 죽음의 고통을 주는 것으로 보여주셨습니다.(마 27:27~31)

십자가 위에 대못으로 박히시고, 숨을 거두셨다가(마 27:50) 아리마대 요셉의 돌무덤 속 돌판 위에 누이셨습니다.(마 27:57~61) 그리고 아침의 새 빛이 두 번 지나갔고, 세 번째 새 빛이 비추던 첫 아침에(마 28:1), 위로부터 타원형 모양의 안개 빛을 띤 영체가 대각선 방향으로 해서 예수님께서 누우신 곳으로 내려 오셨습니다.(마 2:3)

그 영체가 예수님의 누우신 머리맡으로 오시더니 예수님의 이마 위에 어리신다 싶었는데(눅 8:55) 그 순간에, 예수님이 다시 살아나서 반듯하게 직각으로 일어나 앉으셨습니다.(행 3:14~15)

그리고 이어서 일어나 무덤의 입구 쪽을 향하여서 조용히 움직이셨습니다. 발에 까지 끌리는 흰 옷을 입으셨는데, 양쪽 어깨에는 창을 든 애기 천사가 한명씩 서 있었고 가슴에는 금띠를 띠시고 머리와 털의 희기가 아주 새하얀 모습으로 발은 마치 연한 놋쇠처럼 보이셨습니다.(계 1:11~17) 돌무덤의 입구 가까이로 나오시자, 작은 지진이 일어나면서 돌무덤의 입구를 막았던 커다란 돌덩이가 굴러져 나갔고(마 28:3) 그 입구 바깥에는 무덤을 지키는 군병들이 서너 명이 서 있었는데, 그들도 너무 놀라서 인지 몸이 나무동가리처럼 굳어져서 퉁퉁 나가 떨어져 아무렇게나 나뒹굴고 있었습니다.(마 28:2~4)

주님께선 밖으로 나오셔서 동산을 걸으셨습니다. 얼마 후에 흰 옷을 입으

신 예수님 앞 한 여인이 기도하는 자세로 무릎을 꿇고서 앉아 있었습니다.(마 28:5~10)

그 여인은 성화 속의 성모 마리아처럼 머리에는 흰 수건을 쓰고, 흰 옷으로 온 몸을 감싼 고운 모습으로, 예수님의 발 앞에 고즈넉이 앉아서 두 손을 기도 하는 자세로 모으고서 주님을 바라보며 앉아 있었습니다.

사울이 길을 가다가 다메섹에 가까이 이르더니 홀연히 하늘로부터 빛이 그를 둘러 비추는지라 땅에 엎드러져 들으매 소리가 있어 이르시되 사울아 사울아 네가 어찌하여 나를 박해하느냐 하시거늘 대답하되 주여 누구시니이까 이르시되 나는 네가 박해하는 예수라 너는 일어나 시내로 들어가라 네가 행할 것을 네게 이를 자가 있느니라 하시니 같이 가던 사람들은 소리만 듣고 아무도 보지 못하여 말을 못하고 서 있더라 사울이 땅에서 일어나 눈은 떴으나 아무 것도 보지 못하고 사람의 손에 끌려 다메섹으로 들어가서 사흘 동안 보지 못하고 먹지도 마시지도 아니하니 – 행 9:3~9

정금 생각
예수님의 부활, 승천을 기록하신 성경은 모두가 사실이었고 진실된 역사의 기록이었다. 사람은 사람을 낳고, 짐승은 짐승을 낳는데 하나님의 아들, 예수님도 하나님이시다. 사람의 수준으로 차원이 다르신 하나님의 수준을 이해하려는 것은 불가능하다. 누군가가 하나님이 안 계신다고 우긴다면 그것은 마치 미국에 안 가본 사람이 미국이라는 나라는 없다고 우기는 것과 같다

05 내 증인이 되라

　제 자리에서 볼 때 제 앞쪽에서 예수님은 왼쪽에 서서 계셨고, 여인은 주님의 앞쪽 제 앞의 오른쪽에 주님을 대하여 마주 앉은 자세였습니다.
　제가 보는 자리에서는 그 여인의 왼쪽 옆모습이 보였는데 그 얼굴은 눈이 쌍꺼풀이진 참 희고 고운 모습의 여인이었습니다. 한참 바라보다 보니 그 여인의 얼굴이 어디서 많이 본 듯이 낯이 익어 보였습니다. 가만히 살펴보니 그 여인의 얼굴은 다름이 아닌 바로 제 얼굴이었습니다.
　저는 깜짝 놀라서 제 자리를 확인해보았습니다. 웬일일까요? 저는 제 자리에 여전히 앉아 있었습니다. 당혹스러워서 앞을 바라보니 아직도 그곳에는 발에 끌리는 흰옷을 입으신 예수님과 그림속의 이스라엘의 여인처럼 흰 천으로 온몸을 감싸고, 예수님 앞에 마주 무릎을 꿇고 앉은 제가 환상 중에 그대로 있는 것이었습니다. 저는 또다시 제 앉은 자리를 확인해 보았습니다. 역시 저는 현실 속의 제 자리에 앉아 있었습니다.(고후 12:1~6)

두 번씩이나 거듭해서 현실과 실존의 예수님과 환상 속의 저 자신을 확인하며 놀라고 있는 저를 향하여 예수님께서 얼굴을 돌리시면서 저를 바라 보셨습니다. 그때, 영광스럽게도 주님의 얼굴을 뵐 수 있었습니다. 한 낮에 해가 환히 비추는 것 같은 그런 모습이셨는데 그러면서도 두 눈이 마치 불꽃 같은, 마치 불과 같은 모습이셨습니다.(계 1:16)

거룩하신 주님 앞에 숨을 죽이고 있는 제게 주께서 명령하셨습니다.

"내 증인이 되라!"

"아멘."

절대자의 명령 앞에 피조물은 갈 길이 정해졌습니다.(갈 2:20) 저의 대답이 끝나자 주님 모습은 다시 사라지시고 이번에는 또 다른 환상을 열어 주셨습니다.

오직 성령이 너희에게 임하시면 너희가 권능을 받고 예루살렘과 온 유대와 사마리아와 땅 끝까지 이르러 내 증인이 되리라 하시니라 - 행 1:8

정금 생각

하나님은 개념이 아니고 실존이시다. 보여주신 것을 보았노라고 말하는 것이 증인의 사명이라면 보여주신 그대로 전하는 증인의 삶을 살려 한다. 나는 영의 세계가 있는 것도 알았다. 예수님의 부활하심과 실존하심을 나는 보았다. 그의 매맞음과 피 흘리심과 찢기심과 죽음은 나의 죄 때문이다 하나님 아버지께 내 죄를 대신해서 죄 값을 치러 주신 것이다. 이제부터는 내가 사는 것이 아니라 내 속에 계신 그 분이 사신다. 나는 다만 그 분의 살아계심을 증언하는 그 분의 도구일 뿐이다.

06 교회 안의 우상들

교회의 넓은 강대상이 있었고 그 강단 위에는 교회 안에 역사하고 있는 여러 가지의 우상들을 보여 주셨습니다.(겔 7:23~27)

돈다발들, 책들, 쏟아지는 보물 금고들, 어떤 사람, 똥덩이, 엄청나게 커다랗고 아주 굵은 뱀과 수많은 작은 실 뱀들까지 아주 추한 형상들이 있었는데 그때 말씀이 들려 왔습니다.

"내가 이 모든 우상들을 다 없이 하리라."라고 하시더니 그 모든 것들이 한 순간에 엄청난 불길에 휩싸여서 검붉은 연기를 내며 타오르기 시작했습니다.

큰 뱀은 껍질에 쌓인 기름이 타는 것인지 지글 지글 소리까지 내며 엄청난 끄름을 내뿜으며 꿈틀거리며 타고 있었습니다. 그 연기에, 뱀의 껍질이 타는 기름 냄새와 끄름 때문에 저는 얼굴이 절로 찡그러져서 고개를 돌리며 저도 모르게 외쳤습니다.

"아이고 냄새, 아이고 주여."

그때, 옆에 있던 장 집사님이 물었습니다.

"지 선생님, 무슨 냄새가 나는데 예."

"예? 저거요. 저 뱀이 타는 거요 냄새 지독하잖아요?"

저는 강대상 위에서의 불 심판의 광경을 손으로 가리켰습니다.(마 3:12)

"무슨 냄새가 난다고 하시는지 방금 뱀이라고 했습니까?"

"녜, 저기 저 강대상 위에 뱀 말이에요 아휴, 꼭 고무 타는 냄새 같네요. 정말 지독하다."

"저어… 지 선생님예, 지들은 아무 것도 안 보이는데…"

"네에?"

제가 손으로 가리키고 있는 강대상 위쪽으로는 여전히 뱀이며 이런 저런 모양의 우상들이 시커먼 연기와 함께 활활 타고 있었는데, 놀라운 것은 그 엄청난 광경을 주께서는 저 혼자에게만 영안을 열어서 보여 주고 계신 것이었습니다.

그녀와 함께 교회에 있었던 몇몇의 성도들은 모두가 아무것도 보지 못하였고 그 지독한 타는 냄새도 전혀 맡지를 못하고 있었습니다.

"저, 타는 냄새 나잖아요?"

"지 선생님 예, 지들 눈에는 아무것도 보이지 않습니다. 지금도 보입니까?"

"예, 저기 타고 있잖아요?"

"아마도 주님이 지 선생님의 영안을 열어 주신 것 같은데 예. 지금 보고 계신 것들을 저희들에게 조금 더 자세히 좀 설명해 주시면 좋겠습니다."

저는 다시 한 번 주님께 감사를 드렸습니다. 온갖 죄만 짓다 온 죄인에게만 영안을 열어서 하늘의 비밀을 알게 해 주시다니요. 열심 있는 그들보다 연약

한 저를 택해서 영안을 열어 주셨다는 사실에 그 은혜가 너무도 감격스러워서 가슴이 먹먹해 왔습니다.

저는 제게 보여 주신 것들에 대하여 그들에게 자세히 설명을 했습니다. 그것이 사명이라고 여기면서 그 광경에 대하여 그들이 잘 알아들을 수 있도록 찬찬하게 설명을 해 주었습니다. 그리고 "내가 이 우상들을 다 없이 하리라"(골 3:5, 6) 고 하신 말씀에 대해서도 그대로 가감없이 전했습니다. 제 것이 아니고 주님의 것이기 때문에 절대로 보태거나 뺄 수가 없었습니다.

하나님의 뜻을 하나님의 뜻대로!
하나님의 말씀을 하나님의 말씀대로!
하나님께서 원하시는대로 다만 전하기만 했습니다.

그들이 받아 들이든 안 믿든지 간에 살아 계신 예수님께서 제 앞에 현현하신 것은 사실이니까요. 만약에 누군가가 못 믿는다면 그것은 그 사람과 그 사람을 인도하시는 하나님과의 문제이지 제가 판단할 일이 아니었습니다.

저는 다만 보여주신 사실을 사실대로 전달하기만 할 따름이었습니다. 저 자신도 하나님의 존재 자체를 부인했던 때가 바로 엊그제이지만 지금은 주님의 택함을 받을 수 있었던 것처럼, 지금 당장 받아 들이지 않는 자들이 혹시 있다하여도 그들도 또한 언제 어떻게 주님께 쓰임을 받고 어떻게 부름을 받게 될런지를 우리는 아무도 모르기 때문입니다.

그들 중에는 믿기지 않는 듯이 놀라서 당혹스런 표정을 짓는 이도 있었으며 진지하게 받아들이는 사람들도 있었습니다.(눅 16:19~31)

그 중에서 장 집사는 춤이라도 출듯이 제일 좋아하는 것 같았습니다.

저는 매일 밤이면 그 시간에, 주님께서 제게 현현하셨던 그 교회의 그 앞자리에 앉아서 모인 성도들과 함께 예배를 드렸습니다.

그때에 예수께서 대답하여 이르시되 천지의 주재이신 아버지여 이것을 지혜롭고 슬기 있는 자들에게는 숨기시고 어린 아이들에게는 나타내심을 감사하나이다
- 마 11:25

정금 생각

주님께 대하여 아무것도 모르고 그 지역에 대해서 아무 연고도 없는 나를 택하시어 인간의 학문처럼 인간들이 꽉 막아버린 보수교단의 신학논리를 실존 하나님의 현현하심으로서 단번에 깨뜨리신 성령 역사하심의 사건이다. 무지하고 용감한 광신자 몇몇에게 역사하신 사건이지만, 그 파급 효과는 대단했다. 그 교회의 담임 목사님은 그 지역의 보수교단의 구심점 역할을 하시는 유명한 목사님이셨기 때문이다.(빌 1:8)

07 훈련과 연단

　　눈물이 하염없이 흘렀고, 웬 콧물이 그렇게 많이도 매일 밤이면 밤마다 줄줄이 쏟아져 내렸습니다.(전 1:2, 3) 그 교회의 담임 목사님이 인도하시는 새벽 기도회 시간이 될 때면 큰 타월 한 장이 다 젖어 있었습니다.

　장 집사는 매일 밤마다 몸이 아픈 사람들을 그 자리로 데리고 왔습니다. 저는 장 집사께서 시키는 대로 그들의 아픈 자리에 손을 대고 그들의 병이 낫기를 주님께 기도했습니다.

　저는 그것이 교회에 대하여 무질서요 불법이요 월권이요 신비주의요 광신자요 – 하는 지탄의 대상이 되는 행위라는 것을 그때는 전혀 몰랐습니다. 그저 장 집사님이 시키는 대로 그렇게 해야만 되는 것인 줄로 알고 열심히 그렇게 했습니다. 그런데도 놀라운 것은 그 자리에 오는 사람들은 대부분이 병든 몸을 치료 받을 수가 있었습니다.(마 4:23, 24)

　주께서 제게 열어 주신 영안은 그때마다 필요에 따라서 늘 열어 주셨는데, 주님은 점점 더 이상한 영체들을 보여 주시며, 저에게 많은 것들을 체험시켜 주셨습니다.

하루는 장 집사님이 어떤 60대의 여 권사님을 모시고 와서는 그분의 허리가 아프다고 허리에 안수 기도를 요청하셨습니다. 저는 여느 때처럼 그의 환처에 두 손을 대고, 주님께 기도 드렸습니다.

"주님, 우리 몸은 주님의 성전이라고 하셨는데 주님의 몸된 성전을 깨끗이 관리하지 못한 죄와 허물에서 저희를 용서하시고 원하건데 이 딸을 깨끗이 치료해 주시기를 우리 주 예수 그리스도의 이름으로 기도합니다. 아멘."(고전 3: 16, 17)

그녀가 "아멘"으로 대답을 하자 이상한 영체들이 그녀의 허리에서 쏟아지듯이 밖으로 뛰어 나왔습니다. 그 영체는 개처럼 생겨 가지고 꼬리가 있었는데, 머리에는 관을 쓰고, 이빨은 쇠 톱날 같이 생긴 것들로서 시커먼 그림자와도 흡사한 그런 모습들이었었습니다. 그런 것들이 그 권사님의 허리에서 6마리가 밖으로 뛰어 나오는 것이었습니다.(계 9:7~11)

그러자 잠시 후에 그 권사님이 벌떡 일어서더니 춤추듯이 엉덩이를 몇 번인가 덩실덩실 흔들어 보고 나더니, 감격하며 말했습니다.

"아이고야, 제가요 7년 전에 교회에 초상이 나서 그 장지에 따라 가느라고 장례식 버스를 타고 앞자리 쪽에 앉아서 갔었는데 그 산에 비포장 길이 하도 험해 가지고, 차가 하도 덜컹 대는 바람에 그 앞에 관이 실려서 불쑥 올라 온 바로 거기에 엉덩 방아를 찧고 넘어졌었습니다.

그때부터 아프기 시작했던 허리가 지금까지 세상에 7년이 지나도록 낫지 않아서 침도 맞아보고 약도 먹고 온갖 고생을 다했었는데 아무 소용이 없었습니다. 그런데 선생님이 아까 기도했을 때 그때부터 허리가 시원해지면서 지금은 안 아픕니다.(눅 13:10~13) 아이고, 고맙습니다. 참말로 고맙습니다. 아이고 장 집사야, 니 참 고맙데이! 니 내 한테 참말로 좋은 일 했다."

"형님, 허리가 안 아프다니 다행입니다."

저희는 주님의 일에 쓰임 받은 그 기쁨에 더욱 열심히 모여서 기도하게 되었습니다.

우리가 모여서 예배를 드리던 어느 날, 한 젊은 여자가 울면서 교회로 들어왔었는데, 그녀는 우리 사이로 가까이 와 앉더니 앉아서도 계속하여 울어 댔습니다. 제가 그녀를 주목하여 바라보자 성령께서는 또다시 저의 영안을 열어서 영의 비밀을 보여 주셨습니다. 저는 보여주시는 그대로 그녀에게 전했습니다.

"지금, 가족들과 수제비를 떠서 저녁 식사를 하는 도중에 남편과 말다툼이 크게 벌어져서 울며 교회로 오신 것이지요?"

"예? 예! 그런데 그걸 우찌? … "

"수제비에 애호박을 썰어 넣고 끓이셨습니다."

"맞습니다. 하이고 … "

"그런데 주께서 제게 보여 주시기를, 아내와 남편분과의 사이에 시커먼 마귀가 끼어 앉아서 두 분 사이에 싸움을 붙이는 것으로 보여 주시네요. 두 분이 싸운 것은 마귀의 정체를 잘 모르고 마귀에게 속아서 그렇게 된 것입니다."(엡 4:26, 27)

"그렇습니까? 그 사람이 갑자기 요새 밥상 앞에만 앉으면 괜히 트집을 잡고 속을 썩여대는 통에 이참에 그냥 마 이혼하고 친정으로 가려고 했습니다."

"아니, 애들은 어떻게 하고 이혼을 해? 친정에서는 뭐 시집 간 딸을 예쁘다며 받아준대?"

장 집사님의 말이었습니다.

"애들 데리고 갈 데가 친정 밖에 더 있습니까?"

"쓸데없는 소리 한다 이 사람아! 마귀에게 속았다니까."

"약 털어 먹고 죽으려고 했습니다."

"아직도 그런 소리를 해?"

"아이라예 …"

"당분간 저녁마다 교회에 와서 같이 기도 하자, 응?"

"예에 …"

이혼하려고 했던 그들은 아내의 지혜로운 기도와 주님의 사랑으로 결국 화합을 이루어 화목하게 잘 살게 되었습니다.(고전 7:10~16)

날마다 마음을 같이하여 성전에 모이기를 힘쓰고 집에서 떡을 떼며 기쁨과 순전한 마음으로 음식을 먹고 하나님을 찬미하며 또 온 백성에게 칭송을 받으니 주께서 구원 받는 사람을 날마다 더하게 하시니라 - 행 2:46, 47

정금 생각

교회 안에서의 한 무법한 여자의 무질서한 증거행위가 주님께로의 회복이라는 아이러니 속에 날마다 쓰임 받는 나로서도 이성적으로는 모든 것이 불가능 그 자체였고 답은 오직 성경 말씀이 진리라는 것뿐이었다. 그리고 교회의 주인은 역시 우리 하나님 아버지이셨다.

08 믿는 자들의 시련

　　　제가 기도하던 그 교회는 보수교단에 속해 있는 장로교회였었는데, 우리가 밤마다 소리치며 기도한답시고 교회를 시끄럽게 한다고 기도원으로 가라고 대놓고 내쫓김을 당하기도 했습니다.(고후 4:8, 11) 그렇게 믿음의 형제들에게 핍박 아닌 핍박까지 당하면서도 저의 6개월에 걸친 작정 기도는 장 집사님의 도움을 받으며, 어렵사리 마칠 수가 있었습니다.

　우리의 기도하는 모습을 창문으로 엿보며 우리를 비방했던 사모님이 갑자기 쓰러져서 구급차로 병원에 실려 갔습니다.(마 5:11, 12) 병원에서 12일 만에 개복수술을 했는데, 별 일이었습니다. 환자가 배는 아파서 몸부림을 치는데 아무런 병명도 찾아내지 못한 것입니다. 사모님이 아무 음식은 물론하고 물 한 모금조차 마시지 못한 채, 한 달 내내 고통을 받다가 바싹 말라 **뼈**만 앙상하게 남은 몰골을 하고서 30일 만에 교회 사택으로 돌아 온 일이 있었습니다.

사모님이 주일날 교회에서 예배 후에 만났을 때, 당신의 수수께끼 같은 꿈 이야기를 제게 하셨습니다. 크고 작은 많은 물고기들이 전부 살아서 선 채로 방안에 가득한데 물이 하나도 없는 것을 보았답니다. 도대체 영 무슨 꿈인지를 모르겠다고 하셨습니다.

그런데 저는 잠시 속으로 주님께 기도로 그 꿈에 대해서 여쭈어 보았습니다. 주께서는 그 꿈의 뜻을 풀어 주셨습니다. 그래서 저는 성령께서 감동을 주시는 대로 그대로 전했습니다.(고전 2:13~16)

"크고 작은 물고기들은 성도들이고, 물이 없다는 것은 성령의 말씀이 없다는 것 같습니다. 그들이 생수를-생수 같은 성령의 말씀을 간절히 사모하는 것을 주께서 꿈의 계시로 보여주신 것 같습니다."

"아하, 듣고 보니 그런 것 같네요."

그 이후, 그 교회에는 놀랍게도 성령의 새 바람이 불어 왔습니다. 그리하여 온 교회가 시끌벅적 하면서도 양적으로나 질적으로나 수준 높은 부흥과 성장이 일어났습니다.

그 교회의 질서는 이러하였습니다. 주일 대예배 때에는 여자들과 남자들의 앉는 자리가 따로 구별되어 있어서 가족들이 함께 앉을 수가 없었습니다. 그리고 여자들의 자리라고 할찌라도 머리에 꼬불꼬불한 파마를 했거나 빨간 채색 옷을 입은 여자나 초신자는 절대로 앞자리에 앉을 수가 없었습니다. 그냥 무시하고 앉으면 안내 집사가 뒤로 이끌어 내었습니다. 자칭 진보수교단의 예배였습니다.

장로님들의 큰 기침 소리만 가끔 날 뿐 어린 아이들의 우는 소리 조차도 미리 다 차단되어서, 진행되는 아주 엄숙하기만 한 예배였습니다. 그런데 그러한 예배의 분위기도 완전히 자유한 쪽으로 바뀌어 버렸습니다. 저녁 예배 시간에는 통성으로 하는 합심기도 소리와 방언 기도의 소리가 요란하게 울려 퍼졌고 앉는 자리도 성별의 차이 없이 가족 단위나 각자가 원하는 대로 앉을 수가 있도록 개방이 되었습니다.

진리가 우리를 자유하게 해 주신 것입니다. 성도들의 수가 늘어나자 오래지 않아서 성전의 증개축 공사가 필연적으로 뒤따라 이루어졌습니다.

> 이르되 너희가 믿을 때에 성령을 받았느냐 이르되 아니라 우리는 성령이 계심도 듣지 못하였노라 - 행 2:19

정금 생각

택함 받은 교회도 복되고 쓰임 받은 사모님도 복되고 더불어 쓰임 받는 나도 복되고 증언을 보고 듣는 이 시대의 우리 모두가 복된 자들이다 예수를 믿는 우리 모두가 복된 자들이다. 예수님의 형상으로 태어났다는 그 자체만으로도 모든 인생들도 복된 자들이다.

09 병을 치료하신 하나님

　어느 날 문득 생각해 보니 제가 앓던 심장병도 언제 고침을 받았는지 가슴의 통증이나 호흡 곤란 증세가 깨끗이 없어져 있었습니다. 무질서한 은사 집회 바람에 많은 직분 자들에게 미움도 많이 받았습니다.(고전 4:9~13).
　그러나 다른 한 편으로는 많은 성도들에게 사랑과 위로도 많이 받을 수 있었습니다. 마치 저는 부름 받아 나선 전투병처럼 날마다 어디서든 복음을 전하면서 잃어버린 내 존재의 의를 찾고 있었습니다.(엡 6:10~20)
　천하 만물의 존재 또한 하나님이 살아 계심을 계시하고, 증거하는 것이라고 여겨졌습니다. 그래서 우리 모두는 다 주님께로 돌아가야만 하며 오로지 하나님 한분만을 섬겨야 한다고. 그것이 피조물의 본분이고, 그것만이 창조주께로 향한 만 피조계의 질서라고 외쳤습니다.(딤전 6:15, 16)
　저는 제게 주신 주님의 말씀들에 대하여 치열하게 증거하며, 날마다 장 집사님이 이끄는 대로 따라 다니면서 열심히 전도했습니다.

　예수께서 온 갈릴리에 두루 다니사 그들의 회당에서 가르치시며 천국 복음을 전파하시며 백성 중의 모든 병과 모든 약한 것을 고치시니 그의 소문이 온 수리아에 퍼진지라 사람들이 모든 앓는 자 곧 각종 병에 걸려서 고통 당하는 자, 귀신 들린 자, 간질하는 자, 중풍병자들을 데려오니 그들을 고치시더라 - 마 4:23, 24

정금 생각

'수신제가하고 치국 평천하'라고 죽을 병에 들었던 내 몸에 치유하시는 능력이 들어오셔서 내 몸의 병을 고쳐주시더니 그 능력이 내게 머물면서 나를 통해서 또 다른 사람의 죽을 병을 고치셨다. 진정한 신유의 능력은 치유과정을 통하여 주님께로부터 온다.

내가 만난 지정금 목사

믿음의 능력이 나타난 여종

25년 전 어느 화창한 봄날, 꽃처럼 아름다운 한 여인이 기도원을 하신다고 어느 작고도 큰 마을에 찾아왔습니다.

처음에는 그러신가 보다 하고 주변에서만 지켜보다가 여종의 너무나도 열정적이고 오로지 하나님 아버지만을 사랑한다는 순수하고 어린 아이 같은 아름답고 때묻지 않은 말씀에 나 역시도 크게 감화 감동을 받아서 자주 기도원을 찾게 되었고 그러다 보니 그 여종의 말씀에 순종하게 되었습니다.

이제 돌이켜보면, 그새 25년의 세월을 우리 가족들은 그 여종과 함께 하였습니다. 그 동안 이적과 기사의 말씀은 우리의 현실 속에서 계속 되어졌으며, 하늘 문이 열리게 하는 말씀의 능력이 그 여종에게서 나타났습니다.

지금까지 그 여종이 걸어 온 목회자의 길을 돌이켜 보건대 그 당시로서는 외면을 당했던 여자 목회자의 길은 험준하기만 하였는데도 본인 마음에 깊은 곳의 상처는 아랑곳 하지 않고 오직 하나님 한 분만을 사랑하며 오로지 하나님 말씀 하나 밖에 모르는 분이셨습니다.

젊음의 아름다운 꿈과 열정을 마음속에만 간직한 듯 겉으로는 젊음의 시절이 다 가도록까지 초연한 자세로 일관해 오던 그 여종이 이제는 어엿한 자리에서 하나님 아버지의 말씀이 살아계심을 증거하는 간증집을 출판하게 되었다는 이 엄청난 사실에 또 한 번 은혜를 받았습니다.

    지정금 목사님의 하나님은 위대하신 분이십니다. 그녀가 섬기는 하나님은 진실하고 진정한 하나님이십니다. 저는 하나님 아버지 다음으로 지 목사님을 머리 숙여 존경하면서 이 귀한 간증집의 말씀이 세상 끝까지 전파되기를 바랍니다.

    다음은 지 목사님께서 항상 즐겨 부르시는 찬송입니다.

    "먹보다도 더 검은 죄로 물든 이 마음 흰눈보다 더 희게 깨끗하게 씻겼네
모든 의심 걱정과 두려움이 사라져 슬픈 탄식 변하여 기쁜 찬송 되었네
세상 부귀영화와 즐겨하던 모든 것 주를 믿는 내게는 분토만도 못하다
나의 모든 보배는 저 천국에 쌓였네 나의 평생 자랑은 주의 십자가로다
-주의 보혈 흐르는데 믿고 뛰어 나아가 주의 은혜 내가 입어 깨끗하게 되었네"

    저는 그 찬송을 부를 때에 그 가사에 대해서 아직도 마음이 걸리고 자유하지 못하지만 지정금 목사님이 부르실 때는 그의 신앙고백처럼 느껴집니다.

    불쌍한 자를 보면 보살펴 주고 병든 사람은 치유해 주며, 외로운 자를 거둬주는 숭고한 사랑의 봉사자 지정금 목사님은 나이팅게일과 같은 사랑을 실천하는 진정한 하나님의 여종입니다.

2014년 7월 전태한 집사

10 내 뜻은 여전하니라

　　　　사명을 버리고 세상 행복을 찾아 갔던 한 여종이 삼대독자 집안의 며느리가 되어서 계속하여 딸만 낳다가, 매운 시집살이를 하는 이야기입니다.

　제가 장 집사님의 소개로 그 댁에 갔을 때에, 임 집사님은 세 번째 아기의 출산을 앞두고 있었는데 그녀는 임신 9개월 째였습니다.

　주께서 제게 환상을 열어 주셨습니다.

　-임 집사님과 그 남편의 모습을 닮은 멋진 청년이 아래는 까만 바지를 입고 위에는 분홍 톤의 큰 체크 무늬 남방셔츠를 입고서 대학교 4학년 정도로 보이는 학생이 대문 안으로 걸어 들어 오는 것을 보여 주셨는데, 학교에서 돌아 오는 길인 것 같았습니다. 손에는 몇 권의 책이 들려 있었습니다. 그 댁의 아들인 것 같았습니다.

　예배를 드리고 나서 임 집사님과 거기 모인 분들께, 그 환상에 대하여 말했습니다. 그러자 모두들 지금 임신 중인 아이의 미래 모습을 보여 주신 것이라면서 아예 기다리던 아들을 낳기라도 한듯이 서로 축하해 주며 기뻐하였습니다.

그런데 그 집에서 나오려고 할 때, 갑자기 굵은 소나기가 쏟아 졌습니다. 그러자 동시에 저는 갑자기 배가 아파서 '아' 하고 외마디 소리를 내며 몸을 구푸리고 배에 손을 댄 채 엎드려서 주님께 기도했습니다. "아버지, 제가 이 댁에 은혜를 끼치고 가야 하는데 왜 갑자기 배가 아픈 것입니까?"(눅 10:5, 6)

그러자 주께서 말씀하셨습니다.

"이 집에 십일조의 시험이 있다."

주께서 말씀하실 때에 아프던 배의 통증이 금새 사라졌습니다. 저는 그 말씀을 그대로 전했습니다. 그러자 임 집사님이 얼른 물었습니다.

"저, 전에 그 예언하는 분이 오셔서 어디를 가신다고 하길래 십일조를 떼서 모은 게 좀 있어서 그걸 그 분께 드렸었는데 그 말씀일까요?"

"예, 그것이 바로 십일조의 시험입니다. 십일조 헌금은 하나님께 드리는 것입니다. 자기가 속해 있는 주의 전에 드려서 주의 종이 공회 앞에서 예수 그리스도의 이름으로 축복을 하게 하고, 주님 뜻대로 사용 되어져야 하는 하나님의 물질입니다. 그런데 집사님께서 그것을 공인도 아닌 사람에게 집사님의 마음대로 사적으로 사용하신 겁니다. 그러면 축복에서 끊어질 수 있습니다. 빨리 회개하시고 물질의 자유함을 누리시기 바랍니다."(말 3:10~12)

"아멘, 회개합니다. 안 그래도 요즘 계속해서 물질의 어려움이 있었어요."

우리 모두는 그 집을 나오다가 또 한 번 놀랐습니다. 조금 전에 장대비가 쏟아질 때, 임 집사님의 여동생이 급히 장독대로 올라가서 빨래를 걷었는데 비가 그치자 다시 장독대로 올라가서 덜 마른 빨래를 널고 있었습니다.

그때 옆집 아주머니와의 대화 내용입니다.

"다 마르지도 않은 빨래를 왜 걷어?"

"빨래를 걷는 게 아니고요 아까 비올 때 걷은 거예요. 아직 덜 말라서 다시 너는 거예요."

"아까 비가 언제 왔어? 낮잠 자다 꿈꿨어? 오늘 비 안 왔어!"

"예? 저희 마당이 저렇게 젖었는데요 … "

그녀는 손으로 자기 집 마당이 흠씬 젖어 있는 것을 가리켰습니다.

"그 집 마당에 호수 대고 물을 뿌린 모양이고만 시원하라고, 마른 하늘에 무슨 비가 와?"

하늘을 보자 하늘에는 구름 한 점 없이 햇빛만 쨍쨍 내리 쬐고 있었습니다. 조금 전에 내린 비로 해서 임 집사님 댁의 마당이 아직도 흠씬 젖어 있는데 장대같은 비는 저희가 모인 그 댁에만 쏟아졌을 뿐 그 댁의 문 밖에도 비의 흔적은 없었고, 다른 곳에는 전혀 비가 내리지 않았다는 것을 우리는 나중에 서야 알게 되었습니다. 저는 주님의 특별 계시라고 생각했습니다.

두 달 쯤 지났을 때, 남아선호사상에 절대적으로 묶여 있는 댁의 며느리이신 임 집사님이 세 번째 아기를 해산했다는 소식이 들려왔습니다. 그런데 이번에도 또 딸을 낳았다는 것이었습니다. 저는 두 달 전에 그 댁에 갔을 때에 주께서 환상 중에 보여 주셨던 그 청년을 생생하게 기억하고 있었습니다. 잘 이해가 안 가는 일이었습니다.

이틀 후에 주님의 말씀이 제게 임하셨습니다.

"일어나서 시장으로 가서 기저귀를 두 필 끊어서 임 집사에게로 가라."

"저에게 그날 환상으로 아들을 보여주셨었는데요. 임 집사는 딸을 낳았잖아요. 저 창피해서 그 집에 못 가요."

"급히 가라. 임 집사가 몹시 어렵다 급히 가라."(잠 8:17)

주께서 재촉을 하시는 통에 할 수 없이 시장으로 나가서 제일 좋은 기저귀 감으로 두 필을 끊어 가지고 임 집사님 댁으로 향했습니다. 제가 일 전에 그 댁에 갔을 때에 예언처럼 됐던 그 기도가 틀려서 창피했지만 성령께서 하도 강권을 하셔서 할 수 없이 임 집사님 댁으로 올라갔습니다.

언덕을 올라 갈 때에 앞산 자락 하늘 위로, 저녁 노을이 유난히도 붉게 타오르고 있었습니다. 그때, 그 붉은 노을 가운데서 주께서 말씀 하셨습니다.

"내 뜻은 여전하니라."(레 26:44, 45)

"아멘."

그때 보여주신 그 아들을 그 댁에 주시겠다는 하나님의 말씀이셨습니다. 저는 임 집사가 누워 있는 방으로 들어갔습니다. 저를 보자 임 집사가 퉁퉁 부은 얼굴로 울음을 터트렸습니다. 저는 오는 길에 주께서 주신 말씀부터 전했습니다.

"주님의 뜻은 여전하시대요. 그 때 보여주신 그 아들 주신대요."

"나는 맨 날 애기만 낳으라고?"(잠 25:13) 나 전주에서 정규신학대학 나왔어. 전도사 생활하다가 주의 일 안 하고, 돈 많은 집으로 시집 온 죄로 나 하나님께 벌 받는 거야. 내가 알아, 나 이번에 셋째 딸 정말 잘 낳았어요. 안 그랬으면 하나님 뜻을 영영 깨닫지 못할 뻔 했어요."(잠 28:20)

울고 있던 그녀가 부들부들 떨면서 일어섰습니다.

"산모가 왜 일어나요?"

"화장실 가고 싶어."

그 집은 마당이 유난히도 넓어서, 산우혈 때문에 피 걸레를 차고 있는 그녀가 대문 앞에 있는 화장실까지 가는 것은 절대로 무리인 것 같았습니다. 저는 출산 뒷바라지를 위해서 와 있던 그녀의 여동생을 불렀습니다. 주께서 저를 왜 이 가정으로 급히 가라고 하셨는지 그 이유를 대강 알 것 같았습니다.

"이모님,"

"예."

"여기, 애들 쓰는 요강 좀 가져 다 주세요."

그녀는 동생이 가져 온 요강에도 혼자서는 부들부들 떨면서 잘 앉지를 못해서 제가 겨우 부축하여 소변을 보게 하였습니다.

"산모의 방이 왜 이렇게 차겁지요."

"사돈 할머니가 연탄불을 넣지 말랬어요."

저는 부엌으로 나가서 아이들 방에 있는 연탄을 연탄집게로 들어다가 임집사의 방고래에 넣어 주고 공기구멍을 활짝 열어놨습니다. 임 집사의 시어머니가 두 눈을 독하게 뜨고서 저를 노려봤습니다. 피가 물보다 진하다고 저는 이모에게 소리쳤습니다.

"산모를 돌보려고 왔으면 산바라지를 제대로 해 주세요. 산모 방에 불 꺼트리지 마세요. 산모가 미역국은 잘 먹습니까? 하루에 몇 번 주나요? 5번 씩 챙겨 줘야 합니다. 언니가 미역국 먹을 때가 아직 안 됐나요?"

"미역국이 질린다고 해서 … 안 끓였는데요"

"이모님, 제가 미역 사다가 국을 끓일까요?"

"미역은 있어요"

"산모를 냉 고래에 미역국도 안 먹이고 애에게 젖을 물리면 산모 보고 애 데리고 죽으라는 겁니까? 산모 방에 앞으로 한 달 동안 불을 절대로 꺼트리지 말고요. 방안에 먹을 물하고 요강은 꼭 챙겨 놔 주세요. 자주 비워 주셔야 돼요. 빨리 먹고 힘을 내야 빨리 회복해서 이 집안에 아들을 낳아 줄 게 아니겠습니까? 하나님께서 이 댁에 아들을 주신다고 하셨단 말입니다. 내가 내일도 그렇게 하나 안 하나 또 와서 볼 거예요. 안 되면 교회에서 사람들을 데리고 오겠습니다."

제가 다녀 간 뒤로 그녀는 처음으로 더운 방에서 몸조리를 하며, 땀을 흘렸다고 했습니다. 그 다음 해에 바로 연년생으로 들어선 것이 그때 저에게 보여 주신 그 아들이라고 했습니다. 딸 셋에 아들 하나. 그 댁은 아들의 한을 풀었습니다. 임 집사님은 그 후로 섬기는 교회에서 청년부 교사로 열심히 봉사하고 있습니다.

기록 된 바 우리가 종일 주를 위하여 죽임을 당하게 되며, 도살 당할 양 같이 여김을 받았나이다 함과 같으니라 그러나 이 모든 일에 우리를 사랑하시는 이로 말미암아 우리가 넉넉히 이기느니라 내가 확신하노니 사망이나 생명이나 천사들이나 권세자들이나 현재 일이나 장래 일이나 능력이나 높음이나 깊음이나 다른 어떤 피조물이라도 우리를 우리 주 그리스도 예수 안에 있는 하나님의 사랑에서 끊을 수 없으리라 - 롬 8:36~39

정금 생각

주께서 보여 주시는 환상이나 계시들을 자기들 마음대로 아무데나 갖다 붙여서 해석하는 것은 절대로 안 되는 일이다 그런 것은 주님이 책임을 안져 주신다. 계시를 받은 자는 주신 분의 의도대로 잘 풀고, 잘 전하여야 한다. 그리고 나의 성격을 그렇게 뻔뻔스럽게 표출시키시면서까지 역사하시더니 그날 이후로, 임 집사님은 주님과의 화해를 이루었다. 아들을 낳자마자 고된 시집살이도 끝이 났다. 나는 그래도 이왕이면은 좀 존귀한 일에 쓰임 받고 싶다.

11 가르치시는 하나님

주께서는 그 모든 과정을 치루면서 제가 교회에 대하여서나 성도들의 삶과 교제에 대하여 많은 것을 배우게 하셨습니다.

밤에는 그렇게 교회에서 기도하게 하셨고, 낮에는 집에서 성경책을 창세기부터 읽게 하시면서 한 줄씩 한 구절씩 성경에 기록된 말씀들의 뜻을 제게 가르쳐 주셨습니다.

흙으로 지음을 받은 인생들은 영과 육으로 나누어서 볼 때 육적인 수준의 상태였다고 가르쳐 주셨습니다.(창 1:27, 28)

하나님께서 그중에 한 사람 아담을 취하여서, 생기를 부어주셔서 생령이 되어 그때부터 사람이 특별한 영적 존재가 되었다는 말씀을 가르쳐 주셨습니다.(창 2:7) 그리고 우리는 그 아담의 후손들이라는 가르치심이셨습니다.

창조론에 관하여서는 원 창조 이후에, 재정비와도 같은 재창조라고 깨우쳐 주시기도 했습니다. 또한 창세기 1장 1절과 2절의 사이에는 우리가 짐작할 수 없는 길고 긴 시간적 개념이 내재되어 있다고 깨우쳐 주시기도 했습니다.

그래서 창세기 1장 1절은 원 창조의 기록이요 2절부터는 재창조라고 볼 수도 있다는 것이었습니다.

분명한 것은 하나님은 창조주이시고, 인생들은 그의 피조물이라는 사실을 확실히 알게 해 주셨습니다.

그러는 사이에 제가 기대하고 있었던 마지막 약속 어음마저도 부도가 나서 휴지 조각이 되어 버렸습니다. 갖고 있었던 돈도 다 떨어져 버리고 모든 수입원이 끊어졌습니다. 그도 그럴 것이 밤이면 성전에서 기도만 하고 낮이면 매일 장 집사님을 따라 다니며 전도자의 생활만 했으니까요.

제 생활은 점점 더 어려워졌습니다. 밥도 있으면 먹고 없으면 못 먹고, 남들 모르게 자주 때를 굶기도 하며 하루하루를 힘겹게 지내고 있었습니다. 그러나 모든 것을 다 포기 한 때문에서인지 웬지 모르게 마음은 편했습니다.

우리가 이것을 말하거니와 사람의 지혜가 가르친 말로 아니하고 오직 성령께서 가르치신 것으로 하니 영적인 일은 영적인 것으로 분별되기 때문이라
- 고전 2:13

정금 생각

내가 주님 안에 있고 주님이 내 안에 계시다고 생각하니 아무것도 걱정 될 게 없었다. 그도 그럴 것이 매일의 일과가 그 분과의 대화였기 때문이었다.

12 내 주를 가까이 하게 함은 십자가 짐 같은 고생이나

그날은 제 나이가 29세 되던 해의 어느 날 밤이었습니다. 밤 9시쯤에 5살된 제 아들 승진을 차디찬 교회의 마룻바닥에 재울 수가 없어서 품에 끌어 안아서 재웠습니다. 그리고선 애비도 없이 크는 어린 것이 하도 가엾어서 흐느껴 울었습니다.

아비의 복을 타고나지 못했으면, 어미의 복이라도 잘 타고나지
아비의 몫까지 다 해주는 좋은 엄마 되어 주려고 했는데
결국, 이리 밖에 못해 주다니
어이할꼬 우리 아가 어이 할고 못난 에미
천리만리 도망가도 팔자 도망은 못 간다더니
어이할꼬 우리 아가 어이 할고 못난 에미

흐느껴 울고 있을 때, 그때 주께서 물으셨습니다.

"왜 우느냐?"

"아이가 가엾어서 웁니다."

"저 아이는 가장 행복한 제 아비의 집에 와서 누웠느니라. 울지 말고 찬송 부르라."

그 말씀을 듣고 나니 더 이상 슬플 것도 처량할 것도 없는 것 같아서 더는 울 수가 없었습니다. 주님의 말씀대로 찬양을 시작했습니다.

"내 주를 가까이 하게함은 십자가 짐 같은 고생이나 그 찬송 부르라."

"내 주를 가까이 하게 함은 십자가 짐 같은 고생이나 …"

저는 거기까지 부르다가 찬양을 멈추고 주님께 말씀 드렸습니다.

"저는 이 찬양 더 못 부르겠습니다. 저는 제 자식하고 살아 보려고 그동안 죽기 살기로 고생을 해 왔지, 주님을 위해서 십자가 짐 같은 고생을 한 적은 없습니다. 양심상 못 부르겠습니다."

"부르라. 너는 앞으로 날 위해서 십자가 짐 같은 고생을 많이 하게 될 터이니 그냥 그 찬송을 부르라."

저는 다시 그 찬양을 조심스럽게 불렀습니다.

"내 주를 가까이 하게 함은 십자가 짐 같은 고생이나 …"

그 이후로도 저는 그 찬양을 의미를 조심스럽게 되새기며 가끔 불러보곤 합니다.

"내 주를 가까이 하게 함은 십자가 짐 같은 고생이나 생명 길 되나니 은혜로다. 내 일생 소원은 늘 찬송 하면서 주께 더 나가기 원합니다. 아멘."

저는 아이를 주님 앞에 내려놓고 간절히 축복했습니다.

"주께서 이 아들에게 복 주시기를 원합니다 영으로나 육으로나 크게 복 주시기를 예수 그리스도 이름으로 축복합니다. 아멘."

야곱이 브엘세바에서 떠나 하란으로 향하여 가더니 한 곳에 이르러는 해가 진지라 거기서 유숙하려고 그 곳의 한 돌을 가져다가 베개로 삼고 거기 누워 자더니 꿈에 본즉 사닥다리가 땅 위에 서 있는데 그 꼭대기가 하늘에 닿았고 또 본즉 하나님의 사자들이 그 위에서 오르락내리락 하고 또 본즉 여호와께서 그 위에 서서 이르시되 나는 여호와니 너의 조부 아브라함의 하나님이요 이삭의 하나님이라 네가 누워 있는 땅을 내가 너와 네 자손에게 주리니 네 자손이 땅의 티끌 같이 되어 네가 서쪽과 동쪽과 북쪽과 남쪽으로 퍼져나갈지며 땅의 모든 족속이 너와 네 자손으로 말미암아 복을 받으리라 내가 너와 함께 있어 네가 어디로 가든지 너를 지키며 너를 이끌어 이 땅으로 돌아오게 할지라 내가 네게 허락한 것을 다 이루기까지 너를 떠나지 아니하리라 하신지라 야곱이 잠이 깨어 이르되 여호와께서 과연 여기 계시거늘 내가 알지 못하였도다 이에 두려워하여 이르되 두렵도다 이 곳이여 이것은 다름 아닌 하나님의 집이요 이는 하늘의 문이로다 하고 야곱이 아침에 일찍이 일어나 베개로 삼았던 돌을 가져다가 기둥으로 세우고 그 위에 기름을 붓고 그 곳 이름을 벧엘이라 하였더라 이 성의 옛 이름은 루스더라 – 창 28:10~19

정금 생각

복의 주권자는 하나님이시다. 나는 아들이 행복해지기까지 예수 이름으로 축복하고 또 축복할 것이다

13 김치 장사

　　　　6살짜리 아들이 밖에서 놀다가 집으로 들어 왔습니다.
"엄마, 배고파. 밥 줘."
"그래. 우리 아가 엄마가 얼른 떡국 끓여 줄게요!"
"아니, 떡국 말고 밥 해줘. 밥 먹을래! 아침에도 떡국 먹었잖아."
아이는 아침에 먹은 수제비를 보고 떡국이라고 표현했습니다.
"아가, 오늘은 떡국 밖에 못 끓여요. 미안해!
내일은 엄마가 꼭 밥 해 줄게요. 미안해요."
"왜 밥을 못 하는데?"
"으응 … 미안해 오늘 집에 쌀을 안 사와서 그래요.
엄마가 바빠서 쌀을 사러 못 갔어요 내일은 꼭 쌀을 사올게요"
"저기 저 속에 쌀 있잖아요?"
아이는 밥 할 때마다 교회에 가져가기 위하여 조금씩 모아둔 '성미'를 가리키며 밥을 해 달라고 보챘습니다. 목이 메었습니다.

제가 처한 현실이 하도 답답해서 기가 막히지만 이전처럼 세상으로 나가서 돈벌이 사업을 내 맘대로 시작할 수는 없는 일이었습니다. 저의 일상을 다 주님이 주관하셨는데 나가서 돈을 벌라는 그런 말씀은 없었기 때문입니다. 어린 아들 앞에서는 생활의 어려운 내색을 할 수가 없었습니다. 그렇다고 해서 때마다 기도하며 예수님 몫으로 떼어 놓은 '성미'에 손을 댈 수도 없는 일이었습니다.

"아가! 저 쌀은 우리 것이 아니고 예수님 쌀이에요 그러니까 오늘 한번만 더 떡국 먹어요. 미안해요. 얼른 끓일 게요."

수제비를 먹자 아이는 쪼르르 밖으로 놀러 나갔습니다.

저는 무릎을 꿇고 앉아서 주님께 울며 기도 했습니다.

"하나님 아버지, 밀가루로 '성미'를 뜰 수는 없잖아요. 밥을 할 수 있게 제발 쌀을 좀 보내주세요."

그 당시 제 주변에는 딱히 아는 사람도 없었고, 동생도 친정집으로 가 버리고 없을 때입니다. 또 설사 누굴 안다고 해도 부끄러워서 도저히 구차한 말을 남에게 못하는 그런 성격의 저였습니다. 아무 대책도 없이 한참을 울고 있다 보니 주님의 말씀이 임하셨습니다.

"시장에 나가서 김치 장사를 하라!"

"예에? 저는 김치도 잘 담을 줄도 모르고, 김치 한번 담는 것도 얼마나 힘이 드는 일인데 김치 장사라니요? 저는 못해요! 그리고 수중에 장사할 돈도 없습니다."

"지갑을 열어 보아라!"

지갑을 열어 보니 삼천 원이 있었습니다.

"삼천 원밖에 없습니다. 삼백 만 원도 아니고 삼천 만 원도 아니고 삼천 원 밖에 없다고요. 아 아~"

"그것으로 배추를 사서 소금에 절여 가지고 집에 있는 재료들로 김치를 담아서 시장에 내다 팔아라."

"저는 그런 반찬 장사 그런 것 어떻게 하는지 전혀 몰라요."

"즉시 일어나서 시장 안의 반찬 가게로 가서 보면 할 수 있다."

"아이고, 주여."

지난 해 5월부터 거의 1년이라는 기간에 걸쳐서 성령께서 제게 친히 일거수 일투족을 명령하시며 저를 인도해 나오시던 중이었기 때문에 저는 그 분의 말씀에 절대 순종해야지만 그 다음 기도에 응답해 주신다는 것 정도의 기도의 공식은 어렴풋이 알고 있었습니다.(잠 4:20~27)

일어나서 시장 통으로 갔습니다. 시장안의 반찬 가게가 잘 보이는 곳으로 가서 행여나 누가 볼 새라 멀찍이 서서 있었는데 2시간여 동안을 저는 그 자리에서 꼼짝을 못하고 서서 그들이 장사하는 모습들과 해 놓고 파는 반찬들을 찬찬히 살펴보았습니다. 저를 꼼짝도 못하게 하시는 분이 계셨습니다. 아마도 성령께서 제게 그리 역사하셨겠지요.(잠 2:1~8)

두 시간 쯤 후에, 2천원으로 배추 4포기를 사고 남은 돈으로 부추를 사 가지고 집으로 와서 배추김치를 담았습니다. 고춧가루와 파, 마늘은 찬장에 있던 것을 찾아서 넣고 빨갛게 버무려서 다라에 담아 들고 말씀 순종을 위하여 시장으로 나갔습니다.

그때가 5월의, 어느 날 정오쯤이었었는데, 그 한낮의 뜨거운 햇살들이 모여

서 전부 제 얼굴로만 쏟아지는 것 같이 얼굴이 화끈거렸습니다.(사 13:7, 8)

저는 평소에 안면이 있던 기름 장사 할머니 옆으로 가서 김치 다라를 내려놓고 앉았습니다.

"할머니, 안녕하세요? 저 김치 장사하러 왔어요."

"거짓말한다. 사모님이 무슨 김치 장사를 해? 김치 맛있게 생겼네. 한번 먹어 봐도 되나? 이거 누가 맡긴 건데? 김치가 맛있네! 누구 것인데?"

"제가 팔 거에요."

"참말이가?"

"네."

"그러면 팔면 어디다 담아서 팔긴데? 무슨 비닐 종이 봉지라도 있어야 담아서 팔지."

"어머나 그렇네요. 어떻게 하죠? 어디서 …"

"요요 밑에 지물포에 가면, 아이다 내가 퍼뜩 가서 사가 올게. 내 대신 기름 장사 쫌 하고 있어요."

그러고 보니 장사할 준비가 하나도 된 것이 없었습니다. 거기에는 자존심을 다 버리고 낮아지게 만드시려고, 시장통으로 밀어 내신 분과 그분의 말씀에 순종하기 위해서 등 떠 밀려서 나온 계집종만 있었습니다.(사 13:11, 12)

그날 누군가가 제게 김치가 전부 얼마냐고 묻는 이가 있었습니다. 재료비로 들어 간 것이 2,800원이었고, 그 밖에 고춧가루를 비롯한 모든 양념 재료들이 다 들어갔는데도 저는 3,000원에 후딱 다 떨어 주고 집으로 들어 왔습니다. 집으로 들어가는 길에 또다시 말씀이 임하셨습니다.

"내일도 나가서 김치 장사를 하라."

"아이고, 주여 …."

저는 하는 수 없이 그렇게 2주일 동안을 주일날만 제외하고는 매일 매일 시장 길 그 자리에서 김치 장사를 하였습니다. 혼자서 시장에 나가서 재료를 사다가 다듬어서 소금에 절이고 하다 보니 제 손이 하도 서툴고 느려서 하루에 2시간 정도 밖에 못 자는 날이 많았습니다.

그래도 장사를 이주일 정도 하다 보니까 요령이 생겨서 김치의 종류가 제법 늘었습니다. 일반 배추김치 외에 물김치도 담았고 알타리 총각김치랑 깻잎 김치도 정성껏 담았습니다. 처음에 삼천 원으로 시작했었던 것이 이젠 규모가 조금씩 늘어나서 남는 돈도 그만큼 새록새록 늘어 갔습니다.

- 내가 지금 뭐하는 것인가 하고 그 다음 생각을 할 겨를도 없이 바쁘게 시간이 흘러 금새 보름이 지났습니다.

그날에 눈이 높은 자가 낮아지며 교만한 자가 굴복되고 여호와께서 홀로 높임을 받으시리라 - 사 2:11

정금 생각

자존심이라는 것은 막상 깨어 버리고 나니까 아무것도 아니었다. 아들을 위해서라면 세상에 못 할게 없는 것이 엄마가 아닌가. 더군다나 주님의 명령하심에 순종함인 데야 더 이상 부끄러울 것도 머뭇거릴 것도 없었다. 그때 밤에 기도하던 그 교회의 여전도회원들이 떼를 지어서 시장통으로 구경을 하러 왔었다. 난전에서 다라 몇 개 놓고 김치 장사하는 지정금에게 주님이 역사하시는 현장을 보러 그리고 과거에 사교계에서 대단하게 활약하던 지정금의 몰락을 보레!

14 순복음선교센터 506호

 며칠 후, 서울 여의도에 있는 순복음선교센터에서 연락이 왔습니다. 얼마 전에 저를 그곳에 선교사로 추천한 목사님이 계셨는데, 제 이력서와 간증한 서류가 채택이 되었다면서 여의도로 와서 6개월 동안 훈련을 받고, 미국으로 선교사역을 나가라는 것이었습니다.
 그러나 전날에 만들어 놓은 김치 담을 양념재료들이 너무 많아서 하루, 이틀 동안 장사를 마저 해서 치워 버린 다음에 서울로 가야겠다고 생각하며 밤새워서 내일 내다 팔 반찬들을 부지런히 만들었습니다.
 - '아하, 장사를 이렇게 꾸준히 하면 수입도 꽤 괜찮을 것 같다' 는 생각이 들던 그날 새벽부터 비가 쏟아지기 시작했습니다. 이튿날까지 내린 비 때문에 만들어 놓았던 반찬들을 하나도 팔러 나가지 못했고, 사흘째가 돼서야 비는 겨우 그쳤습니다.
 장사 나갈 양으로 김치 양념통을 열었는데 이게 웬일일까요? 사흘 새에 양념통 위에 하얗게 곰가지가 껴버렸습니다. 양념의 맛도 완전히 변해버렸습니다. 저는 순간, 여의도의 약속을 주께서 재촉하신다는 생각이 들었고 모든 것이 주님의 역사하심처럼 느껴졌습니다.(삼상 12:17, 18)

준비했던 반찬들을 전부 쏟아 버리고 방으로 들어가, 안으로 방문을 걸어 잠그고 회개의 기도를 했습니다.

"하나님 아버지, 바로 순종하지 못하고 하루라도 돈 벌이에 안주하려 했던 제가 잘못했습니다."

얼마쯤 기도했을까요? 주께서 환상 중에 글을 보여 주셨습니다.

"갈멜산 40일 금식"

저는 선교사로 채택이 되었던 터인지라 미국으로 파송되어, 거기서 이스라엘의 갈멜산으로 가서 거기에서 엘리야 선지자처럼 40일 동안 금식기도를 하라는 말씀이신 줄로 알았습니다.

"아멘."

그때 살던 집을 대강 정리하고, 아들과 함께 안양에 있는 친정집으로 갔습니다. 선교센터에 가서 상담을 하려면 앞으로의 일정이 어떻게 될지를 알 수 없었기 때문에, 아이를 잠시 친정에 맡겨야 했기 때문입니다. 집에 들어가자 외할아버지가 아이에게 물었습니다.

"승진아, 엄마랑 시골에서 뭐하고 살았냐?"

"엄마가 김치장사했어요."

"허허! 김치장사? 어디 회사에 부식 납품 했었던 게지."

듣고 있던 가족들 모두가 묘한 표정을 짓고 저희 아버지는 헛웃음을 지으셨습니다. 저도 그냥 씁쓸하게 웃을 수밖에 없었습니다.

'큰손' 소리를 들으며 사업을 왕성하게 하고, 한동안은 맏딸로서 집에도 생활비를 넉넉히 내 놓으며 능력 있게 떵떵거리고 살았던 '잘난 딸'이던 시절이 바로 엊그제 같았던 저였으니까요.

이튿날, 오후 2시에 선교센터에 방문하기로 약속이 되어 있었기 때문에 초행길이라서 길을 잘 모르니까 오전 11시쯤에 아이를 집에 맡겨 두고 조금 일찍 밖으로 나섰습니다.

그런데 그때 간밤에 집에 없었던 바로 제 밑에 동생이 어딜 갔다가 쫄래쫄래 들어오는 것이었습니다.

"언니, 언제 왔어?"

"어제 밤에 왔어! 근데 너는 무슨 애가 외박을 하고 다니니?"

"아니야, 언니! 나 교회에 다녀요. 위에 갈멜산기도원에 가서 철야기도하고 오는 거야."

"지금 갈멜산이라고 했니?"

"응, 나 요새 교회 다녀. 기도원에 가서 철야 기도도 하구 예수 믿으니까 되게 맘이 편해. 저기 위에 안양유원지에 갈멜산기도원이라는 데가 한 달 전에 새로 생겼거든. 거기 가서 철야기도하고 오는 길이야. 언니는 어디 가는데?"

'갈멜산기도원'이라는 단어를 듣는 순간에 제가 40일 금식 기도를 할 곳은 이스라엘의 갈멜산이 아니라 아마도 여기 갈멜산일 것이라는 생각이 들었습니다. 그래서 주께서 저를 친정집으로 인도하신 것 같았습니다. 미국 파송이고, 이스라엘이고 머릿속이 하얗게 멈추고 있었습니다.(고전 2:13~16)

"나, 곧 들어 갈 테니까 너 먼저 집에 들어가. 승진이도 와 있어."

"그래? 언니는 어디 가는 길이 아니었어?"

"아냐, 그렇기는 한데… "

저는 선교센터로 가던 걸음을 멈추고 그래도 혹시나 하며 주님께 다시 여쭤어 봤습니다.

"하나님 아버지, 저 이번에 그냥 미국으로 보내주시면 안 될까요? 거기서 이스라엘의 갈멜산으로 가서 40일 금식기도 할게요."

"여기, 갈멜산 기도원으로 올라가서 금식기도부터 하라."

"아버지, 미국으로 가는 이번 기회가 참 좋은 기회인데요. 저, 그냥 보내주세요. 죽으라면 죽는 시늉까지 하고, 아버지 말씀 잘 듣고 아주 겸손하게 주의 일 잘 하겠습니다."

"네가 인성이 극복 되지 않고 나가면 내 일이 아니라 내 망신만 시키고 구린내만 피우게 될 것이다. 인성극복을 위해 금식기도부터 하라."(고전 13:1~3)

"그래도 미국으로 선교사 나가기가 얼마나 힘든데요? 선교비도 한 달에 300만원 씩 보내주는 좋은 케이스라는 데요."

"네가 그릇 준비가 되면 내가 너를 어디인들 안 보내겠느냐?"(출 19:5, 6절)

"그래도 아버지.…"

주님께 죽으라면 죽는 시늉도 하겠다고 약속했으니, 금식기도를 하라는 말씀부터 순종을 하고, 미국 선교는 그 후라고 머릿속에서는 정리가 되었지만 4일도 안 굶어 본 제가 40일을 굶는다는 것은 절대로 불가능한 일이라는 생각을 떨쳐버릴 수가 없었습니다.

저는 아쉬운 마음에 한참을 발을 떼지 못하고 서서 있다가 선교센터로 가는 것을 포기하고 다시 집으로 들어갔습니다.

그리고 40일 금식 기도를 단행해야 한다는 마음의 준비를 다지기 시작했습니다. 생전 안 먹던 애들 과자 '라면 땅'도 애한테 조금 얻어서 몇 날 씹어 보았습니다. 너무 맛이 달아서 평소에 싫어했던 사이다랑 카스테라도 먹어 보았습니다. 어쩌면 그것이 마지막으로 먹는 세상에서의 음식일지도 모른다는 쓸쓸한 생각을 하면서 먹어 본 것이었습니다.

그러다가 며칠 후에 모든 것을 포기하고 친정집을 나서는데 40일 금식을 하러 가는 길이 마치 사형수의 마지막 형장으로 가는 길처럼 하늘이 한번 쳐다보이고, 땅이 한번 쳐다보였습니다. 그리고 나서 조용히 죽음을 준비하는 심정으로 갈멜산 기도원으로 올라갔습니다.

물론 가족들에게는 아무 말도 하지 않았습니다. 그간의 전후 사정을 구구히 늘어놓기도 싫었습니다. 저희 집안에서는 신앙생활이라고 해봐야 가족들 중에 동생 하나 외에는 아무도 교회를 다니지도 않는 불교 유교의 혼합 정체성의 샤머니즘 쪽의 신앙 행위에 가까운 집안 식구들이었기 때문에 최근 1년여 동안의 제게 역사하신 하나님의 살아 계심을 얘기한다고 해도 절대로 믿지 않을 것이고 아무것도 가진 것도 없는 저의 거취나 행보에 특별히 관심 있게 묻는 사람들도 없었습니다.

사람이 마음으로 자기의 길을 계획할지라도 그의 걸음을 인도하시는 이는 여호와시니라 - 잠 16:9

정금 생각

그 지역 그 동네가 다 알던 나의 모습은 부모의 덕도 없고 서방 덕도 못보고 새끼 하나 데리고 혼자 사는 불행한 여인이었다. 동네 사람들에게는 아들 데리고 부산에서 잘 사는 것으로 알려져 있었던 지정금을 하나님은 보란 듯이 새로 개원한 기도원으로 이끄시어 금식 기도원이 무엇인지도 모르는 지역 사람들에게 금식 기도에 대해서 본을 삼으셨다.

사람이 입은 굶어도 하나님의 말씀으로 살 수 있는 것이며 금식 기도를 하면 막힌 문제가 해결되어지고 몇 십일을 굶는다고 해서 사람이 죽는 것이 아니라 하나님의 증인으로 새롭게 태어나는 것이 금식 기도라는 것을 보여 주시기 위해서 무지몽매한 나에게 주님 말씀에 순종하는 것 그것 하나만을 훈련시켜서 그곳에 보내시어 새로 개원하여 아무도 오지 않는 금식 기도원의 첫 번째 장기 금식 기도를 단행시키셨다.

불행한 자, 외로운 자, 그 지역에 거주하는 평범한 모든 자들에게 기도하는 집의 주인이 살아계신 하나님이심을 드러내고 계셨다.

15 갈멜산 금식기도원

　　　　그곳은 개원한 지가 2개월이 채 안 된 조그마한 금식기도원이었습니다. 그때까지 그곳에서의 금식기도는 원장님의 일주일 금식 기도가 전부였고, 이제부터 제가 40일 금식기도를 하게 되면 제가 최초의 장기 금식기도를 하는 성도가 되는 모양이었습니다.

　등록 명부에 간단히 이름과 집 주소 등을 적어 놓고 나서, 강단의 오른쪽 밑에다 방석 네 개를 일자로 펴놓고 누워서 조용히 굶으면서 죽기를 기다리기로 했습니다. 왜냐하면 저는 3살 때부터 교회를 다니기는 했으나 장로교회의 고신 측의 교회에서만 신앙생활을 해 왔는데 금식기도라는 말을 단 한 번도 들어 본 기억이 없었기 때문에 '40일 금식의 명령'은 곧 이 땅에서의 죽음을 의미한다고 생각했기 때문입니다.(약 4:14)

　성령께서 저에게 40일 금식을 시키시는 이유는 제가 잘 변화되지 못하고 맨날 그러고 있으니까 금식시키시면서 저를 이 땅에서 그만 살게 하고, 아버지 나라로 영영 데려 가시려고 하시는 것 같았습니다. 저는 주께로부터 40일 금식 기도의 명령을 받고는 갔지만 막상 그곳에 가서는 40일 금식을 하러 왔다는 말을 아무에게도 못 했습니다.

　40일이 아니라 4일 만에 제가 굶어 죽을 지도 모르는 일이고, 어떻게 될지도 그 결말을 전혀 예측할 수 없는 일이라서 그냥 정해진 예배 시간에 잠시 앉아서 같이 예배를 드리는 것 외에는 성전 한 쪽에서 힘없이 누운 채로 조용히 지난 날들을 생각해 보며 하염없이 울고만 있었습니다.

　아비의 얼굴을 못보고 자라는 아들도 가엾고, 그렇게 얽혀서 살아 보겠다고 몸부림치며 살아 온 지난 날들의 죄 많은 제 인생이 참으로 허망하고 스스로 생각 해 봐도 가엾어서 그냥 소리 없이 눈물만 흘렸습니다.

　목사님과 단둘이서 예배를 드릴 때가 많았고, 누가 방문하는 날에는 셋이서 예배를 드렸습니다.

　"웬 말인가 날 위하여 주 돌아 가셨나 이 벌레 같은 날 위해 큰 해 받으셨나 …"

　그 찬송가를 예배시간에 부르는 날은 제가 너무 통곡을 하며 흐느껴 울어서 다 같이 눈물만 흘리다가 예배를 끝내기가 일수였습니다.

　또 있었지요.

　"예수 나를 위하여 십자가를 질 때

　세상 죄를 지시고 고초 당하셨네

　예수님 예수님 나의 죄 위하여

　보배 피를 흘리니 죄인 받으소서 …"

　그 찬양도 저를 많이 울렸습니다. 앉아서 얼굴을 손으로 가리고 울다가 끝내는 성전의 바닥에 엎으러져서 흐느껴 울게 만드는 회개의 찬송가였습니다.

물만 먹으면서 하루, 이틀, 사흘이 지나 갔습니다.

어떤 청년이 일주일을 금식하겠다면서 왔는데, 그 다음날 바로 포기하고 자기 엄마랑 내려가면서 이렇게 말했습니다.

"하나님이 붙잡아 주시지 않으니까 하루도 못 버티겠네요. 자매님은 꼭 승리 하십시오."

"네, 아멘."

청년의 말에 제가 그냥 그렇게 '아멘' 으로 응수는 했지만, 솔직히 자신이 없었습니다. 금식을 포기할 수도 없었고 죽음을 기다리는 것 밖에는 아무런 다른 방도가 없는 저로서는 금식 기도를 하다가 말고, 포기할 수도 있고 임의로 멈출 수도 있는 그 청년이 좀 이상하기도 했고 부럽기도 했습니다.

-그래, 나 같이 쓸모없는 인생은 죽는 게 나을 거야. 아들에게 조차도 좋은 환경도 못 갖추어 주는 못난 어미 노릇만 하느니 차라리 죽어서 주님 옆에 가면 죄는 안 질 것이 아닌가. 아들을 위해서 기도만 해줄 수도 있고, 이제 그만 가는 거야.

초연하게 죽음을 받아들이기로 해 놓고도 그러다가 또 설움이 북받치면 하염없이 울었습니다. 그렇게 일주일이 지나도록 질긴 목숨은 숨을 쉬고 있었습니다.

-내가 왜 죽지 않는 걸까?(창 28:15)

잠들었다가 눈이 뜨이면 주변을 한번 휘 둘러 보고 나서, 그제서야 '아, 내가 아직 안 죽었구나, 아직 살아 있구나' 했습니다. 손발을 움직거리다가 일어나 보면 몸이 일어나지고, 그러면 또 일어나서 시간에 맞춰 예배를 드리고, 그리고 지쳐서 울다가 또 잠이 들고 그러기를 반복하면서 금식 7일째가 되었습니다.

내가 곧 그들을 나의 성산으로 인도하여 기도하는 내 집에서 그들을 기쁘게 할 것이며 그들의 번제와 희생을 나의 제단에서 기꺼이 받게 되리니 이는 내 집은 만민이 기도하는 집이라 일컬음이 될 것이라 – 사 56:7

정금 생각

밥만 안 먹는 것이 금식기도는 아니었다. 그것은 금식이 아니라 '굶식'이라고 했다. 배가 고플 때 마다 이사야서 58장의 금식에 대한 말씀을 읽었다. 하나님의 말씀을 양식으로 삼은 것이다. 하루에 3번 드려지는 예배가 시작 될 때는 앉아 있는 것조차 힘이 들고 때론 귀찮기도 했지만 예배가 끝나고 나면 말씀의 위로와 소망 때문이었는지 다소 좀 힘이 생기는 것 같았다.

16 영이 분리되어 나가다

그 날도 어떤 여자 청년이 올라 와서 원장 목사님과 저와 셋이 앉아서 예배를 드리고 있었는데, 갑자기 제 속에서 무엇인가 구역질이 나면서 자꾸만 토할 것 같은 충동이 일어났습니다.

참다 못해서 성전 밖으로 뛰어 나가자 속에서 부터 무엇인가가 '왈칵!' 하고 제 입 밖으로 튀어 나왔습니다. 엎드려서 속에서부터 계속 나오는 가래침을 뱉었습니다. 분명히 무엇인가가 제 속에서부터 입 밖으로 '왈칵' 하고, 튀어나오기는 했는데 거품이 섞인 가래침 같은 것만 몇 번 나오고 더 이상은 나오는 것이 없었습니다.

그때 성령께서 가르쳐 주셨습니다.

"방금, 네게서 나간 것이 싸움하는 영이다!"

싸움질하는 귀신이 제 속에서 분리되어 나간 것이었습니다. 7일 동안이나 굶은 몸에 구역질까지 하고 나니 온 몸이 부들부들 떨렸습니다. 그러면서도 조금 전에 마구 구역질이 날 때 보다는 싸우는 영을 토하고 나니 몸이 조금은 개운해진 것 같았습니다.

제 속에 그 싸움하는 영이 들어 있어서 그렇게 툭- 하면 남들과 싸움질을 했었나 봅니다. 저는 여전히 성전 한 쪽의 제 자리로 가서 힘없이 쓰러져 있었습니다. 그런 똑같은 현상이 사흘 동안 계속 되풀이 되면서 제가 그렇게 구역질을 할 때마다 제 속에서는 무엇인가가 튀어 나갔고, 그때마다 성령께서는 그 영들의 정체에 대해서 제게 가르쳐 주셨습니다.

"미워하는 영", "욕하는 영", "시기하는 영", "고집 부리는 영"
"거짓말하는 영", "자랑하는 영", "교만한 영", "술의 영"
"음란한 영", "호색하는 영", "게으름의 영"

그 동안에 예수 이름으로 귀신을 쫓아내며 사람들의 병을 고치는 일에 쓰임 받으면서, 제 자신은 아주 깨끗한 줄로 알고만 있었는데, 그렇게 성령으로 충만하던 제 속에 더러운 귀신들이 무려 열 둘이나 들어 있었다는 게 납득이 안가는 일이었지만 그것은 사실이었습니다. 무척 당혹스럽고 창피한 일이었지요.

몸이 다소 가벼워졌고 예배만 드리면 메스껍던 속도 닷새가 지나자 웬만큼 편안해졌습니다. 이제는 제 속에 있던 귀신들이 다 나간 것 같았습니다. 금식을 시작한 지 12일째 되던 날이었습니다.

우리가 율법은 신령한 줄 알거니와 나는 육신에 속하여 죄 아래에 팔렸도다 내가 행하는 것을 내가 알지 못하노니 곧 내가 원하는 것은 행하지 아니하고 도리어 미워하는 것을 행함이라 만일 내가 원하지 아니하는 그것을 행하면 내가 이로써 율법이 선한 것을 시인하노니 이제는 그것을 행하는 자가 내가 아니요 내 속에 거하는 죄니라 내 속 곧 내 육신에 선한 것이 거하지 아니하는 줄을 아노니 원함은 내게 있으나 선을 행하는 것은 없노라 또는 행할 능은 내가 원하는 바 선은 행하지 아니하고 도리어 원하지 아니하는 바 악을 행하는도다 만일 내가 원하지 아니하는 그것을 하면 이를 행하는 자는 내가 아니요 내 속에 거하는 죄니라 그러므로 내가 한 법을 깨달았노니 곧 선을 행하기 원하는 나에게 악이 함께 있는 것이로다 내 속사람으로는 하나님의 법을 즐거워하되 내 지체 속에서 한 다른 법이 내 마음의 법과 싸워 내 지체 속에 있는 죄의 법으로 나를 사로잡는 것을 보는도다 오호라 나는 곤고한 사람이로다 이 사망의 몸에서 누가 나를 건져내랴 우리 주 예수 그리스도로 말미암아 하나님께 감사하리로다 그런즉 내 자신이 마음으로는 하나님의 법을 육신으로는 죄의 법을 섬기노라 – 롬 7:14~25

정금 생각

이전에 6개월 동안 철야도기를 했던 그 교회에서, 은혜 받은 자인 나를 교인들이 왜 그렇게 벌레 보듯 했는지 알 것 같았다. 그들이 영안은 열리지는 않았어도 영은 영을 아니까 귀신의 집합체 같은 나를 싫어 할 수밖에 없었을 것이다. 영안이 좀 열렸다고 내가 세상을 다 알기라도 하는 것처럼 설쳐 대면서 많은 사람들에 대하여 많은 정죄를 했었다. 말하자면 양신 역사였다는 표현을 감히 해 본다. 성령 받았다고 잘난 척 하던 나에게 성령의 내주하심이 계셨을까. 만약에 그랬다면 성령께서는 나의 영에 머무르시고 귀신들은 육에 머물렀을 것이다. 나는 항상 영혼과 육 사이에서 갈등했다.
교만으로 보자면 수석이었던 나는 늘 주의 종들 눈에 가시 같은 존재였다.
시험대 위의 피에로처럼 내 삶이 항상 갈팡질팡하면서 별로 열매가 좋지 않은 까닭도 모두가 그 귀신들 장난이었으리라. 내 속에 있는 영의 문제가 해결 되지 않은 채로 주께서 그때그때 역사하시는 병 고치는 은사를 영원불변한 나의 능력처럼 사용하다 보니 주님의 일을 한다고 하면서도 한편으로는 날마다 성령을 탄식하시게 했었다.

그래서 그랬을까. 내가 가는 곳은 웬지 시끄러웠고 다툼도 자주 일어 났었다. 부끄러운 일이었다. 성령 받은 자라고 자처하던 나 자신에게 성령의 열매에 대하여 물어 본다.

과연 내 속에 주님의 평강과 온유와 아가페 사랑이 계시는가?

성령의 치유하심으로 주님께 온전히 영광을 돌리고 있는가?

모든 은사로 교회를 유익하게 하고 있는가?

거룩한 인격으로 말씀의 지배를 받고 있는가?

예수께서 피 값으로 세우신 교회는 예수님이 주인이시다.

하나님은 사랑이시다.

하나님은 빛이시다.

하나님은 말씀이시다.

하나님은 스스로 계신 분이시다.

하나님은 거룩하신 전능자이시다.

주님은 평강의 왕이시다.

17 맨 마지막에 나가는 담배의 영

한 닷새 쯤 조용하던 제 속에서 뭔가가 또 '삐리 릭' 하고 힘없이 빠져 나가는 것이 있었습니다.

- 다 나가고 아무것도 없는 줄 알았었는데.

이번에는 "담배의 영"이었습니다. 그것이 마지막으로 나간 귀신이고 더 이상은 나가는 것이 없었습니다.

주께서 말씀하시기를 사람에게 인박히는 모든 것은 '술'이라고 말씀해 주셨습니다. 그것이 약이던지 담배이던지 음식이던지 기호 식품까지도 모두가 끊어야 하는데 끊지 못하고 있으면 그것이 바로 '인박히는 술'이라고 말씀해 주셨습니다.

이와 같이 집사들도 정중하고 일구이언을 하지 아니하고 술에 인박히지 아니하고 더러운 이를 탐하지 아니하고 깨끗한 양심에 믿음의 비밀을 가진 자라야 할지니
- 딤전 3:8, 9

정금 생각

담배를 안 피운지가 1년이 넘었는데도 그 귀신은 내 속에 남아 있다가 이번 금식 기도 때에 쫓겨 났다. 담배 귀신이 뭘 기다리고 있었을까 다시 담배 연기가 들어오기만을 기다렸겠지 … 그러다가 나를 폐암으로 죽이려고 했을 것이다.

"못된 담배의 귀신아, 내가 예수 그리스도의 이름으로 명령한다. 내게서 떠나고 다시는 들어오지 마라!"

18 소나무의 격려

　　그렇게 12일째 금식을 하며 힘든 싸움을 하고 있는 데 같이 사업을 하던 동료가 기도원으로 저를 만나러 왔습니다.
"지 여사, 그렇게 굶고 앉아만 있는다고 뭐가 해결됩니까? 나와서 활동을 할 생각을 해야지. 다 쓸데없는 짓이에요."
　오직 주님만 바라보며 이번 기도만 잘 마치면 모든 문제가 다 해결 될 것이라는 믿음 하나로 하루 하루를 근근이 버티고 있었는데, 제 안의 모든 소망이 잔인하게 짓밟히는 언사였습니다. 저는 그 말에 대꾸할 힘조차 없었습니다.
　친구를 보내고 나서 뒷산으로 올라가 풀밭에 두러 누웠습니다. 저는 온몸이 문어처럼 축 늘어졌습니다. 그냥 그렇게 그 자리에서 눈만 감으면 그대로 죽을 것만 같았습니다.
　-내가 이대로 죽는다면 혼자 남는 아들은 어떻게 하나?
　정신이 점점 혼미해져 갔습니다. 아들의 얼굴도 희미해져 갔습니다. 조용히 두 눈을 감는 그 순간에 옆에 서서 있던 굵은 소나무가 제게 말을 하였습니다.

"나는 물만 먹고 햇볕만 쬐면서도 85년 동안 이 자리에 이렇게 꿋꿋하게 서서 있어요."

저는 그 말을 들으면서 실눈을 뜰 수 있는 힘을 얻었습니다.

한참 만에 가까스로 눈을 뜨고 보니, 굵은 소나무가 제 옆에 서 있는 것이 보였습니다. 저는 그 든든해 보이는 소나무 옆에서 푸른 하늘에 흰 구름을 바라보면서 한참을 그렇게 누워 있었습니다. 그러다가 옆의 소나무에게 말했습니다.

"나도 물만 먹고 햇볕만 쬐고 있지만 나는 그대들을 다스리라고 지음을 받은 인생이야. 일어날 수 있어요."(창 1:28)

저는 제 자신에게 최면이라도 걸 듯, 저를 위로 해준 고마운 소나무에게 그렇게 말하였습니다. 한참 동안을 소나무에 기대어서 움직이지 못하고 그대로 앉아 있었습니다.

해질녘이 다 돼서야 겨우 기운을 차리고 일어나서 성전을 향해서 조심스럽게 천천히 걸어 내려갔습니다. 그 후로 다시는 그렇게 힘없이 쓰러지지는 않았습니다.

내가 그를 구덩이에 내려가는 자와 함께 스올에 떨어뜨리던 때에 백성들이 그 떨어지는 소리로 말미암아 진동하게 하였고 물을 마시는 에덴의 모든 나무 곧 레바논의 뛰어나고 아름다운 나무들이 지하에서 위로를 받게 하였느니라 - 겔 31:16

정금 생각

금식기도를 할 때는 외부오의 접촉을 일절 끊었어야 했다. 눈도 금식, 입도 금식, 생각도 금식, 오직 주는께만 소망을 두고 말씀만을 의지해서 내 생명을 포기하고 예수님의 생명으로 사는 것이 온전한 금식의 자세인 것이다. 나로서는 안 되는 문제도 예수님은 해결 하실 수 있으시니까 그 분께 맡기는 금식 기도에는 오직 한 권의 성경책과 예배와 인애의 자세만이 필요할 뿐이었다.

⑲ 금식기도를 마치다

그렇게 하루 하루가 지나면서 금식 20일째 되는 날, 새벽에 주님의 음성을 들었습니다.

"네 기도가 상달되었다! 내게 무엇을 원하느냐?"

"아멘, 주여. 감사합니다. 아버지! 세상에서 제일 깨끗한 영성을 갖고 싶습니다."(막 11:24)

낮 예배 후에 이 목사님께서 제 자리로 오셔서 말씀하셨습니다.

"우리 기도원은 아직 기도가 많이 부족합니다. 금식은 그만 마치시고 잡수시면서 우리 기도원을 위해서 기도 좀 같이 해 주시면 안 될까요?"

"새벽에 응답을 받기는 했지만, 저는 아직 해결해야 될 문제들이 많은 죄인입니다. 40일 금식을 할 작정을 하고 있습니다."

"아니요. 아침에 뵈니 얼굴이 밝아지신 것이 벌써 달라 보이셔서 응답을 받으신 줄 알았습니다.(단 10:10~14) 금식은 이제 그만 마치시고 식사하시면서 같이 기도하시지요. 저희 기도원엔 20일도 최고 장기 금식이십니다. 평신도들은 40일 금식 기도를 허락하지 않습니다. 그것은 무리입니다. 40일 금식은 목사님들이나 직분자들이나 하는 것입니다!"

저의 금식 기도는 이 목사님 덕분에 그렇게 끝이 났습니다. 주의 종의 말씀에 순종한다는 핑계로 40일을 작정했었던 금식 기도가 21일째 되던 날 낮에 끝마쳐지고, 남은 날 수를 먹으며 기도하기로 하였습니다.

내가 기뻐하는 금식은 흉악의 결박을 풀어 주며 멍에의 줄을 끌러 주며 압제 당하는 자를 자유하게 하며 모든 멍에를 꺾는 것이 아니겠느냐 또 주린 자에게 네 양식을 나누어 주며 유리하는 빈민을 집에 들이며 헐벗은 자를 보면 입히며 또 네 골육을 피하여 스스로 숨지 아니하는 것이 아니겠느냐 그리하면 네 빛이 새벽 같이 비칠 것이며 네 치유가 급속할 것이며 네 공의가 네 앞에 행하고 여호와의 영광이 네 뒤에 호위하리니 네가 부를 때에는 나 여호와가 응답하겠고 네가 부르짖을 때에는 내가 여기 있다 하리라 만일 네가 너희 중에서 멍에와 손가락질과 허망한 말을 제하여 버리고 주린 자에게 네 심정이 동하며 괴로워하는 자의 심정을 만족하게 하면 네 빛이 흑암 중에서 떠올라 네 어둠이 낮과 같이 될 것이며 여호와가 너를 항상 인도하여 메마른 곳에서도 네 영혼을 만족하게 하며 네 뼈를 견고하게 하리니 너는 물 댄 동산 같겠고 물이 끊어지지 아니하는 샘 같을 것이라 가물 때에도 네게서 날 자들이 오래 황폐된 곳들을 다시 세울 것이며 너는 역대의 파괴된 기초를 쌓으리니 너를 일컬어 무너진 데를 보수하는 자라 할 것이며 길을 수축하여 거할 곳이 되게 하는 자라 하리라 – 사 58:6~12

정금 생각

주의 종의 말씀도 하나님의 뜻과 같이 받아들여야 하는 것 같다. 그러나 밤 같은 세상이다 성령으로 충만하지 못한 주의 종들을 많이 경험했으니까 삯꾼인지 선한 목자인지에 대한 각별한 분별력이 있어야 할 것 같다. 우선은 열매를 보아야 할 것이다. 주의 종의 모든 언행심사가 성경 말씀의 진리와 그 흐름이 같아야 할 것인데 말씀을 잘 분별해야 한다 말씀 속에

(1) 예수님의 부활의 피가 소망과 능력으로 흐르고
(2) 영혼의 구원과 아가페 사랑이 있어야 하며
(3) 생명은 더욱 풍요로워지고
(4) 주의 온전하심과 거룩하신 인격의 내재하심이 있어야 할 것이며
(5) 위임 받은 왕권의 선한 증거가 있는 사역자이어야 믿고 따를 수 있을 것이다.

20 보호식의 실패

첫날은 보호식으로 미음을 세 끼를 먹었습니다. 한 이 삼일을 죽도 먹고 과일도 먹고 잘 먹었습니다. 왕성한 삶에의 의욕만큼이나 왕성한 식욕이 생겼습니다. 삼일째 되던 날에 조금씩 5끼니를 먹었는데, 그것이 소화가 안 되고 체하고 말았습니다. 평소 때에 음식을 잘못 먹고 체한 것과는 체한 증상의 차원이 달랐습니다.

배가 속에서 장이 꼬인 듯이 뒤틀려대서 온종일 배를 움켜쥐고 신음 소리를 내며 꼼짝을 못하고 엎드려 있었습니다. 집에서 동생이 왔습니다. 아픈 내색을 전혀 안 하고 신음소리를 내지 않으려고 이를 악물고 입을 꽉 다문 채 누워 있었습니다.

"언니는 세상에서 누려 볼만큼 다 누려 봤으니까. 이제는 주님 안에서 좀 죽어 봐!"

마치, 누가 시킨 듯이 주님의 메시지 같은 소리를 하고 나서는 동생이 집으로 돌아갔습니다.

그 때에 몇몇 성도들이 성전에 와서 있었는데 그들에게 소화제를 사다 달라고 하고 싶은 마음이 절실했지만 그냥 이를 악 물고 참았습니다.

병을 고치시는 하나님과 함께 있으면서 그 분의 능력을 200원짜리 소화제랑 바꿀 수 없다는 오직 일념으로 신음 소리를 내면서도 가만히 엎디어 있었습니다.(고전 1:23)

새로 개원한 기도원의 조그만 성전 안에 첫 장기 금식자의 신음 소리가 가득 울려 퍼지고 있었습니다. 밖에는 비까지 내리고 불도 안 들어오는 성전 바닥에서 저는 생사가 불분명한 체로 꼼짝도 못하고, 차디찬 바닥에 쓰러져 있었습니다.(고후 5:8~10)

이 목사님이 전기장판을 들고 나와서 깔아 주시면서 3일 금식 기도 중에 있던 이갑순 할머니를 저와 한 장판 위에 이불만 따로 덮고 같이 눕게 해 주시고서는 성전 한 쪽에서 사모님과 꿇어 엎드리어 기도를 하고 계셨습니다.(고후 1:4) 아픈 배를 움켜쥐고 추워서 오들오들 떨던 저는 따뜻한 전기장판 위에서 잠시 잠이 들었습니다.

누가 우리를 그리스도의 사랑에서 끊으리요 환난이나 곤고나 박해나 기근이나 적신이나 위험이나 칼이랴 기록된 바 우리가 종일 주를 위하여 죽임을 당하게 되며 도살 당할 양 같이 여김을 받았나이다 함과 같으니라 그러나 이 모든 일에 우리를 사랑하시는 이로 말미암아 우리가 넉넉히 이기느니라 내가 확신하노니 사망이나 생명이나 천사들이나 권세자들이나 현재 일이나 장래 일이나 능력이나 높음이나 깊음이나 다른 어떤 피조물이라도 우리를 우리 주 그리스도 예수 안에 있는 하나님의 사랑에서 끊을 수 없으리라 – 롬 8:35~39

정금 생각

지나간 1년 동안 하나님의 살아 계심과 많은 능력을 체험했다. 주변의 사람들에게 "성령 받은 자"라고 인정을 받았던 내 속에 귀신들이 함께 있었던 것도 알았고, 말씀을 순종하여 금식 기도를 하는 중에 내 속에서 귀신들이 분리 되어 나가는 것도 보았다. 지난 1년 동안의 내 삶 속에는 오직 하나님만이 하실 수 있는 불가사의한 역사를 계속 체험하면서 그 시점까지 오게 되었던 나로서는 하나님의 세상에서 살면서 하나님의 사랑에서 끊어져 버린 채로 이전에 하나님을 모르고 살던 때의 방식처럼 또 살아가야 한다면 차라리 그대로 죽는 것이 낫겠다는 절박한 생각도 있었다. 그래서 누구를 붙잡고 소화제를 사다 달라고 할 수가 없었다.

21 성령의 치유하심

　　　　　살짝 잠이 들었던 그 때에 갑자기 빗소리가 세차게 들리면서 환상이 열렸습니다.

　제가 아들 승진이를 제 무릎 위에 끌어 안고 앉았는데, 아들을 끌어 안은 제가 똑같은 모습으로 100명이 되어 둥그렇게 하나의 원형으로 앉아 있었습니다. 주께서 사람과 같은 형상의 불 같은 모습으로 다가오셨는데 작은 형상의 영들을 잔뜩 대동하고 제게로 가까이 오시더니, 제 손에 안수하시며 말씀하셨습니다.

　"내가 치유하지 않으면 정녕 죽으리라."(계 21:3, 4)는 말씀과 함께 제 아이의 배 앞에 두 손으로 끌어안은 제 손 위에 주님께서 손을 얹으시자 그렇게 신음 소리를 입 밖으로 낼만큼 아프던 뱃속이 한 순간 더욱 크게 뒤틀리는데 저는 '악' 하고 마지막 외마디 비명 소리를 지르며 제 소리에 눈을 번쩍 떴습니다.

　비몽사몽이었습니다. 주께서는 많은 빗소리와 함께 점점 멀어져 가고 계셨습니다.(욥 38:1) 창밖의 거세던 빗소리도 점점 작아졌습니다. 그러면서 감사하게도 배의 통증이 가라앉고 있었습니다. 배 위에 얹은 제 손은 불같이 펄펄 끓고 있었습니다. 눈을 뜨고 살펴보니 제 옆에 누워 계신 이 갑순 할머니가 보였습니다.

저는 뜨거운 두 손을 마주 잡아 보며 주께서 이 죄인을 치유하러 오셨던 것이 환상이 아니라 실상이셨음을 알 수 있었습니다. 저는 증인이 필요했습니다.

"할머니, 할머니 주무세요?"

"아니유! 나 안 잤시유! 아픈 거는 좀 괜찮은 거유?"

"저 할머님께 부탁이 좀 있는 데요. 지금 제 이불 속으로 손 넣어서 제 손 좀 만져봐 주실래요?"

"왜유?"

"글쎄 … 좀 잠깐만 만져봐 주셔요."

다 죽어 가던 사람이 손을 잡아 달라고 요청을 하자 할머니는 제 이불 속으로 손을 집어넣어서 더듬거리며 제 손을 찾아서 잡아주셨습니다.

"헉! 손이 겁나게 뜨겁네유! 불이네유! 불."

저는 그분의 증언이 끝나자 비로소 마음도 평온해졌습니다. 일어나 앉아서 옆의 할머님께 방금 전에 주께서 오셔서 제 손에 안수해 주신 사실을 말씀드렸습니다. 그리고 아프던 배도 이제는 하나도 아프지 않다고 말했습니다.

이 목사님 내외분은 기도하다 잠이 들었었는지 부스럭대며 일어나다가 제가 멀쩡히 일어나서 앉은 것을 보시더니 그제야 안심을 하며 사택으로 들어가셨습니다.

또 천사들에 관하여는 그는 그의 천사들을 바람으로, 그의 사역자들을 불꽃으로 삼으시느니라 – 히 1:7

정금 생각
욥에게도 폭풍 가운데에 주께서 말씀하신 기록이 있었는데 내게도 비와 함께 오셔서 저를 치유해 주시고 불 같은 능력을 남겨 주시며 빗소리와 함께 점점 사라져 가신 것이 주님의 또 한 번의 현현이셨다. 이전에 주님의 첫 번째 현현에서는 주님의 형상이 요한계시록 1장의 기록과 같은 발에 끌리는 흰옷 차림의 모습이셨었는데 그날 뵌 주님의 모습은 사람 형상의 커다란 불덩어리 같은 모습 – 용광로 속의 불덩이 같은 모습이셨고 대동하여 데리고 오신 많은 능력들은 주님보다는 훨씬 작은 역시 불덩이 같은 형상들이셨다.

내게 주신 은사들은 성경 말씀 안에서 찾을 수가 있었다 어제나 오늘이나 동일한 하나님의 역사하심이시다. 예전에 부산의 임 집사님 댁에 갔을 때에도 성령께서는 소낙비를 우리가 있었던 그 집에만 내리게 하셨던 일이 기억났다. 나는 그날 이후로부터 비가 오는 날 빗소리가 갑자기 세차게 들릴 때면 혹시라도 주님의 임재하심이신가 하고 가슴이 설레인다.

# 22 나도 똑같은 딸이에유

저는 주께서 치유해 주심에 감사해서 뜨거운 눈물을 흘리며 감사기도를 드렸습니다.

"주님, 감사합니다. 제 아들의 배가 아픈 것도 제가 모르고 있었지만 저희 모자의 배에 있는 병을 다 고쳐 주심을 믿습니다. 아멘!"

그러자 이갑순 할머니가 일어나서 앉더니 갑자기 성전 바닥을 손바닥으로 두들기며 대성통곡을 하기 시작하는 것이었습니다.

"아이고, 하나님 아버지, 나도 같은 아버지 딸이에유. 어떻게 여기까지 와서 옆 사람만 만나주고 지는 안 만나 주고 그냥 가신대유. 나도 만나 주시야지요. 지는 어떻게 하라고 그냥 가신대유! 아이고 하나님 아버지, 지는 어떻게 한대유우!"

제 손이 불 같이 뜨거운 까닭은 방금 전에 주께서 오셔서 제 손에 안수해 주신 것 때문이라고 할머니께 말씀드렸습니다. 그런데 그 이야기를 듣자마자 이갑순 할머니가 마구 소리를 질러 대며 울어 대시는데 그걸 바라보면서 옆에 그냥 앉아 있기가 참 딱했습니다. 그래서 강대상 앞으로 나가 앉아 소리 내어 기도를 하기 시작했습니다.

성령의 역사하심이 강하게 느껴졌습니다. 여전히 성전 바닥을 두들겨대며 원통해서 울고 계시는 할머니를 앞으로 나오시라고 불렀습니다. 그러자 할머니가 무엇인가 기대하는 얼굴로 제 옆으로 와서 앉았습니다. 저는 할머니의 등에 손을 얹고 방언으로 기도를 시작했습니다.

세례 요한의 때부터 지금까지 천국은 침노를 당하나니 침노하는 자는 빼앗느니라
- 마 11:12

정금 생각

누구를 만나 주시거나 선택하시는 것은 주님의 절대 주권이신 것 같다 내가 할 수 있는 것은 주신 말씀에 순종 했던 것 밖에는 아무것도 없었다.

그때로부터 가까운 인근 동네로 내 금식 기도의 소문이 퍼지면서 금식 기도를 하러 오는 성도들의 발길이 끊이지 않고 있다. 하나님은 그곳에 갈멜산금식기도원을 세우시고 그 지역의 평범한 환경 중에서 나를 택하시고 내 주변의 환경을 통해서 하나님의 살아계심을 전파하며 그 지역의 기도원을 세워 나갈 수 있도록 돕는 역사를 하시는 분이셨다.

23 무당의 속죄

할머니의 등에 손을 얹고 한참을 기도하는데, 성령께서 다시 저의 영안을 열어 주셨습니다. 커다란 상 위에 돼지 머리와 온갖 음식들을 차려 놓고, 그 앞에서는 이갑순 할머니가 무당의 옷을 입고서 춤을 덩실덩실 추며 굿을 하고 있는 모습을 환상 중에 보여주셨습니다.

"어머나! 이런, 할머니가 만신이었어요?"

저는 성령의 감동 주심 그대로 책망하듯이 물었습니다.(출 22:18)

"아이고, 예수 믿고부터는 그런 일 없어유. 2년 전부터 교회 나오면서 딱 끊었는데유."

"그러면 무당 노릇 한 것을 회개하지 않으셨나요?"

"교회 나오면서부터는 딱 끊고 일절 만신 노릇을 안 한다니까. 그러네유 이젠 점도 안 쳐유."

"만신 노릇은 안 하셔도 그 전에 '예수 믿기 전에 만신 노릇하던 것을 하나님께 잘못했습니다.' 하고 예수 이름으로 자백하실 때 하나님께서 우리의 죄를 용서하시고 모든 불의에서 우리를 깨끗하게 해 주신다고 성경에 기록해 놓으셨어요.(요일 1:9) 할머니께서 회개가 이루어지지 않았기 때문에 그 죄가 지금도 따라 다니면서 보이는 것이거든요."

"뭘, 어떻게 기도하라고?"

"만신 노릇 한 것이 하나님 앞에 죄인 것은 알고 계시지요? 그것을 입으로 잘못했습니다 하고 예수 이름으로 시인하셨어요?"(롬 10:10)

"그렇게는 안 했어유! … 어떻게 하지유?"

"- 하나님! 제가 모르고 지난날에 만신 노릇 한 것을 다 예수 이름으로 회개 합니다. - 지금 그렇게 기도하십시오."

할머니는 즉시 예수 이름으로 회개 기도를 하셨습니다.

그러자 만신의 굿판은 환상 중에서 바로 사라졌습니다.

예수께서 그 자라나신 곳 나사렛에 이르사 안식일에 늘 하시던 대로 회당에 들어가사 성경을 읽으려고 서시매 선지자 이사야의 글을 드리거늘 책을 펴서 이렇게 기록된 데를 찾으시니 곧 주의 성령이 내게 임하셨으니 이는 가난한 자에게 복음을 전하게 하시려고 내게 기름을 부으시고 나를 보내사 포로 된 자에게 자유를, 눈먼 자에게 다시 보게 함을 전파하며 눌린 자를 자유롭게 하고 주의 은혜의 해를 전파하게 하려 하심이라 하였더라 책을 덮어 그 맡은 자에게 주시고 앉으시니 회당에 있는 자들이 다 주목하여 보더라 이에 예수께서 그들에게 말씀하시되 이 글이 오늘 너희 귀에 응하였느니라 하시니 - 눅 4:16~21

정금 생각

주님 앞에서는 숨겨놓은 모든 죄악들이 다 드러난다. 죄의 삯은 사망이다. 그때, 그때 죄라고 여겨질 때 혹은 죄를 깨달았을 때에 즉시로 회개해야 한다. 그럴 때면 주께서는 그 죄를 즉시로 용서하여 주셨다. 그렇다고 죄를 반복해서 지으면 안 된다.

하나님을 이웃집의 마음 좋은 할아버지처럼 생각했다가는 절대로 안 된다 그것은 하나님을 만홀히 여기는 죄가 된다. 하나님은 전지전능하신 창조주 하나님 우리의 주인이시다.

24 며느리가 아픈 이유

저는 다시 할머니의 등에 손을 얹고 방언으로 기도를 하기 시작했습니다. 그렇게 한 10분 쯤 할머니도 함께 방언 기도를 하도록 인도하며 열심히 기도하자, 드디어 할머니의 입에서 방언이 터졌습니다.(고전 12:4~11)

"오 도도도 도도 오 도도도 도도도"

그러다가 갑자기 할머니가 소리를 쳤습니다.

"야, 이놈의 영감쟁이야! 살아서도 밤낮 내 속을 썩이더니 왜 죽어서도 내 속을 썩이는 거야? 엉? 야, 이놈의 영감탱이 당장 못 내려 와?"

"할머니, 영의 비밀이 열렸어요. 보여주시는 대로 말씀해보세요."(고전 14:2)

"지가유, 이 달 말에 미국으로 이민을 떠나유. 미국서 사는 딸애가 거기서 이민 신청 했던 게 나와서 가야 하는데 제 며늘애가 풍을 맞아 꼼짝도 못하고 누워있어요 제가 그동안은 똥하고 오줌을 다 받아 냈었어유. 그래 하도 급해서 이 늙은 것이 며느리 병 고쳐 달라고 사흘 간 금식기도를 작정하고 온 건데유. 아, 그런데 시방 방언 기도하는데 우리 집의 방안이 보이면서 며늘애가 들어 누워있는 그 위에 죽은 우리 영감탱이가 올라타고 앉아서 꼼짝 못하게 하고 있는 걸 봤네 유. 이걸 어떻게 한 대 유?"

"할아버지가 중풍으로 앓으시다가 돌아 가셨나요?"

"예, 며늘애가 시집을 오자마자 바로 풍을 맞아서 3년 동안 걔가 지극 정성으로 시애비 병 수발을 다 했었시유. 아 그런데 그 인간이 붙었댔구만 그랴!"

"할머니, 속지 마세요. 할아버지로 보이지만 그것은 할아버지를 중풍병으로 데려간 귀신의 장난이예요. 그 귀신이 또 며느리에게 붙어서 할아버지처럼 똑같이 괴롭히고 있는 거예요. 귀신은 지금부터 예수 이름으로 쫓아 내면 돼요."(막 16:17, 18)

"그래유, 옛날에 만신노릇할 때 보면은 귀신도 예수님한테는 꼼짝 못하더라구유."(약 2:19)

우리는 그 날 밤이 새도록 예수 이름으로 그 중풍 귀신을 쫓으며 방언으로 기도하였습니다. 예수 이름 앞에 귀신도 쫓겨 나가고 며느리의 병이 떠난 것을 그 후에 전해들을 수 있었습니다. 이갑순 할머니는 며느리가 회복 되는 것을 보시면서 편안하게 미국으로 가셨답니다.

그러나 내가 성령을 힘입어 귀신을 쫓아내는 것이면 하나님의 나라가 이미 너희에게 임하였느니라 – 마 12:28

정금 생각

오늘날의 성도들이 이갑순 할머니만큼이라도 귀신의 정체를 알았으면 좋겠다. 귀신은 사람을 속이는 것은 물론이고, 죽일 수도 있고 병을 일으킬 수도 있는 존재이다. 그러나 귀신은 우리 주 예수 그리스도 이름 앞에서는 아무 힘없이 쫓겨간다.

뱀이 여자를 꾀어서 선악과를 따먹게 하고 그 여자는 아담에게 선악과를 먹게 했다. 하나님의 말씀에 대한 불순종의 결과로 이때부터 뱀에게는 흙을 먹으라고 하셨고 아담에게는 네가 바로 흙이라고 말씀하셨다. - 창 3:19

(1) 아담의 육체가 흙이다.
(2) 우리의 몸을 마귀에게 밥으로 주신 것이다.
(3) 마귀는 이때부터 세상 임금이 된다. - 요 14:30 그래서 세상 모든 사람들이 마귀에게 고통 받다가 병으로 죽어도 어쩔 수가 없었다. 그러나 아담의 불순종으로 온 결과에 대해서 우리를 긍휼히 여긴 분이 계셨다. 성자 하나님이신 예수님이시다.
(4) 아담의 몸으로 하나님 앞에서 아담을 대신하여 형벌을 받으러 오신 예수님의 죽음을 하나님이 흔쾌히 받아 주셨다.
(5) 하나님께 죄를 지은 우리 - 아담의 죄 값을 예수님이 십자가를 지심으로 하나님께 단번에 치러 주신 것이다. 하나님 앞에서는 우리 모두가 아담과 같은 존재이다.
(6) 예수님의 죽음으로 흙에 대한 형벌이 끝났다.
(7) 세상 임금이던 마귀의 합법적이던 사역이 여기서 끝이 난 것이다.
(8) 예수님은 십자가 수난과 부활의 구세주로 부활하셨다. 성자 하나님이시기 때문에 부활 하실 수 있는 것이다.
(9) 마귀는 그때로부터 인간에게 몰래 숨어서 들어와 귀신과 더불어 역사한다. 그러나
(10) 예수님의 공로와 그 이름의 권세를 믿는 자들이 예수 그리스도의 이름으로 명령할 때, 숨어 있던 귀신들은 힘없이 쫓겨 간다. 귀신 때문에 들어 온 병은 귀신을 쫓으면 낫는다.

무당들의 무속행위는 예수님의 구속 사역과는 아무 상관이 없다. 근본적인 병의 해결도 되지 않고 주께서도 가증히 여기신다.

점하는 귀신조차도 예수 그리스도의 이름 앞에서는 힘없이 물러 간다. 그것을 무당들도 다 알고 있다 우리는 성자 하나님으로부터 그의 왕권을 위임받은 자들로서 예수 이름으로 당당히 기도하는 것이다.

우리가 기도할 때에 구주 예수께서 친히 함께 일해 주신다.(막 16:20) 예수 그리스도의 이름만이 온전한 구원을 이루신다. 그 이름을 믿음으로 사용할 때 귀신도, 불행도 쫓겨 간다. 예수 그리스도의 이름을 사용하는 것이 우리의 믿음이다.

우리의 믿음이 세상을 이긴다.(요1 5:4) 예수 그리스도의 이름으로 행하는 일은 예수 그리스도께서 확실하게 책임져 주시기 때문이다. 그 일들을 기록해 놓은 것이 성경 속의 역사이다. 그래서 성경을 읽는 자들이 복되다고 하셨다. 말씀을 알아야만 더욱 풍요로운 은혜를 누릴 수 있다.

내가 만난 지정금 목사

목사이기 전에 참 신앙인

내가 개인적으로 지 정금 목사를 만나게 된 것은 수년전 서로 열심히 공부하는 장소에서였다. 지 목사는 세월에 비해 열정적이었고 영육이 강건하며 활력이 넘친 모습으로 일관하여 주위 사람들도 힘이 샘솟게 하는 긍정의 모습을 보여 주었다. 그리고 목표를 향하여 꾸준히 노력하는 모습을 늘 보여 왔다.

지 목사는 신앙인답게 오직 모든 방면에 예수 그리스도를 앞세우고 그 중심에서 언행을 분명하게 행하려고 애쓰는 모습을 보여 주고 있다. 예수님, 교회, 하나님 말씀이라면 그 진리를 보수하고 전하려고, 너무 강하다는 생각이 들 정도로 담대하고 자신감 있게 표현하고 나타낸 분이다. 그 만큼 자신의 종교와 신앙에 자신이 있고 믿음이 확고하다고 볼 수 있다.

본인은 지 목사의 신앙과 철학이 모두 맞고 올바르거나, 또는 틀리다고 감히 논할 수는 없다. 그러나 분명한 것은 그녀의 간증 내용이,

본인과 본인이 신봉하는 절대자인 하나님과의 일대일의 관계에서 이루어지는 현상뿐만 아니라 일부는 외부에 실제적인 현상으로 나타나기도 하고 또는 비밀리에 이루어지는 현상도 있을 것이며,

믿음의 신앙과 연관된 결과의 열매로 그 현상의 모습들이 우리의 시야로 볼 수 있는 현상으로 나타나기도 한다면,

지 목사의 이번 간증도서의 내용은 그와 그가 믿는 주님과의 관계에 있어서만은 모두 사실적인 실제의 사건에 해당된다고 할 것이다.

이 도서를 대하면서 그리스도인들은 나름 유사한 체험과 경험들을 통하여 더욱 은혜로운 방편으로 이해되며 다가오기도 할 것이고, 생소한 독자는 어느 부분에서 이해되지 않는 초자연적 현상을 글로 접하기도 할 것이나 각자의 분량대로 여과하고 통합하여 자신의 신앙과 지식과 조화를 이루도록 한다면 많은 득이 될 것이라 여겨진다.

지정금 목사는 오직 믿음으로 예수님만을 의지하고 외치면서 담대하게 전진하는 참 그리스도인이다.

2014년 7월

이윤헌 사회복지사, 평생교육사

25 개나리들의 찬양

그 날은 햇볕이 좋아서 바깥 나무 벤치에 엎드려서 해바라기를 하고 있었습니다. 바람이 불어오자 울타리에 심겨진 개나리의 긴 나무줄기가 나풀나풀하면서 유난히도 예쁘게 춤을 추는 것이었습니다. 그때, 제 영이 그들과 교통이 되었습니다.

"너희들, 지금 뭐하는 거니?"
"예, 저희들을 지으신 하나님을 찬양해요."
"그래, 예쁘다!"

개나리들은 계속해서 한들거리며 하나님을 찬양하였습니다. 천지에 생명 있는 모든 것들이 다 아름답고 경이로와 보였습니다. 천하 만물이 창조주 하나님을 찬양하고 있었습니다.(사 55:12)
그 언젠가부터 시작된 나무들과의 대화는 주님께서 제게 주시는 자연 계시의 한 부분이라고 생각했습니다.(롬 1:20)

봄, 여름, 가을이 지나고, 어느 추운 겨울 날에, 창문 밖에서 앙상하게 마른 나무 한 그루가 진눈개비에 떨며 서 있었습니다. 따뜻하게 무엇으로라도 덮어주고 싶었습니다. 그때, 그 겨울나무가 말했습니다.

"때를 기다려야 해요."(딤후 3:10~12)

저는 그 후로 말씀도 잘 모르고 영의 분별력이 없어서, 말씀과 현실 사이에서 인생의 쓴 고비들을 많이 맛보았습니다.(롬 7:14~25)

그러나 내가 가는 길을 그가 아시나니 그가 나를 단련하신 후에는 내가 순금 같이 되어 나오리라 내 발이 그의 걸음을 바로 따랐으며 내가 그의 길을 지켜 치우치지 아니하였고 내가 그의 입술의 명령을 어기지 아니하고 정한 음식보다 그의 입의 말씀을 귀히 여겼도다 - 욥 23:10~12

정금 생각

십년이면 강산도 변한다는데 나는 얼마나 더 많은 체험을 하고 얼마나 더 많은 세월이 가야 영의 사람으로 변화 될 것인지 알 수가 없었다.

그렇게도 자주 넘어지며 부족함에도 불구하고 주께서는 그 지역에서도 많은 병자들을 고치시는 일에 나를 사용해 주셨다. 낮이면 거리로 노방 전도를 하러 다녔고, 경찰서 유치장과 구치소에도 뜻 있는 목사님들과 함께 찬양 사역을 하며 다니기도 했다.

그러는 동안에 아들은 제 외가집에서 초등학교에 입학을 하였다. 깡마른 아들을 볼 때마다 항상 가슴이 아프고 아들에게 어미의 도리를 잘 못해서 늘 미안한 마음 뿐이었다. 연단의 때가 빨리 지나가기만을 기도하고 또 기도했다.

26 자궁암 환자

　　　　그 무렵에 저는 친정집에서 기도원을 오가면서 계속 기도생활을 하였습니다.(삼상 12:23)

　주일날에는 동생이 나가는 동네의 교회에서 예배를 드렸습니다. 제가 그 교회로 출석을 하자 그 교회의 담임 목사님이 저에게 심방예배의 동행을 요청하였습니다. 저는 제 동생과 함께 갔습니다. 그 댁의 며느리와 환우 중인 시어머님이 함께 예배를 드렸습니다.

　그때, 그 댁의 시어머님의 뒤에서 마치 한 그루의 실버들 나무가지처럼 무성하게 흩어진 연기 같은 형체의 귀신이 붙어 있다가 우리가 예배를 시작하자 그녀에게서 떠나는 것을 주께서 보여 주셨습니다. 얼마 전에, 그 댁에서 연탄가스 중독의 사고가 있었는데, 연탄가스 중독을 일으켰던 귀신이 나간 것입니다.

　예배 중에 그 시모가 자궁암 말기 환자라는 것도 알게 되었습니다. 예배를 마친 뒤에 목사님께서 물으셨습니다.

"저어 … 아까 그 집사님 집에서 기도할 때, 하나님이 뭐 환상이든지 뭐든 보여 준 것이 없나요?"

"보여 주신 것이 있긴 하지만 그분들의 프라이버시도 있고 해서 아무 말씀 안 드렸습니다."

"그게 뭔지 제가 그 분들의 담임 목사로서 알고 있어야 하거든요. 뭐든 본 게 있으면 말씀해 주십시오!"

그때 저는 실버들가지처럼 보이던 연탄가스 귀신에 대하여 그 목사님께 말을 할 수가 없었습니다. 목사님께서 어떻게 받아들일지를 몰랐기 때문입니다.

"주께서 3일 예배를 명령하셨습니다."

"아! 제가 말입니까 그 집사님네로 가서 말입니까?"

"예."

"그러면 지 선생님도 함께 가시지요. 제가 3일 동안 매일 예배를 인도하겠습니다."

저는 그 목사님과 제 동생과 함께 집사님 댁으로 가서 3일 동안 예배를 드렸습니다. 3일이 지나자 목사님이 또 물었습니다.

"뭐, 보신 것이 없습니까?"

사실 저는 제가 뭘 보는 것이 아니고 성령께서 제게 영안을 열어서 보여 주시는 것인데 그 목사님의 언사가 마음에 걸렸습니다. 그렇지만 주께서 명하신 것이 있어서 솔직하게 대답했습니다.

"실은 저보고 3일 동안 예배를 더 드리라고 하셨습니다."

그때 목사님은 다소 당황하는 기색이었습니다.

"아, 예! 그러시다면 하셔야지요. 그러면 내일부터는 지 선생님 혼자 현 집사님 집으로 가서 예배하십시오. 저는 빠지겠습니다."

"제가 평신도인데 그래도 될까요? 더군다나 목사님 교회의 성도들이신데요."

"제가 알고, 담임 목사인 제가 허락한 것이니까 상관이 없습니다. 더군다나 하나님이 하라는 것인데 순종해야지요."

그 댁에서도 흔쾌히 받아 들여서 사흘의 예배가 더 드려졌습니다. 성령의 역사하심은 저 혼자 그 댁에 예배를 위하여 방문했던 첫날부터 일어나기 시작했습니다. 제가 그 댁 방에 들어가서 잠시 묵상 기도를 드리는데 성령께서 영안을 활짝 열어서 환상을 보여 주셨습니다.

그 환상의 내용은 다음과 같습니다.

현 집사의 어머니가 이것 저것 많은 것들을 보따리에 싸서 머리에 이고, 어떤 골짜기를 올라갔습니다. 큰 바위 밑으로 가서 머리에 이고 온 것을 내려놓더니 촛불을 켜놓고 보자기에 싸 온 음식들을 그 앞에 진열하고, 쪼그리고 앉아서 절을 하며 두 손으로 무엇인가 빌고 있는 모습 이었습니다.

그런데 그 큰 바위 돌 위에는 흰 옷을 입으신 예수님께서 서서 계셨는데 그러한 모습들을 아주 측은한 눈으로 내려다보고 계시는 것이었습니다.

접신한 자와 박수무당을 음란하게 따르는 자에게는 내가 진노하여 그를 그의 백성 중에서 끊으리니 너희는 스스로 깨끗하게 하여 거룩할 지어다 나는 너희의 하

나님 여호와이니라 - 레 20:6~8

며느리가 방을 나가자 일어나서 쪼그리고 고개를 푹 수그리고 앉아 있던 환자에게 제가 한 마디 했습니다.

"지금부터는 성령께 쓰임 받는 도구로서 주께서 감동 주시는 대로 전하겠습니다. 보따리 보따리 해서 이고 산으로 들로 다니면서 주님 속도 어지간히 썩이셨습니다."

그 말에 환자가 고개를 들고 저를 쏘아 보는데 그 눈은 흡사 독사의 눈처럼 매섭고 독한 눈이었습니다. 환자와 제가 눈이 서로 마주친 것은 그 때가 처음이었습니다.

저는 주께서 보여 주신 환상에 대하여 그녀에게 그대로 이야기 해 주었습니다. 그리고는 며느리가 들어오는 바람에 하던 이야기는 잠시 중단하고 예배를 드렸습니다.

예배를 마친 후에 며느리가 다과를 준비하러 주방으로 나가자 환자가 무겁게 입을 열었습니다.

"내가 방물장사를 한 것은 아이들이 아주 어렸을 때라 아무도 모르는 일인데 날 처음 본 젊은 양반이 어떻게 그걸 알고 얘기를 하는 건지 원 …"

"저는 할머니를 처음 뵙지만 예수님은 창조주 하나님이시니까요. 그분은 다 보고 아시며 그분께서 제게 환상을 열어서 보여 주신 것입니다."

"그때는 하도 먹고 살 길이 막막해서 제가 친구랑 둘이서 방물장사를 했지요. 이 집, 저 집 다니다 보니 하루는 어떤 무당 집에 가게 되었었는데 그 집의 무당이 하는 소리가 어디 다니다가 집안에 우환이 있는 집이 있으면 자기를 용한 무당이라고 소개시켜 달래요. 그래서 장사 다니다가 소개를 시켜주면 그 우환이 있는 집에 가서 그 무당이 푸닥거리를 하는데 그러고 나면 돼지 귀떼기도 떼어 주고 고사떡도 주고 해서 그거 얻어다가 애들 먹이는 재미로 그 무당을 여기 저기 소개를 많이 시켜 주었어요."

그때 주께서 제 앞에 환상을 또 보여 주셨습니다.

그 환자가 굿판에서 장구를 치고 있는 모습이었습니다.

"장구도 쳤네요?"

"예, 가끔 장구채도 잡았었지요."

"아주 신명이 나서 춤도 춰댔네요?"

"… "

"그게 다 천지를 지으시고 우리를 지으신 하나님을 슬프게 한 것들입니다. 그거 다 회개해야 돼요."

"그러던 어느 날 새벽 한 세시 쯤이나 되었는데, 아, 그 무당 귀신이 나를 찾아 온 것이에요."

"그래서요?"

"귀신이 나 더러 하는 말이, '얼른 일어나서 찬 물에 목욕 재개하고 흰 소복으로 갈아입고 촛불을 밝히라'는 것이었어요. 뭐, 오늘은 동쪽에서 무슨 신이 오고 서쪽에서 무슨 신이 오시니까 빨리 일어나 맞을 준비하라'는 것이었어요 귀신은 눈에는 안 보이는데 아주 목소리가 또렷하게 귀에 들렸지요."

"그래서 그렇게 시키는 대로 했나요?"

"아니요, 나는 무당 짓이 싫었어요. 무당을 따라 다니긴 했어도 막상 무당은 될 수 없다는 생각에 누워서 꼼짝도 안 하고 있었지요. 그랬더니 어디 무슨 신이니 하면서 한참 지껄이다가 이렇게 말하는 것이에요 '나쁜 년, 네가

어디 내 말을 듣나 안 듣나 보자.'

그러더니 조용해졌는데 아침에 일어나 보니 제 옆에 같은 요에서 잠을 자고 있던 애들 아버지가 입과 코에 피를 쏟고 죽어 있는 것이에요. 나는 새벽에 왔던 그 귀신의 짓이라는 것을 바로 알았지만 누구에게도 그 말을 할 수는 없었습니다. 귀신의 말을 안 들어서 남편 잡아먹었다고 원망 들을까 봐 못했지요."

" … "

"집안 친척들 하고 다 와서 -멀쩡하던 사람이 갑자기 뭔 일이래?- 하고 의아해 하면서 장례를 치러 주었지요

장례가 끝나고 한 보름 쯤 되었는데, 아, 그 무당 귀신이 또 와서 저번처럼 똑같이 귀에다 대고 지껄이는 것이었어요. 저는 안 움직였어요. '무당은 될 수 없다' 는 그 맘 밖에 안 들었습니다. 무당치고 그 집안이고 자식들이고 잘 되는 꼴을 못 봤거든요. 그렇게 아침까지 꼼짝 않고 있었는데 아침 밥 먹고 나가서 놀던 제 큰 아들이 문 앞에서 경운기에 치여 죽은 것이에요."

"주여 … ."

"그러고 한 보름 쯤 있다가 집 앞에서 놀던 우리 둘째 애가 달리던 오토바이에 치어서 또 죽었어요."

"계속 그 무당 귀신의 장난질이었네요."(요 10:10)

" … 두 달 사이에 애 아버지가 죽고, 큰 애도 죽었고, 작은 애도 죽어 한 집에서 사람이 셋이 죽어 나가니까. 그 때는 집안이구 친정이구 이웃사람 누구고 초상 치루러 아무도 안 왔어요. 자기들끼리만 쑥덕거리며 - 저 집에 필시 무슨 일이 있다 - 하고 손가락질을 하며 우리 집을 '흉가' 라고 하고 무서워

서 오지도 못 했어요. 남편 바로 밑에 시동생 혼자만 지게를 걸머지고 와서 애를 가마니에 싸서 나랑 둘이 산에 갖다 묻고 왔지요. 오는데 시동생이 묻더라고요

'형수, 집에 무슨 일 있어요?'

아무 말도 못 했어요. 그리고 나서도 그 귀신은 또 찾아왔어요.

'어디 무슨 산에 무슨 신이 오신다 일어나 맞이해라! 일어나라! 일어나서 찬 물에 목욕 재개하고 촛불 밝혀라!'

그러는데 그래도 난 안 했어요.

귀신과의 그런 싸움이 한참 계속 되었지요. 나는 그땐 정신이 절반 이상은 나가 있었어요. 남편이랑 아들 셋 키우다가 다 죽고 이제 막내아들 딱 하나만 남았는데 사람이 미칠 수밖에 없었어요. 저는 막내만 붙잡고 있었어요. 애가 나가 놀면 노는 데에 같이 가서 나가서 앉아 있다가 저쪽에서 자전거 탄 사람만 와도 아이를 꼭 끌어안고서 그 자전거가 다 지나갈 때까지 애를 감싸 안고 있었어요.(마 7:11) 지나가는 사람들도 다 나보고 미쳤다고 했었어요.

그런데 며칠 지나자 그놈의 귀신이 또 찾아와서 일어나라며 들볶아 대기 시작하는 것이었어요. 난 그래도 애만 꼭 끌어안고 그냥 들어 누워서 가만히 있었습니다. 차라리 내가 죽으면 죽었지 무당 노릇은 못 하겠는걸 어떻게 해요. 그렇게 한 며칠 밤마다 들볶아 대면은 꼭 누군가를 데려 갔었는데 어째 이번엔 한참이 지나도록 별 탈이 없이 넘어 가는 것같더라구요. 그런 생각을 하면서 아침에 자고 일어난 애를 세수 시켜서 방에 데리고 와서 밥을 한 숟가락 떠서 물에 적셔서 구운 꽁치를 조금 떼서 숟가락에 얹어서 한 숟가락 먹이

고 두 번째 밥숟가락을 애한테 막 먹이려고 하는데 그때 밖에서 이웃집 사내애가 우리 애를 부르는 소리가 들리는 거예요.

'명수야! 나온 나! 교회가자!'

'그래 형아! 알았어 나갈게. 엄마! 나 밥 교회 갔다 와서 먹을게.'

그 소릴 듣자 우리 애가 밥을 안 먹고 후딱 일어나서, 교회 간다고 밖으로 나가는데 나도 미친 듯이 애를 따라 나갔습니다. 교회 예배당 안으로 애가 들어간 뒤에도 나는 교회 문 앞에 앉아서 애가 나오도록 까지 기다리고 있었지요. 근데 은연중에 이런 생각이 드는 것이었습니다.

'얘가 혹시 교회를 다니니까 그 무당 귀신이 못 데려 간 것이 아닐까?'

한 시간 쯤 지나서 나온 애 손을 꼭 붙잡고 집에 데리고 와서 다시 밥을 먹이면서 물어 보았습니다.

'명수야, 교회에 형아들도 같이 갔었어?'

'아니 나만 갔어.'

'그래? 교회에 언제 또 가니?'

'이따가 세시에 성훈이 형아가 데리러 온다고 했어.'

'그래! 그랬구나! 우리 아가! 그러면 이따가 또 교회에 가! 교회에 열심히 다녀! 알았지?'

'응.'

나는 그 뒤로도 두 달 정도를 일요일마다 애 손을 잡고 교회로 데려다 주고 기다렸다가 예배가 끝나면 데리고 오곤 했어요. 귀신이 예수님은 못 이기는 것 같았습니다. 애는 별 탈 없이 잘 자랐고 지금 저 현 집사가 그 막내애에요

예수님과의 대화 121

하나님께로부터 난 자는 다 범죄하지 아니하는 줄을 우리가 아노라 하나님께로부터 나신 자가 저를 지키시매 악한 자가 그를 만지지도 못하느니라(요일 5:18)

그런데 어느 해인가 그 무당 귀신이 또 찾아 와서는 귀에다 대고 하는 소리가 '에이 이 모질은 년, 내가 네년 뱃속에다가 탑을 쌓을 거다 이년,' 하는데 아랫배가 갑자기 '뜨끔, 뜨끔' 하면서 아프기 시작했어요. 몇 년을 참다 참다가 병원에 가니까 자궁암이라는 것이에요"

"귀신이 아랫배에 17층 석탑을 쌓았다고 그랬어요?"

"그게 아마 햇수로 17년 그쯤 되긴 했을 거예요. 그런데 그걸 병원에서는 자궁암이라고 그러더라고요. 나하고 그 귀신만 아는 것이지요. 나는 그런 말들을 지금껏 살면서 누구에게든 단 한 번도 입 밖에 내 본 일이 없었어요. 그런데 그걸 젊은 양반이 아까 그걸 아는 소릴하는데 내가 얼마나 놀랐겠습니까? 그런걸 보면 하나님이 있긴 있는 거예요. 참말로 하늘이나 알고 땅이나 알 일인데 … ."

"모르고 지나간 일들은 예수 이름으로 회개하면 다 용서해 주셔요. 앞으로 신앙생활 열심히 잘 하셔야 되겠네요."

저는 사흘간의 예배 때마다 그녀의 아랫배에 손을 얹고 예수 이름으로 기도하였습니다.

환자와 단 둘이서 예배를 드릴 때였습니다. 그 환자에게서 사람 형체를 한 검은 그림자 같은 것이 건너 방에서 잠을 자고 있는 사내아이에게로 움직이는 것을 주께서 보여 주셨습니다.

그 아이는 할머니의 손자였는데 잠을 자고 있던 5살 된 사내아이가 갑자기 잠이 깨어 악 악 소리를 지르며 자지러지게 울어대는 것이었습니다. 할머니랑 놀라 쫓아 가서 우는 애를 살펴보니 아이가 제 아랫도리를 잡고 팔딱팔딱 뛰며 막무가내로 방바닥에 뒹굴어댔습니다.

할머니는 아이가 자다가 무슨 벌레에게라도 물렸는가 하고 아이의 아랫도리를 살펴보아도 아무 것도 없었습니다. 할머니 등에 업혀서도 아이는 계속 자지러지게 울어 댔습니다. 할머니가 당황해서 어찌할 바를 모르고 허둥댔습니다.

저는 조금 전에 성령께서 보여 주신 검은 물체의 짓이라고 판단했습니다. 저는 단호하게 소리 쳤습니다.

"이 저주 받은 자궁암 귀신아, 내가 예수 그리스도의 이름으로 명령한다. 당장 그 아이에게서 나오고 다시는 들어가지 마라. 어서 나가거라!"

그러자 아이에게서는 검은 그림자 같은 형상이 떠났고, 아이는 금새 울음을 그치며 아무 일도 없었던 듯이 할머니의 등에 편안하게 기대어 눈만 깜빡이고 있었습니다. 할머니의 자궁에 들어가 있던 귀신이 사내아이에게 들어갔으니 얼마나 아팠을까 생각 해 보았습니다.

아픈 그대로 병원에 뛰어 갔으면 사내아이에게는 '자궁' 이라는 기관이 없으니 어쩌면 새로운 병명 하나가 또 생겨났었을 수도 있었겠다고 생각이 들었습니다.

그런데 그 사흘이 지나자 성령께서는 제게 또 다시 그 가정에서 사흘의 예배를 더 원하셨습니다. 도합 9일의 예배가 매일 한 차례씩 그 댁에서 드려 졌습니다. 9일의 예배가 끝나자 성령께서는 이번에는 3일의 금식 기도를 '갈멜산 금식기도원'으로 올라가서 하라고 말씀하셨습니다. 저는 그 말씀을 현 집사님께 전하고 제 뜻을 밝혔습니다.

"어머님께서 연로하시니까 첫날은 제가 금식하고, 둘째 날은 며느님이 금식하시고, 셋째 날 하루만 어머님께서 금식 기도를 드리시면 어떨까 싶습니다."

환자도 가족들도 합의가 이루어지고, 이튿날 우리는 약속한 대로 갈멜산 금식기도원으로 가서 각자의 믿음대로 예배에 참석하며 하루 씩 나누어서 '3일 금식 기도'를 드렸습니다.

이틀째 되던 날 새벽에, 환자는 꿈을 꾸었다고 했습니다. 꿈에 수도꼭지를 틀었는데 젖이 한 방울씩 '똑똑' 흘러나왔다고 했습니다.

"좋은 꿈 꾸셨네요. 하나님의 말씀은 순전한 젖과도 같지요! 어떤 징조가 있을 겁니다."

그 다음날, 그 할머니는 금식기도를 했습니다. 그리고 그날 낮에 그녀의 입에서는 목 안으로부터 거무스름한 고름 덩어리 같은 것이 빠져나왔습니다. 그리고 그녀의 아랫배에서는 붉그스름하고 진득한 액체가 생식기를 통하여 밖으로 쏟아져 나왔습니다. 저는 주께서 할머니의 자궁암을 고쳐주셨다고 그 가족들에게 확신을 심어 주었습니다.

"지정금의 하나님은 귀가 밝으시다".

이 말은 그 무렵에 갈멜산 금식 기도원을 자주 찾던 제 주변의 지인들 사이에서 유행하던 언어 입니다.

내게 능력 주시는 자 안에서 내가 모든 것을 할 수 있느니라 – 빌 4:13

정금 생각

병을 분별하는 은사로서 영안을 열어 주시어 영의 비밀이 열릴지라도 은사자는 그것을 다른 사람(타인)들에게는 알려서는 안 된다. 주께서 열어 주신 그 환우만의 비밀이기 때문이다. 그 것이 지켜지지 않으면 은사는 지속되지 않는다.

27 병의 재발

그녀는 그 후로 신앙생활을 잘 하는 것 같더니, 6개월쯤이 지나자 한 달 정도가 지나도록 교회에서 예배 시간에 통 보이지 않았습니다. 저는 걱정이 되어서 며느리에게 물었더니 시골에 가서 계신다고 했습니다. 그러면서 며느리가 하는 말이 저를 놀라게 했습니다.

"저어, 귀신이라는 존재가 실제로 있을까요?"

"당연히 실존이지요."

"사람한테 귀신이 어떻게 들어 갈 수가 있다는 것이죠?"

저는 순간, 그의 신앙에 의심이 갔습니다.

"성경 말씀에 곳곳에 귀신에 대한 기록이 나와 있는데 마태복음 12장 43절에서 45절까지 읽어보시면 좋겠습니다. 예수님 말씀이 그대로 기록되어 있으니까 자세히 읽어 보셔요."

그녀는 별로 탐탁치 않은 표정을 지으며 가 버렸습니다. 저는 잠시 마음이 허망해 졌습니다. 그러면 그동안 자기 시어머니와 제가 하나님께 예배드리며 금식하며 매달렸던 지난날들은 다 무엇을 위한 수고였단 말입니까? 기록된 성경 말씀을 부인하면 도대체 그 신앙 행위들의 의미는 또 무엇이란 말입니까?

더러운 귀신이 사람에게서 나갔을 때에 물 없는 곳으로 다니며 쉬기를 구하되 쉴 곳을 얻지 못하고 이에 이르되 내가 나온 내 집으로 돌아가리라 하고 와 보니 그 집이 비고 청소되고 수리되었거늘 이에 가서 저보다 더 악한 귀신 일곱을 데리고 들어가서 거하니 그 사람의 나중 형편이 전보다 더욱 심하게 되느니라 이 악한 세대가 또한 이렇게 되리라 - 마 12:43~45

정금 생각

가난한 사람은 가난할 짓거리를 하니까 가난해지고, 부한 사람은 부할 짓거리를 하니까 부해진다고 한다. 아픈 사람은 이제, 건강할 짓거리를 하고 건강해졌으면 좋겠다.

28. 여학생의 자궁암의 원인

　　그 해 겨울이었습니다. 낮에 산에 갔다가 몸이 몹시 지친 저는 커피 한 잔을 타서 들고 제 방으로 들어갔습니다. 제 방에는 동생 공주가 저를 기다리고 있었는데 뭔가 할 말이 있어 보였습니다.

"네가 웬일이니? …"

"으응, 그냥 …"

　　그때 언뜻 머리에 떠오르는 것이 있었습니다. 전에 자궁암 할머니랑 '갈멜산 금식기도원'에서 만났을 때, 마지막 날 공주랑 공주 친구가 기도원에서 그 자궁암 할머니와 만났던 일이 있었습니다. 그때 그 할머니가 유난히도 두 눈을 빛내면서 생글거리며 공주 친구 혜영이를 꼭 끌어 안고는 예뻐서 어쩔 줄 몰라하며 사삭스럽게 굴던 일이 있었습니다. 제 경험상으로 봤을 때 평소와 다르게 유난스런 행동을 할 때는 귀신의 역사인 경우가 많았습니다.

　　그날 오후에 혜영이랑 공주가 둘이 다 배가 아프다고 해서, 금식하며 기도하라고 했었던 기억이 났습니다. 그 후에, 제 동생 공주는 배 아픈 것이 바로 나왔고 괜찮았었는데 아마도 혜영이에게 그 귀신이 자리를 잡았던 모양이었습니다. 그때 좀 불안했던 기억이 떠올랐습니다.

"혜영이, 요즘 어떻게 지내니? 잘 지내?"

"언니, 실은 혜영이가 안양병원에 입원해 있어. 그래서 2주째 학교에 못 나오고 있어."

"왜? 어디가 아픈데?"

"학교에서 공부하다 말고 병원에 실려 갔었어 처음에는 배가 아파서 내과로 갔었는데 …"

"그런데?"

"여기 저기, 진찰하다가 병명이 안 나와서 산부인과로 갔었는데, 거기서 자궁암으로 판정이 나왔대."

"그럼, 혜영이가 아직도 병원에 있어?"

"아니, 오늘 집으로 퇴원했어."

현 집사의 어머니에게 있던 자궁암 귀신의 장난이 틀림이 없었습니다.

"너 걔네 집 알지?"

"응. 저기 삼막골이야. 소년원 밑에."

"가자."

"지금?"

"그래. 가자 얼른 성경, 찬송 준비하고 두껍게 입고 나와!"

저는 동생이 나가자 그렇게도 힘이 하나도 없이 지쳐 있었던 제 자신을 잊어버리고, 하나님 앞에 무릎을 꿇고 앉아서 기도 드렸습니다.

"아버지, 저 지금 혜영이 구하러 가야하는데 제가 무슨 능력이 있어요? 아버지께서 먼저 그곳에 가서서 예비하신 은혜로 저를 도와 주세요. 능력의 천군 천사를 제게 붙여주세요. 반드시 승리할 수 있도록 도와주시고 힘을 주세요! 저희 가족들도 시험이 없도록 지켜주세요. 예수 그리스도 이름으로 기도합니다. 아멘."

그렇게 기도를 하고 나서 일어서려는데 그 귀신이 한 쪽에서 말하는 것을 주께서 보여 주셨습니다.

"나 쫓아 내면, 내가 나온 원 집으로 도로 들어 갈 거다."

성령님을 모시고 사는 저로서도 그렇게 호락호락 져 줄 수는 없었습니다.

"너, 이 못된 자궁암 귀신아, 내가 예수 그리스도 이름으로 명령하는 거다! 장난 하지 말고 멀리 떠나라!"

원 집이라 함은 현 집사의 어머니를 뜻함인데, 그즈음 한 달째 교회에 나오지도 않고, 그 며느리 또한 '귀신이 어디 있냐고' 하던 터 인지라 괘씸하기도 하고 할머니가 다시 아프게 될까봐서 걱정이 되기도 했습니다.(마 13:25)

혜영이네로 가는 길에 현 집사의 집이 있었습니다. 저는 말씀을 부인하는 괘씸함에 귀신이 원 집으로 들어가거나 말거나 할머니의 자궁암이 재발하거나 말거나 난 모르겠다 하면서 그냥 그 집을 지나쳐 갔습니다. 한 발, 두 발, 세 발자국을 떼는데 이런 마음이 들었습니다.

'할머니가 요즘 귀신이 들어가기에 딱 좋은 환경이라서 만약에 귀신이 도로 들어가서 병이 재발되기라도 하면 그 집 며느리가 대번에 '그것 봐. 귀신이 어디 있고 무슨 귀신을 쫓았다구. 그래?' 하고 떠들 것이 눈에 선한데 그렇게 되면, 주의 이름으로 행한 일들이라 주님 앞에도 송구한 일이고, 그 일에 쓰임 받은 저로서도 자존심이 상할 일이었습니다. 그래서 저는 다시 돌아서서 현 집사님의 집으로 가서 방문을 두들겼습니다. 안에서는 며느리 김 집사가 방언으로 기도하는 소리가 장지문 밖으로 들려 나오고 있었습니다.

"지 선생님이 이 밤에 웬 일이세요? 추운데 좀 들어오셔요."

"들어갈 시간은 안 되고요. 간단히 말씀 드릴게요. 전에 기도원에서 어머니가 끌어안고 막 뽀뽀하면서 예쁘다고 난리 피웠던 제 동생 공주 친구를 기억하시지요?"

"글세요… 그런데 왜요?"

"그날 어머니의 행동이 좀 수상쩍다 싶었었는데요. 그 애가 안양병원에서 자궁암 진단을 받았어요. 그 날, 어머니한테 있었던 자궁암 귀신이 그 애에게 들어가서 장난하는 것입니다. 지금, 귀신 쫓으러 가면서 집에서 준비기도하는데 그 자궁암 귀신이 자기가 나온 원 집으로 도로 들어간다고 했어요."

그 말에는 며느리가 입을 크게 벌리면서 화들짝 놀랐습니다.

"어머나, 어떻게 하지요?"

"저는, 지금 우리 공주랑 예수님 모시고 그 애네 집에 귀신 쫓으러 가는데 그 귀신이 어머님께 다시 들어가지 못하도록 며느님이 방비하는 기도를 하십시오. 저는 바빠서 이만 갑니다."

"아 예! 네 네! 알았습니다. 고맙습니다."

혜영이네 집은 주인집이 사는 윗 채와 아랫 채로 따로 떨어진 구조의 허름한 한옥의 아랫 채 쪽 셋집이었는데, 그 집주인이 불교 가정이라고 해서 찬송가를 제대로 소리 내어 부를 수가 없었습니다.

종교가 다르다고 집주인이 이 추운 겨울에 방을 비우고 다른 데로 이사를 가라고 하기라도 했다가는 큰 일이니까요. 혜영이랑 혜영 언니와 공주랑 저랑 넷이서 조용하게 예배를 마치고 나서 혜영이에게 안수했습니다. 예수 이름으로 조용하게 귀신도 쫓았습니다. 일어나서 나오려 하는데 성령께서는 혜영이의 얼굴에 귀신의 인격이 그대로 들어 있다는 감동을 주셨습니다.

순간, 저는 어려운 환경 속의 두 자매가 너무도 가엾고, 그들의 처한 현실이 너무도 야속했습니다. 미쳐 자리에서 일어나지 못하고 있는 혜영이의 두 어깨를 꽉 잡고 절규하듯 소리쳤습니다.

"주여!"
"아악!"
"주여!"
"아아악!"
"주여!"
"악~"

세 번을 '주여'만 외쳤습니다. 제가 혜영이를 잡아 일으키자 혜영의 속에서 자궁암 귀신은 계속 비명을 지르더니 혜영을 뒤로 벌렁 넘어뜨리면서 나갔고, 혜영이는 죽은 듯이 조용해졌습니다.

저는 잠시 동안 혜영의 배에 안수를 더하였습니다. 귀신은 떠났고 그동안 혜영의 배에 찌르는 듯이 아팠던 통증이 금새 사라졌습니다. 혜영은 그 다음 날 바로 거짓말처럼 건강한 모습으로 학교에 출석했다고 제 동생 공주에게 들었습니다.

얼마 후에, 현 집사의 어머니는 다시 교회로 나오시기 시작하였고 저에게 이런 말을 하였습니다.

"얼마 전에 교회에 안 나올 때, 원자력병원에 가서 아랫배에 방사선을 쏘았는데요. 따끔 따끔한 느낌이 꼭 그 옛날에 그 무당 귀신이 배에 들어 와서 집 지을 때하고 아픈 느낌이 똑 같았어요. 참 희한하지요?"

할머니는 놀랍도록 활기찬 모습으로 많은 사람들에게 자신이 체험한 하나님의 은혜를 간증하셨고, 종종 산 너머에 있는 약수터에 가서 약수도 한 들통 씩 떠오시곤 하셨습니다.

"할렐루야!"

"아멘."

예수께서 안식일에 한 회당에서 가르치실 때에 열여덟 해 동안이나 귀신 들려 앓으며 꼬부라져 조금도 펴지 못하는 한 여자가 있더라 예수께서 보시고 불러 이르시되 여자여 네가 네 병에서 놓였다 하시고 안수하시니 여자가 곧 펴고 하나님께 영광을 돌리는지라 – 눅 13: 10~13

정금 생각

귀신을 쫓을 때 절제를 하면 귀신이 잠재하고 숨는 경우가 많다.

진정 환자를 살리려면,

- 담대하게
- 예수 그리스도의 이름으로
- 그리스도의 사랑으로 나아가야 한다.

그러면 치유는 주께서 하신다.

# 29 강대상 의자 위의 똥

저는 특별한 일이 없을 때는 대체로 밤이나 낮이나 가까운 교회에서 기도생활을 했습니다. 성도들의 가정에 심방 예배가 있을 때는 꼭 따라 갔고, 음식은 하루에 한 끼 정도로 때울 때가 많았습니다.

밤에는 심야기도로, 새벽에는 새벽기도로 하나님과 교통하면서 저의 지난 날들의 삶과는 전혀 다른 행태의 나날을 영위했습니다. 그리고 기다렸습니다. 성령께서 제게 어떤 지시를 하시기까지 성전에 머무르면서 그냥 그 분의 말씀만 기다렸습니다.

어차피 친정에는 생활비 한 푼 안 내놓고 아들하고 제가 일 년씩이나 빌붙어 사는 천덕꾸러기 신세였고, 딱히 갈 곳도 없었고 특별히 나가서 만날 사람도 없었습니다.

그러던 중에 제가 수돗가에 잠시 다녀오는 사이에 성전에 이상한 일이 벌어졌습니다. 누군가가 성전의 강대상 가운데 의자 위에 사람의 똥을 갖다 놓고 간 것이었습니다. 성전 청소를 맡은 권사님께서 바로 발견을 해서 저와 깨끗하게 닦아 놓았습니다.

그러나 저는 마음이 착잡했습니다. 주의 거룩한 성전에 왜 그런 일이 생길 수 있었는지 아무리 생각을 해 봐도 이해가 되지 않았습니다. 저는 하나님께 기도하며 여쭈어 보았습니다. 기도하는 제 앞에 성령께서 말씀과 함께 글을 보여 주셨습니다.

"수도원"

"수도원이 무엇이지요?"

"수도원으로 가서 3일 동안 기도하고 오너라."

"아멘."

목사관에 계신 목사님께로 가서 성령께서 지시하신 일에 대하여 말씀드리며, '수도원'이라는 곳이 어디에 있는지 물었습니다. 그런데 목사님께서 뜻밖의 말씀을 하셨습니다.

"베데스다수도원이라는 데가 있긴 하지만 꼭 다른데 가서 기도를 하려거든 거긴 가지 마십시오. 여자들이 '영 춤'이라며 서서 흔들어 대고 이상한 몸짓을 하는 아주 영적으로 혼탁한 곳입니다. 청계산에 있는 기도원으로 가십시오. 거기는 주의 종들도 많이 가는 곳이고, 기도 환경도 좋아요"

"예, 한 3일간 다녀오려고 합니다."

저는 목사님께 대답을 하고는 나왔지만 마음이 심란했습니다. 주의 종의 말씀에 절대 순종하라고 그동안 기도원에서 잘 배워 왔지만 막상 저에게 수도원이라는 기도처와 3일 기도를 명령하신 분은 하나님 아버지이신데 하나님의 종이 하나님 보다 더 위에 계시다는 말입니까?

하나님의 말씀과 주의 종의 지시가 다를 때는 어떻게 판단을 해야 할지를 놓고 고민이 되었습니다. 하나님과 목사의 뜻이 다르고, 목사와 집사의 뜻이 서로 다른 그 교회가 도저히 이해가 안 갔습니다. 물론 강대상 위의 '똥 덩이'도 이해가 안 가는 일이었고요. 뭔가 굉장히 문제가 많은 교회 인 것만은 확실했습니다.

이튿날 아침에, 도시락을 대강 만들어서 김에 밥을 놓고 김치만 넣어서 뚤뚤 말은 일명 멍텅구리 김밥을 두 줄 싸고 등산용 코펠과 버너와 라면 몇 개를 배낭에 넣어 걸머지고서 일단은 목사님이 가라고 했던 청계산 쪽을 먼저 가보기로 하고 청계산에 있는 기도원을 향하여 출발을 했습니다.

아침에 일찍 안양에서 버스로 출발하여 버스를 몇 번씩 갈아타고서야 겨우 청계산에 있는 어떤 기도원에 도착해서 보니, 반나절이나 훌쩍 지난 시간은 어느새 오후 1시를 가리키고 있었습니다.

기도원에 입실 등록을 하러 갔습니다. 등록실 안에 있는 여자 직원이 전화를 걸고 있는 중이라 전화가 끝나기까지 저는 잠시 서 있었습니다. '어느 날 갑자기 시작 된 나의 인생 행로가 오늘은 이런 모습으로 여기 섰구나' 라고 생각하는데, 여자 직원의 목소리가 들려왔습니다. "그 땅은 오 만원 씩만 붙여서 가져가. 그 대신에 1,200평짜리 땅을 그리로 넘겨 줄 테니까. 그건 40만원씩은 쳐 줘야 돼!"

어째 들리는 소리가 꼭 부동산 투기를 하는 대화 내용처럼 들렸습니다. 등록실 안을 들여 다 보았더니 손가락에 알이 굵은 다이아 반지를 낀 6십 대의 약간 뚱뚱하게 살이 찐 여자가 전화를 하고 있는 목소리의 주인공이었는데 여자는 전화를 끊더니 저를 힐끗 쳐다보면서 말했습니다.

"취사는 여기선 안 돼요 딴 데로 가세요."

그러더니 다시 어디론가 또 전화를 걸더니 역시 같은 내용들의 부동산 투기 대화였습니다.

"응, 응, 그래. 얼마나 붙여 줄 건데? 십 만원은 더 줘야지. 그 땅은 아주 노른자위야! 몇 바퀴만 돌리면 금새 몇 백 만 원짜리가 된다니까! 안 돼. 십 만 원 더 붙여! 그래, 알았어."

그때, 키가 1미터 정도 밖에 안 되는 나이 많은 장애인이 등록실로 오길래 그에게 물었습니다.

"안녕하세요? 뭐 좀 여쭤 볼게요. 저 안에서 전화하시는 저 분이 여기 직원입니까?"

"녜, 저희 기도원의 총무님이십니다."

그녀는 전화를 끊더니 창 밖에서 서있는 저를 향해서 퉁명스럽게 말했습니다.

"여기는 취사하는 사람은 안 받는다고요. 딴 데로 가라고요."

그러더니 또 전화 다이얼을 돌리기 시작했습니다. 저는 취사를 안 하면서라도 3일을 머물 수는 있었지만 그런 분위기 속에서는 더 머물고 싶지가 않았습니다.(골 3:23~25)

"이보세요, 기도원 총무님, 제가 만일 하나님의 보내심으로 이곳에 온 것이라면 당신은 지금 큰 실수를 하고 있는 겁니다."

'목사가 나를 이곳으로 보낸 걸 다행인줄 알아라.' 제 마음 속의 의는 그렇게 외치고 있었습니다. 저는 그때까지만 해도 기도원이라는 곳은 아주 거룩한 곳이었고, 그곳의 직원들 역시 세상 사람들과는 달리 아주 깨끗하게 성별된 영적인 성향이 강한 사람들일 것이라고 생각하고 있었기 때문에 부동산 투기를 하는 그 기도원 총무에게 아주 실망했습니다.

앞으로 신학공부를 계획하는 나로서는 한참 올려다봐야 할 직책인데….

그 총무라는 여자는 기껏해야 제가 다 버리고 떠나 온, 정욕적인 세상에서 허우적거리고 있는 게 보이니 참 야속하다는 생각이 들었습니다.

제 말에 그녀는 잠시 저를 물끄러미 바라보더니 이내 아무 상관없다는 듯이 또 다시 전화를 걸기 시작했습니다. 저는 발등상의 먼지까지 털어 버리고 싶은 심정으로 얼른 그곳을 벗어나와 하나님께서 애당초 기도 중에 인도하셨던 '수도원'으로 가는 길을 찾아 나섰습니다.

존귀하나 깨닫지 못하는 사람은 멸망하는 짐승 같도다 – 시 49:20

정금 생각
영적인 사람,
육적인 사람 중에
나는 지금 어디에 속해 있는가?

㉚ 수도원에서 생긴 일

저녁 7시가 다 되어서야 베데스다수도원에 도착할 수 있었습니다. 여자 성도들의 공동숙소로 방을 배정 받아서 짐을 풀고, 저녁 예배에 참석했습니다. 주께서 애당초 지시하신 곳으로 오고 나니, 수도원을 찾느라고 고생은 좀 했지만 마음은 한결 가벼웠습니다.

예배 후에, 숙소로 들어가서 잠자리를 정했습니다. 그 방은 한 20여 명의 여자 성도들이 전국의 각지에서 모여와서 오랫동안 공동체의 생활을 하는 길고도 넓은 방이었습니다.

밤 9시 쯤, 막 잠자리에 누우려고 하다가 깜짝 놀라서 다시 일어나 앉았습니다. 제 바로 옆 자리에 잠자리를 둔 여자 성도인 것 같았는데, 그녀가 두 여자에게 양쪽 팔을 붙잡혀서 발도 딛지 못하고 질질 끌려서 방으로 들어오는 것이었습니다.

옷이 위로 딸려 올라간 채로 끌려 오는데 드러난 그녀의 배에는 어른 손바닥만한 보라색의 멍자국이 선명하게 찍혀 있는 것이었습니다. 누구에겐가 구타를 당한 흔적이 틀림이 없었습니다.

"어머나, 어쩌다 이렇게 되셨어요? 누가 이런 짓을 한 것이지요?"

저는 그녀가 자기 자리에 눕는 것을 도왔습니다.

"대체 누가 이런 짓을 한 거예요?"

"안찰 받은 거예요."

"방금 안찰 받은 거라고 하셨습니까?"

"예, 이 분이 저녁 먹은 게 체해서 소화가 안 되 가지고 사무실에 가서 안찰 받고 오는 거예요."

안찰에 대해서 대강은 알고 있었지만, 이렇게 음식이 체한 사람을 보라색 피멍이 들도록 그것도 음식이 체한 배를 때렸다는 것이 기가 막혔습니다.

"아니, 그러다 큰일 나면 어쩌려고요? 아이고 주여, 주의 종이 안수만 해도 해결 될 텐데 이렇게 …"

그러자 그 질질 끌려 온 여자가 고통스러운 듯이 인상을 잔뜩 쓰면서도 저에게 욕을 했습니다.

"이거 어디 와서 미친 소릴 하구 있어?"

정말 저는 어이가 없었습니다.

"예? … "

저는 그 방에서 잠자기를 포기하고 기도하러 나가는 몇몇의 무리에 끼어서 밤 기도를 하러 밖으로 나갔습니다.(골 3:1~4)

우리는 숙소의 외등이 희미하게 비치는 넓적한 바위 위에 둥그렇게 둘러앉아서 어떤 권사님의 인도에 따라서 간단히 예배를 드린 후에 각자의 문제를 놓고 저 마다 열심히 하나님께 기도했습니다. 저도 교회의 문제를 놓고 방언으로 한참을 기도했습니다. 제가 나가는 교회의 여러 가지 문제들을 하나님께서 속히 해결해 주시기를 간구 했습니다.

"아무튼 안찰을 할 수 있다는 것은 대단한 믿음이 아니고서는 절대로 불가능할 것이다."

또한 모든 것을 해로 여김은 내 주 그리스도 예수를 아는 지식이 가장 고상하기 때문이라 - 빌 3:8

정금 생각
여기에 와서 몇 달 혹은 몇 년씩 있는 사람들은 왜 와서 있는 것일까? 두들겨 맞는 사람들은 또 무엇일까? 그 환경을 유지하는 것에 그 나름대로 쓰임을 받는 하나님의 가족들인 것 같기는 한데.
거룩한 예수 그리스도 이름의 안수와 기도만으로도 병이 떠나가는데 왜 그들은 굳이 안찰을 통한 능력만을 고집하는 것인지 참으로 모를 일이었다.

내가 만난 지정금 목사

영혼의 불이 늘 밝게 빛나는 사람

많고 많은 날들이 있었지만 오늘에서야 이 지면을 통하여 지정금 목사를 세상에 소개하게 된 것이 무척 감사하다.

내가 만난 지 목사는 영혼의 불이 늘 밝게 빛나는 여종이다. 그녀의 설교와 언어는 항상 예수님의 말씀에 그 근거를 두고 있다. 아주 잠시만이라도 그녀와 함께 있다 보면 금방 알게 된다.

지 목사는 예수님을 모시고 사는 종이다. 그녀와의 대화에서는 예수님의 부활의 피가 항상 흐르고 있다. 그래서 일까 참으로 영적인 분별력과 통찰력이 탁월한 목사이다. 평범한 사람 같으나 결코 평범하지 않았다. 그녀의 삶은 온통 주님의 이적과 기사의 소식으로 가득 차 있기 때문이다.

격식과 절차보다 그의 관건은 항상 - "주께서 보시기에 내가 어떠한가?"- 이다. 그녀는 말하기를 - 나도?, 그도!, 이 현실도! - 주님께서만 허락하신다면 만사형통! - 이라고 말한다. 그래서 그녀의 사랑은 오직 예수님이시다.

그녀를 굳이 표현해 본다면, 율법에 얽매이지 않고 진리의 말씀 안에서 자유하며 틀에도 얽매이지 않고 현실을 초월해서 주님과 대화하며 사는 참 대단한 종이다. 그러면서도 다른 한 편으로는 눈물도 많고 정도 많은 여리디 여린 종이기도 하다.

그녀는 오직 복음으로만 담대하고 강하다. 그러나 비진리 앞에서는 한없이 냉정하고 절대로 타협하지 않으려 한다.

주의 진리의 말씀을 사랑하며 살다 보니, 남을 판단하지도 않고 정죄도 하지 않는 반듯한 신앙인이시다. 그녀는 주님과 늘 교감하며 자유하게 사역하는 능력 있는 사역자이시다. 그리고 그는 본인이 박사 학위를 갖고 있는 자연치료학과 영적 상담을 통해서 영육간에 지치고 병든 영혼과 심신의 치유를 모두 아우른다.

지정금 목사는 예수쟁이들의 정체성이 불분명한 이 시대에, 주께서 살아계심을 증거 하는 데에 꼭 필요한 도구로 쓰이는 주님의 종으로 택함 받은 목사임이 분명하다고 믿는다. 지정금 목사님 늘 승리하세요. 사랑합니다. 아멘.

2014년 7월

신희우 목사

㉛ 당뇨병 환자의 아들

　　　　한참동안 기도중일 때, 주께서 제 앞에 환상을 활짝 열어서 제 바로 옆에 앉아서 기도 중인 노인을 보여 주셨습니다.

　노인이 어느 교도소 유치장 같은 곳으로 가서 누군가를 면회하면서 작은 손수레에 음식물들을 실어서 안으로 들여보내 주시는 모습과 군복을 입은 젊은 청년의 좋지 않은 모습을 보여 주셨습니다.

　성령께서는 제가 그 노인과 대화하기를 촉구하고 계셨습니다.

　노인의 귀에다 대고 조그맣게 말했습니다.

　"누가 교도소에 가서 있나요?"

　"워 메! 워 메! 아이고! 하나님! 워 메에!"

　노인은 제 말이 채 끝나기도 전에, 펄쩍 펄쩍 뛰면서 고함을 지르기 시작했습니다. 잠시 후에 조심스럽게 저를 쳐다보았습니다.

　주께서 보여주신 대로 남이 못 듣게 소곤소곤 말했습니다.

　"할머니가 교도소에 면회 가는 것을 보여 주셨어요."

　"…"

"젊은 군인도 보여 주셨고요."

"아이고, 하나님."

그녀는 제 귀에 대고 조그맣게 이야기를 시작했습니다.

"저는 시골에서 아들 형제를 키우며 살았었는데 작년에 큰 아들이 군대에 가서 죽었어요. 싸우다 그랬다나 봐요. 그런데 작은 애가 또 동네 애들 하고 싸우다가 사람을 죽였대유. 경찰이 끌고 갔는데 어디로 갔는지도 모르겠어유. 저는 글도 몰라서 차도 잘 못 타는데 한번 잡혀 간 뒤론 못 봤어유. 애가 죽었는지 살았는지도 몰라요. 사람 죽인 자식 두었다면서 사람들이 저랑은 말도 안 섞고 눈도 안 마주칠라고해유. 저를 아예 동네에서 돌려놓는 바람에 누굴 붙잡고 뭘 물어 볼 수도 없고, 자식이 살았다면 면회라도 가보고 싶은데 어디 있는지 알아야 찾아 가지유.

집은 흉가처럼 되 버려가지고 동네에서는 누구 말 붙일 사람이 하나도 없어서 당체 살 수가 없었어유. 누가 여기를 일러주대유. 여기 가면 일만 하면 밥은 그냥 먹여 준다고 해서 왔어유. 석 달 동안 있으면서 그런 얘기는 누구에게건 입 밖에도 내본 적이 없었시유. 그런데 면회를 간다고 하나님이 그러신다니께 제 애가 아직은 살아있는 모양이네유."

"집에 가보시면 아드님에 대한 기별이 있을 겁니다."(민 35:9~12)

"그러면 좋지유. 어찌됐든 내 새끼데유."

주님의 은혜에 감사하면서 우리는 얼마간 더 기도를 드리다가 새벽이 되어서 숙소로 들어가서 잠을 청했습니다.

아침에 눈을 떠 보니 방안 가득 하던 사람들은 모두가 각자의 일터로 일 봉사하러 나가고 없었고 저만 혼자 늦잠을 자고 있었던 모양이었습니다. 둘러

보니 제 머리맡 쪽에는 어제 밤 제 옆자리의 그 노인이 혼자서 제가 일어나기만을 기다리고 앉아 있었습니다.

"제가 당뇨가 아주 심해서 죽을 날만 기다렸시유! 아무 소망도 없었으니까. 어제 밤에 그 때 기도 받고 나서부터 혀 밑에 침이 돌아유. 당뇨병도 하나님이 다 고쳐주신걸 믿어유. 집에 가면 아들도 찾을 수 있을 것 같고, 오늘 시골집으로 내려가 보려고유."

노인은 서둘러서 수도원을 떠났습니다. 저는 기도하기 위해서 일 봉사를 안 하는 대신에 수도원 측에서 공동으로 제공하는 식사를 하지 않았습니다.

삼가 이 작은 자 중의 하나도 업신여기지 말라 너희에게 말하노니 그들의 천사들이 하늘에서 하늘에 계신 내 아버지의 얼굴을 항상 뵈옵느니라 너희 생각에는 어떠하냐 만일 어떤 사람이 양 백 마리가 있는데 그 중의 하나가 길을 잃었으면 그 아흔아홉 마리를 산에 두고 가서 길 잃은 양을 찾지 않겠느냐 진실로 너희에게 이르노니 만일 찾으면 길을 잃지 아니한 아흔아홉 마리보다 이것을 더 기뻐하리라 이와 같이 이 작은 자 중의 하나라도 잃는 것은 하늘에 계신 너희 아버지의 뜻이 아니니라 – 마 18:10~14

정금 생각

내 생각에는 아무래도 그 당뇨병 할머니 때문에 주께서 수도원으로 나를 보내신 것 같았다. 그렇다면 거기에 와서 몇 달 혹은 몇 년씩 있으면서 생활하는 사람들은 응답을 못 받아서 머물러 있는 것일까. 아무튼 할머니나 나는 대단히 복 받은 사람들이다. 예수 그리스도로 말미암는 소망의 열쇠를 찾았기 때문이다.

㉜ 손으로 지은 죄

저는 허리가 아파서 기도하러 온 남자 성도에게 말을 붙였습니다. 사실은 복음을 전했다는 표현이 더 맞을 것 같습니다.

"허리가 많이 아프세요?"

"한 5년째 허리가 아파서 일도 못하고 이러고 있습니다."

"안수는 받아 보셨습니까?"

"웬걸요, 사무실에 안수 받으러 갔다가 사람을 막 두들겨 패는 걸 보고 당체 겁이 나서 그거 못 받고 그냥 나왔어요."

"예수 믿으신 지는 오래 되셨나요?"

"우리 집사람은 교회 다닌 지가 오래 됐지요. 나는 별로 취미가 없어서 잘 안 다녔습니다."

"기도해드리면 허리가 나을 수 있는데 해 드릴까요?"

"어떻게요? 여기처럼 잡아 패는 건 아니겠지요?"

"아니에요, 그냥 예수 이름으로 허리 아픈 귀신을 쫓고 허리에 손 얹어 기도 해 드릴 게요."

"그래 가지고 안 아플 수만 있다면야 그렇게 해 주시면 좋지요. 하긴 어디 가서 물어보니까 죽은 조상이 동해서 그렇다고 하긴 했었습니다. 그런데 굿을 하는데도 그것도 돈을 많이 요구 하더라고요. 한두 푼 드는 게도 아니던데요 … 교회에서도 귀신을 쫓아 주나요?"

"예수 이름으로 쫓지요. 예수 그 이름은 능치 못한 일이 없으십니다. 성도님 잠시만 일어나서 여기 제 앞에 서 보시겠습니까?"

"예예, 그렇게 하지요."

저는 하나님께 그 성도를 위해서 잠시 회개의 기도를 드렸습니다.

"하나님 아버지! 우리가 그동안 알고도 짓고 모르고도 지은 모든 죄를 하나님께 회개합니다. 부디 이 시간에 능력으로 함께 역사하시어서 이 성도의 아픈 허리를 깨끗이 씻어 주시옵소서! 우리 구주 예수 그리스도의 이름으로 기도합니다. 아멘."

" … "

"아멘 하십시오. 그래야 제가 주님께 기도 할 수 있습니다. 병은 우리 주님께서 고쳐주시는 것이지 제가 고치는 것이 아닙니다. 예수 이름 앞에 아멘!으로 시인하십시오."

"아멘!"

"두 눈을 감으신 채 지금부터 성도님의 몸이 어떻게 움직이든지 간에 움직이는 대로 움직이게 그대로 몸을 주님께 맡기십니다."

"예."

저는 성경 속에 예수님과 그 제자들이 했던 것처럼 성도의 속에서 역사하며 그의 허리를 아프게 하는 귀신을 예수 그리스도의 이름으로 쫓았습니다.

"내가 우리 구주 예수 그리스도의 이름으로 명령한다. 이 허리 아픈 귀신아! 그 사람에게서 나오고 다시는 들어가지 말라. 예수 그리스도의 이름으로 명령하니 어서 나가라!"

그러자 그 남자가 몸을 몇 번 움찔 움찔하더니 갑자기 그의 오른 쪽 손가락이 뻣뻣하게 펴진 채로 손가락 두 개가 비비 꼬이기 시작했습니다. 남자는 당황하여 어쩔 줄을 몰라서 쩔쩔 매고만 있었습니다. 성령께서 감동을 주시는 대로 전했습니다.

"손으로 지은 모든 죄를 예수 그리스도의 이름으로 다 회개하십시오. 노름한 것! 사람 때린 것, 예수 이름으로 모두 잘못했다고 다 회개하십시오."

"손으로 지은 모든 죄를 예수 이름으로 다 회개합니다. 노름하고 집 사람 때린 것을 다 회개합니다."

남자가 입으로 자기의 죄를 시인하자 그 육중한 몸이 뒤로 벌렁 넘어지며 귀신이 나갔습니다. 저는 다가가서 그 남자의 허리와 어깨에 손을 대고 기도해주었습니다.

"하나님 아버지, 그의 허리를 낫게 해 주시고 이 손은 사람을, 하나님을 기쁘시게 하는 손이 되게 하여 주십시오. 예수 그리스도의 이름으로 기도합니다. 아멘."

"아멘."

잠시 후에, 남자의 오른손을 잡아 일으켜 주고 아팠던 곳의 상태가 어떠냐고 물었습니다. 그 남자는 허리를 이리 저리로 조금씩 움직여 보더니 허리가 안 아프다고 했습니다.

"주께서 치료하셨습니다. 다시는 같은 죄를 짓지 마세요. 그리고 집에 가시면 신앙생활 잘 하시기 바랍니다. 승리하셨습니다."

저는 신학생과 일본인 성도와 함께 목사관을 나와서 강쪽으로 내려가서 편편한 바위 위에 앉았습니다. 신학생은 일본인 성도에게 그의 나이며 하는 일 등을 질문했고, 저는 짧은 일본말 실력이지만 성심껏 통역을 해 주었습니다.

알고 보니, 그의 나이는 77세였고, 일본에서 지역의 신문사를 운영하시며 건강에 대한 책도 펴내신 아주 의욕적인 분이셨습니다. 봄, 가을에는 한국의 유명한 기도원 등지에서 지내고, 가끔은 부흥회의 강사 생활을 하기도 하며 겨울에는 대만의 온천 지역으로 가서 지내신다고 하셨습니다.

그분은 제게 자신의 눈을 밝아지도록 안수해 주기를 원하셨습니다. 제가 그분이 원하는 대로 잠시 눈에 손을 대고 예수 이름으로 안수하자, 자신의 눈이 조금 전보다 확실히 밝아졌노라고 시인하면서 하나님의 역사하심을 놀라워하였습니다.

그들은 숙소로 돌아갔고, 그날 밤은 그곳에서 혼자 앉아서 거의 밤이 새도록 제가 다니던 교회의 문제를 놓고 기도하였습니다. 옆에서 자꾸만 가까이 오라고 찝적 거리던 신학생도 새벽녘이 되자 숙소로 들어갔는지 어디론가 가버렸습니다. 밤새 기도를 하고, 아침이 되었습니다. 저는 간밤에 주님께 드리는 기도인지 스트레스 해소인지 소리를 마음껏 질러 댔더니 목에서 피가 터지고, 목안이 너무 부어서 딱 달라붙었는지 목에서 아무 소리도 안 나와서 작별인사 나온 일본 성도에게 아무 말도 할 수가 없었습니다. 아무 말도 할 수가 없다는 표현을 보디랭귀지로 겨우하고서 황급히 그곳을 벗어 나왔습니다.

전 날, 목사관에서 귀신을 쫓고 안수했던 일과 그 당뇨병을 앓던 할머니를 집으로 가시게 한 일이 기도원 측에 알려져 그것이 문제가 된 모양이었습니다. 험상궂게 인상을 쓴 몇몇의 남자들이 저를 쏘아보고 있는 바람에 저는 그곳에 더 머뭇거릴 여유가 없었습니다. 어차피 저도 다음날이 주일이었기 때문에 최근에 주일예배를 드리고 있던 친정 동네 교회로 돌아갈 생각을 하고 있던 중이었습니다.

그러면 무엇이냐 겉치레로 하나 참으로 하나 무슨 방도로 하든지 전파되는 것은 그리스도니 이로써 나는 기뻐하고 또한 기뻐하리라 이것이 너희의 간구와 예수 그리스도의 성령의 도우심으로 나를 구원에 이르게 할 줄 아는 고로 나의 간절한 기대와 소망을 따라 아무 일에든지 부끄러워하지 아니하고 지금도 전과 같이 온전히 담대하여 살든지 죽든지 내 몸에서 그리스도가 존귀하게 되게 하려 하나니 이는 내게 사는 것이 그리스도니 죽는 것도 유익함이라 그러나 만일 육신으로 사는 이것이 내 일의 열매일진대 무엇을 택해야 할는지 나는 알지 못하노라
- 빌 1:18~22

정금 생각

수도원이라는 이 거대한 조직에서도 하나님은 당신이 주권자이심을 드러 내시었다. 시공간을 초월해서 세상 끝까지라도 성자 하나님의 구원의 소식을 전하시려는 성부 하나님의 간절한 소망이시리라. 나를 그곳으로 인도하신 하나님 아버지께서 그곳에서의 내 사역이 끝났다고 밀어 내시는 것 같았다. 낮고 천한 곳까지 임하시는 성령의 역사하심과 주님의 뜨거운 사랑이 느껴졌다.

③ 벙어리가 되어

　　　　상봉동 시외버스 터미널에서 내려 안양으로 가는 차를 타기 위해서 도로를 따라 걸어가고 있었는데, 앳되게 보이는 아베크 남녀가 제게 길을 물었습니다.

"저어, 죄송하지만 시외버스 터미널이 어딘지 아세요?"

저는 제가 방금 버스에서 내려서 걸어오던 쪽을 손으로 가리키며 대답했습니다.

"예, 저리로 조금만 더 가면 오른 쪽으로 터미널이 보여요."

그 순간, 그들의 표정이 아주 당혹스럽고 불쌍한 얼굴로 변해서 저를 바라보더니 가버렸습니다. 저는 분명히 평소대로 말을 했는데 목이 딱 달라붙은 제 입에서는 아무 소리도 나지 않다보니까 그들은 저를 말 못하는 장애인으로 여기고 그냥 가버린 것이었습니다.

그래도 저는 남이 제게 그러거나 말거나 브니엘의 야곱처럼 마음은 마냥 기쁘기만 했고, 제 발걸음은 아주 가볍기만 했습니다.

한 보름쯤 지나서 수도원에서 만났던 일본인 성도에게서 청혼 편지가 왔습니다. 저는 하나님께 여쭈었습니다.

"아버지, 그 사람은 제가 하고 싶은 모든 것을 다 가지고 있었어요. 아버지께서 보내신 사람인지요? 그렇게 나이가 차이가 많이 나는데도 제가 결혼을 해야 되는 것인지 말씀 해주세요."

"그 노인은 요나가 다시스로 도망가고자 했을 때 그 앞에 도착해 있던 다시스로 가는 배이다!"

"아멘."

제가 그와 결혼을 했더라면 필경은 요나처럼 바다 깊은 곳으로 들어가서 큰 풍랑을 만나게 될 것이 분명했습니다. 저는 답장을 할 수가 없었습니다. 주께서 '아니다.' 하셨으니 멈추어야 했습니다. 그 일본 노인의 청혼과 부흥강사의 꿈은 깨끗이 잊기로 했습니다.

잔뜩 부어 있던 제 목은 한 달 정도가 지나자 다행히도 조금씩 회복이 되어서 얼마 후에는 목에서 소리가 정상적으로 나왔습니다.

여호와의 말씀이 아밋대의 아들 요나에게 임하니라 이르시되 너는 일어나 저 큰 성읍 니느웨로 가서 그것을 향하여 외치라 그 악독이 내 앞에 상달되었음이니라 하시니라 그러나 요나가 여호와의 얼굴을 피하려고 일어나 다시스로 도망하려 하여 욥바로 내려갔더니 마침 다시스로 가는 배를 만난지라 여호와의 얼굴을 피하여 그들과 함께 다시스로 가려고 뱃삯을 주고 배에 올랐더라 여호와께서 큰 바람을 바다 위에 내리시매 바다 가운데에 큰 폭풍이 일어나 배가 거의 깨지게 된지라
- 욘 1:1~4

정금 생각

미국 선교사역을 못 가게 하신 주께서 이번에는 일본 할아버지를 거절하셨다. 내게는 다른 사명이 있는 것 같다.- 유혹을 역사하시는 하나님 아버지여, 나는 주님의 것이로소이다.

34 이웃집의 순호 할머니

하루는 이웃집의 순호 할머니께서 저를 찾아 오셨습니다.
"승진 엄마, 집에 있어?"
"예, 이렇게 비가 오는데 웬일이세요?"
급히 문 앞으로 나가니, 할머니는 혼자 오신 것이 아니고 웬 청년을 데리고 와서 저를 보자고 하시는 것이었습니다.
"왜 그러시지요? 누구를 도시고 오신 거 같은데 … "
"승진 엄마가 있으면 됐어. 아 교회에서 기도하고 있었는데 이 청년이 몸이 아파서 왔다면서 목사님을 찾는데 목사님이 지금 출타중이셔서 안 계셔요. 기도하면서 몸이 아파서 엉엉 울길래 내가 하도 딱해서 승진 엄마에게 라도 가서 기도 받으라고 데리고 온 거야. 기도 좀 해줘."
청년은 한쪽 다리가 아픈지 철봉을 지팡이 삼아서 짚고 서서 제가 대답해 주기를 울먹이는 표정으로 기다리며 서 있었습니다. 장대 같은 비가 계속 쏟아지는데 저는 할머니의 제안에 승낙할 수밖에 없었습니다.

"그렇게 할 게요 할머니도 같이 방으로 들어오십시오."

낯선 청년과 한 방에 있을 수가 없어서 할머니도 방으로 모셨습니다. 저의 조그만 방에서 할머니와 청년과 저는 잠시 주님께 기도를 드렸습니다. 그때, 주께서 제게 영안을 열어 주셨습니다. 환상을 보여 주시는데 한 남자가 옹벽을 쌓고 있는 모습이었습니다. 저는 주께서 주시는 감동대로 청년에게 물었습니다.

"주께서 지금 성도님의 가까운 사람인 것 같은데 누가 옹벽을 쌓는걸 보여 주시는데요?"

"아, 저희 작은아버지가 옹벽을 쌓다가 옹벽이 무너져서 돌아가셨는데요."

"작은아버님을 사고 나게 한, 그 귀신의 역사로 다리가 아픈 것 같습니다. 예수 이름으로 귀신을 쫓읍시다."

"지금 그 말씀을 하시는데 제 가슴속에 뭔가가 마구 뛰는 게 있는데요? 이상한 일이네요 막 덜덜 떨려요 …"

"언제부터 다리가 아프셨는지 잘 생각해 보세요"

"한 6년, 작은아버지가 돌아가신 뒤로부터 다리가 아팠어요. 어떻게 하지요?"

"예수 믿으신 지는 얼마나 되셨습니까?"

"3일 됐습니다."

"성도님, 잠깐만 일어 서 보실까요?"

"녜! "

"제가 말하는 대로 따라서 고백해 주시겠습니까?"

"녜!"

청년은 제가 시키는 대로 죄사함의 기도를 드렸습니다.

"하나님 아버지! 제가 그동안 모르고 지은 죄나 기억나지 않는 죄까지도 다 제가 잘못한 죄를 용서해 주시기 바랍니다. 예수 이름으로 다 회개합니다. 아멘."

벽을 붙잡고 일어선 청년 속의 귀신을 향해서 고함을 쳤습니다.

"성도 속에 숨어 있는 절름발이 귀신아, 내가 예수 그리스도의 이름으로 명령한다. 그에게서 나오고 다시는 들어가지 말라!"

그러자 청년은 크게 몇 번을 비척거리면서 뒤로 넘어졌습니다. 저는 청년이 그냥 자빠지도록 내버려 두었습니다.

잠시 후에 다시 일어선 청년은 아프던 엉덩이가 전혀 안 아프다면서 신기해 하며 고맙다는 인사를 몇 번이고 하더니, 장대비가 오거나 말거나 개의치 않고 기뻐하며 순호 할머니댁 돌아갔습니다.

청년은 그 뒤로도 한 두 번의 어려운 고비들이 있었지만, 그 때마다 믿음으로 잘 이겨내었고, 몇 년이 지나자 많이 성장된 모습으로 변하였습니다. 신앙생활도 열심히 잘하고 교회 봉사도 잘 하였습니다. 좋은 사람을 만나서 장가도 잘 갔습니다.

큰 무리가 다리 저는 사람과 장애인과 맹인과 말 못하는 사람과 기타 여럿을 데리고 와서 예수의 발 앞에 앉히매 고쳐 주시니 말 못하는 사람이 말하고 장애인이 온전하게 되고 다리 저는 사람이 걸으며 맹인이 보는 것을 무리가 보고 놀랍게 여겨 이스라엘의 하나님께 영광을 돌리니라 - 마 15;30, 31

정금 생각
예수님을 영접한 지 3일 밖에 안 된 성도에게도 주님은 병을 일으켰던 귀신을 내어 쫓아 주시고 병도 고쳐 주셨다.

35 환우들에게서 나간 것들

저는 참으로 많은 사람들을 만나서 많은 이야기를 하며, 전도자로서의 신앙생활을 해 나갔습니다. 아프고 병든 사람들을 기도해주며 한 가지 알게 된 것이 있습니다.

어떤 사람에게서 허옇고 둥그스름한 영체가 나갔습니다. 그런데 곰곰이 생각해 보니 얼마 전에 감기 들린 사람을 기도하였을 때에 그 사람에게서 나갔던 귀신의 형체와 그 모양이 똑같다는 것을 알 수 있었습니다. 감기 환자는 감기 영끼리 그 영체의 형상이 공통적으로 닮아 있었던 것이었습니다.

그러나 감기 몸살을 앓고 있었다고 해서 모두가 그런 형상의 영체를 똑같이 갖고 있지는 않았습니다. 그리고 환처에 제가 손을 얹으면 성령께서는 그 환처의 상태와 병이 나게 된 죄의 까닭을 보여 주시고 가르쳐 주시며 환우에게 회개를 촉구 할 수 있도록 도와 주셨습니다.(롬 3:23, 24)

성령께서 역사하실 때에는 위로부터 불덩어리 같은 형체가 내려와서 환자의 환처 위에 손을 얹고 기도하는 제 손을 그 불덩어리가 그대로 통과하면서 환처의 깊숙이 불덩이가 두루 두루 퍼져나가는 모습을 보여주시곤 하셨습니다. 그러고 나면 검게 보이던 환처가 깨끗하게 보여집니다.

그런 현상이 있고 나면 안수를 받은 환자는 일어나서, 자기의 아픈 곳이 나았다고 기뻐 뛰며 그 자리에서 모인 사람들 앞에 간증을 하곤 하였습니다. 그 불은 지도에서 온천 표시를 할 때의 부호와 비슷한 형체의 불덩이입니다.

때로는 시원한 바람 같은 느낌으로 자기의 병이 나았음을 체험하는 성도들도 꽤 많았고, 때론 저는 어떤 이의 환처에 가볍게 손을 얹어 병에서 놓여 나기를 주께 간구하였었는데 이튿날 환처 위에 손바닥 자국이 선명하게 찍혀 있는 것을 내 보이며 자기의 병이 떠났다고 간증하는 성도도 있었습니다. 저는 그 손바닥 자국이 병을 고치신 예수님이 표적으로 주신 예수님의 손바닥 자국이라고 그에게 말해 주었습니다.

"아멘."

저에게 안수를 요청하는 환자들에게는 주로 마가복음 16장 17절~ 끝절까지의 말씀을 먼저 전해주고, 함께 회개의 기도를 드린 후에, 아픈 곳에 살며시 손을 얹어 기도하는 것을 원칙으로 하고 있었습니다.

이어서 성령의 인도하심에 따라서 주 예수 그리스도의 이름으로 귀신을 쫓아 주기도 하고, 때로는 문제의 해결을 위해서 주 예수 그리스도의 이름으로 축복을 해 주기도 하였습니다. 그 무렵에 저는 신학대학원 과정을 이수하면서 전도사의 길을 가고 있었습니다.

믿는 자들에게는 이런 표적이 따르리니 곧 그들이 내 이름으로 귀신을 쫓아내며

새 방언을 말하며 뱀을 집어 올리며 무슨 독을 마실지라도 해를 받지 아니하며 병든 사람에게 손을 얹은즉 나으리라 하시더라 주 예수께서 말씀을 마치신 후에 하늘로 올려지사 하나님 우편에 앉으시니라 제자들이 나가 두루 전파할새 주께서 함께 역사하사 그 따르는 표적으로 말씀을 확실히 증언하시니라 - 막 16:17~20

정금 생각

성부 하나님께서는 성부 하나님의 이름을 성자 하나님이신 예수님이 이 땅에 오실 때, 아버지의 이름을 아들에게 주어서 보내 주셨고,[요 17:11] 주님은 오셔서 그 이름의 권세와 능력을 증거하며 공생애를 사시다가 부활 승천하실 때에 그 이름을 믿는 자들에게 주고 가셨다.[막 16:17] 목사, 부흥강사에게만 능력을 주신 것이 아니라 모든 믿는 자들에게 예수 그리스도의 이름의 권세와 능력과 표적이 나타나게 해주셨다. 믿음의 힘은 성자 하나님이 보증해 주시는 일이다. 자기의 믿음으로 가늠해 보지 말고 주님의 이름을 의지하는 것이 진정한 믿음이요, 능력이다.

36 아기 해골을 가득 실은 두 대의 트럭

하루는 어느 선교회를 들렸다가 그곳에서 작은 메모지에 이름과 나이가 적힌 어느 가정의 기도의 요청을 받았던 일이 있었습니다. 누구라는 설명도 없이 온 집안이 까닭도 모르게 대환란의 연속인데 쪽지에 적힌 그녀가 선교회의 큰 후원자라면서 선교회의 천 회장님이 제게 무조건 기도를 해달라고 요청하였습니다.

저는 기도실로 들어가서 그 후원자의 이름과 나이가 적힌 종이를 들고 무릎을 꿇고 앉아 주님께 기도를 드렸습니다.

"아버지여, 선교의 후원자로서 하늘나라를 돕는 성도라 하오니 환란의 원인을 가르쳐 주시옵소서!"

그러자 주께서는 제 앞에 영안을 활짝 여시며 그 기도에 대해서 보여 주셨습니다.

- 커다란 트럭에 조그마한 애기 해골바가지들이 가득 실려서 두 대나 그 집에서 나가는 것을 보여 주셨습니다.

저는 천 회장에게 그대로 전했습니다.

알고 보니 쪽지의 주인공은 산부인과 원장이었습니다. 그녀가 임신중절수술로 돈은 많이 벌었으나 그로해서 그녀의 가정은 풍비박산이 되었습니다. 그녀가 모은 돈으로 남편과 아들이 마약 밀수에 손을 대었다가 세관에 적발되어서 아들은 중형을 선고 받고 교도소에 구금 중이며 그녀의 남편은 병보석 신청을 해 놓고 중환자실에 누워 있다고 합니다.

그녀는 사채를 썼다가 빚더미에 넘어가서 병원을 **빼앗기게** 되었고
끝내는 파산신청을 하였답니다.

그 아기 유골들의 울부짖는 핏 소리에 그 가정이 결코 편할 날이 없었으리라는 것은 누구라도 다 알 수 있는 일이었습니다. 생명을 주신 하나님 앞에 임신중절수술은 살인행위였습니다.(창 9:5, 6)

저는 주께서 그러한 영의 세계를 열어 주실 때마다 언뜻 제 자신의 현실을 돌이켜 보는 버릇이 생겼습니다. 하나님 아버지께서 보시기에 '나는 지금 어떠한 가' 하고 말입니다.(잠 16:25)

돌이켜 보면 늘 아쉽고 죄스러움 뿐이지요.

그 후에 안 일이지만 그때 그 애기 해골 기도의 여파로 해서 그 장본인 여의사는 물론이고 많은 산부인과 전문의들이 임신중절수술을 하지 않게 되었다고 들었습니다. 아멘.

가인이 그의 아우 아벨에게 말하고 그들이 들에 있을 때에 가인이 그의 아우 아벨을 쳐죽이니라 여호와께서 가인에게 이르시되 네 아우 아벨이 어디 있느냐 그가 이르되 내가 알지 못하나이다 내가 내 아우를 지키는 자니이까 이르시되 네가 무엇을 하였느냐 네 아우의 핏소리가 땅에서부터 내게 호소하느니라 땅이 그 입을

벌려 네 손에서부터 네 아우의 피를 받았은즉 네가 땅에서 저주를 받으리니 네가 밭을 갈아도 땅이 다시는 그 효력을 네게 주지 아니할 것이요 너는 땅에서 피하며 유리하는 자가 되리라 - 창 4:8~12

정금 생각

산부인과 의사되느라고 얼마나 많은 공부와 노력을 투자하였을 텐데 차라리 덜 똑똑하던지 의대에 붙지를 말았었던지.

의사라는 직업이 복이 아니었고 그렇게 많이 벌어들인 돈이 독이 되었다. 그래도 다른 여의사들에게 임신중절수술을 하지 말아야 함을 깨우쳐 주는 일에 쓰임 받게 된 것은 그나마 다행한 일인 것 같다.

마귀는 하나님이 하시는 일을 거의 다 비슷하게 흉내를 내지만 절대로 못 하는 것이 두 가지 있다. 생명을 창조하는 일과 죽은 자의 부활은 마귀가 결코 하지 못 한다. 하나님만이 전능하신 유일신 창조주이시다. 모든 생명은 하나님께 속한 것이다. 임신 중절에는 살인 행위와도 같은 형벌이 따를 것이다. 하나님과 마귀를 같은 지면에 함께 논한다는 것 자체만으로도 하나님 앞에 아주 송구한 일이다.

37 네가 외로운 것이 아니라 내가 외로운 것이라

　크리스마스의 행사 준비로 한 달 전부터 온 교회가 각 부서마다 매일 같이 밤마다 교회에 모여서 맡은 역할의 연습을 했습니다. 직장인들을 배려하여 주로 밤에 모여서 준비를 하였습니다. 최종 연습의 밤이 지나고 드디어 크리스마스 전야, 축제의 밤이 왔습니다.

　촛불 예배가 끝나고 공연이 시작되었습니다. 강대상에 마련된 무대 위에서 우리는 그동안 준비해 온 율동과 찬양으로 주님께 영광을 돌렸습니다.

　밤 12시가 넘어서 우리 성도들은 예수님의 성탄을 축하하며 이 천년 전 목자들이 들었던 천사들의 찬양을 기억하며 교우들의 각 가정마다 새벽송을 돌면서 대문 밖에서 찬송가를 불렀습니다. 우리는 집집마다 돌며 천사들처럼 찬양했습니다. 흰 눈이 내려서 더 행복했습니다. 모든 행사가 다 끝나고 모든 성도들도 집으로 돌아갔습니다. 전도사인 저 혼자만 남겨두고 모두들 돌아갔습니다. 크리스마스라고 하여도 저는 딱히 갈 곳도 없었습니다. 불 꺼진 성전에 앉은 제게 갑자기 외로움이 밀려 왔습니다.

"아버지, 저 외로워요"

저는 소리 없이 흐느껴 울고 있었습니다. 그런데 이때였습니다.

제 주위가 갑자기 환히 밝아졌습니다. 흰 옷을 입으신 주님께서 제 속에서 저와 똑같은 모습으로 저와 똑같이 앉으셔서 환하게 사방을 비춰주시면서 말씀해 주셨습니다. "네가 외로운 것이 아니라 내가 외로운 것이다."

주님께서도 저처럼 눈물을 흘리고 계셨습니다.(요 11:35)

그 후로도 예수님을 간간이 뵙는 은혜를 주셨습니다.

세상이 너희를 미워하면 너희보다 먼저 나를 미워한 줄을 알라 너희가 세상에 속하였으면 세상이 자기의 것을 사랑할 것이나 너희는 세상에 속한 자가 아니요 도리어 내가 너희를 세상에서 택하였기 때문에 세상이 너희를 미워 하느니라 내가 너희에게 종이 주인보다 더 크지 못하다 한 말을 기억하라 사람들이 나를 박해하였은즉 너희도 박해할 것이요 내 말을 지켰은즉 너희 말도 지킬 것이라 그러나 사람들이 내 이름으로 말미암아 이 모든 일을 너희에게 하리니 이는 나를 보내신 이를 알지 못함이라 내가 와서 그들에게 말하지 아니하였더라면 죄가 없었으려니와 지금은 그 죄를 핑계할 수 없느니라 나를 미워하는 자는 또 내 아버지를 미워 하느니라 - 요 15:18~23

정금 생각

주님은 항상 나와 함께 하고 계셨다. 내가 외로울 때 주님도 외로워 하시고 내가 울 때 주님도 울고 계셨다. 주님은 항상 우리와 함께 하시는 임마누엘의 하나님이시다.

㊳ 죽은 자가 다시 살아났음

평소에 간경화로 자주 병원을 드나들었던 장인철 성도가 3년 동안 한양대부속병원에서 입원하고 있던 중에, 결국은 임종을 해서 시신을 그의 집으로 운구했다는 소식을 전해 듣고 빈소가 마련된 오산 그의 집으로 조문을 갔습니다.

상복을 입은 몇몇 가족들과 10여명 정도의 동네 아낙들이 모여서 아궁이에 불을 지피며 음식물 준비로 분주했습니다. 대청마루에는 미닫이문들을 전부 떼어 내고, 시신은 방 안쪽에 안치되어 있었고 고인의 아내가 시신을 가리려고 병풍을 펼치고 있었습니다.

그런데 이때, 주께서 저의 영안을 열어 주셨습니다.

고인의 누운 모습이 병풍으로 반쯤 가려진 상태였었는데, 고인의 얼굴, 정확하게 말해서 입과 코와 목 위에, 한 여자가 누르고 앉아 있는 것을 보여 주셨습니다.

여자는 20대 초반의 젊은 여자 귀신이었는데, 상주가 입는 삼베옷을 입고 머리에는 상주의 삼베 두건을 쓰고 새끼줄로 테를 두른 전형적인 상주의 모습이었습니다.

그런 여자 귀신이 제가 평소에 잘 알던 고인의 코와 입을 틀어막고 앉아 있는 것을 보여주시는데 그냥 보고만 있을 수는 없었습니다. 저는 반사적으로 뛰어 들어가며 외쳤습니다.

"장인철의 목에 올라타고 앉은 이 젊은 계집 귀신아, 내가 주 예수 그리스도의 이름으로 명령한다. 당장 그에게서 떠나거라. 어서 당장 물러가라!"(요 11:25, 26)

예수 그리스도의 이름에, 죽었던 자가 눈을 한번 떴다가 감았습니다. 그 눈은 아주 기분 나쁘게 쏘아보는 흡사 뱀의 눈이었습니다.

"어서 떠나거라. 예수 그리스도의 이름으로 명령한다. 하나님의 자녀를 더 이상 괴롭히지 말라!"

"아이고, 하나님."

그의 아내는 병풍을 치다 말고 실신을 하였습니다.

이 모든 광경을 지켜보고 있던 장인철의 아버지가 슬금슬금 기면서 안을 기웃거렸습니다. 장인철의 나이는 그때 54세였고 그의 아버지는 86세였습니다.

"아니, 이게 무슨 변고인고? 응?"

"할아버지! 왜 그러세요? 안에 무슨 일 있어요?"

"인철이가 눈을 떴었어!"

"주, 죽은 사람이 눈 눈을 뜨다니요? 아이고! 눈 눈을 떴대요"

"내 팔십 평생에 살다 살다 이런 일은 처음이야 … 이거 원!"

저는 더 이상 머뭇거릴 이유가 없었습니다. 저는 누운 자에게로 다가가서 그에게 안수하며 그의 이름을 불렀습니다.

"이봐요, 장인철 씨, 이봐, 대답해요? 장인철 씨!"

죽었던 자가 눈을 감은 채로 대답을 했습니다.

"네."

"내가 예수 그리스도의 이름으로 명령하는 거요! 눈을 뜨고 당장 일어나시오."

장인철 성도는 결국 눈을 떴습니다. 아직 죽기에는 아까운 나이에 병으로 죽었던 자가 하나님 은혜로 다시 살아난 것입니다. 그는 제가 강제로 일으키자 부들거리며 일어서더니 무엇인가를 손으로 가리키며 알 수 없는 손짓을 하였는데 이때 까무러쳤던 그의 아내가 정신을 차리고 일어나서 그의 손짓을 알아차리고는 요강을 가져다가 그를 그 위에 주저 앉혀 주었습니다. 그러자 환자는 그 자리에서 스텐 요강의 입구가 거의 다 찰 정도로의 많은 양의 오줌과 똥을 쏟아 내었습니다.

그의 아내가 말했습니다. 한두 달 전부터는 자기 남편이 '이 젊은 년이 또 왔어. 저리로 가, 가란 말이야 하면서 누군가를 쫓는 시늉을 종종 했다고 했습니다.

자기 눈에는 아무것도 안 보였었는데 제가 또 오자마자(기도원 원장이라는 여자가) 젊은 계집 귀신이 목을 깔고 앉았다며 소리를 질러 댔고, 그러자 죽은 남편이 눈을 떴으니… 그녀는 충격을 받아서 그만 까무러칠 수밖에 없었겠지요.

죽었던 그는 살아났습니다. 54세의 나이가 죽기에는 아직 이른 나이였지요. 그는 깨어나서도 3일 동안은 정신이 혼미해서 흔들의자에 담요를 덮고 누은 채로 정신이 오락가락 했었습니다.

3일 후에 제가 기도원으로 돌아오자 그들 가족들도 함께 따라와서는 50일을 저와 함께 지내면서 건강을 많이 회복해서 집으로 돌아갔습니다.

예수께서 이르시되 돌을 옮겨 놓으라 하시니 그 죽은 자의 누이 마르다가 이르되 주여 죽은 지가 나흘이 되었으매 벌써 냄새가 나나이다 예수께서 이르시되 내 말이 네가 믿으면 하나님의 영광을 보리라 하지 아니하였느냐 하시니 돌을 옮겨 놓으니 예수께서 눈을 들어 우러러 보시고 이르시되 아버지여 내 말을 들으신 것을 감사 하나이다 항상 내 말을 들으시는 줄을 내가 알았나이다 그러나 이 말씀 하옵는 것은 둘러선 무리를 위함이니 곧 아버지께서 나를 보내신 것을 그들로 믿게 하려 함 이니이다 이 말씀을 하시고 큰 소리로 나사로야 나오라 부르시니 죽은 자가 수족을 베로 동인 채로 나오는데 그 얼굴은 수건에 싸였더라 예수께서 이르시되 풀어 놓아 다니게 하라 하시니라 – 요 11:39~44

정금 생각

나는 간경화로 3년 동안을 병원에서 입원하여 있다가 죽어서 다시 살아난 사람에게 무엇을 어떻게 먹게 해야 회복에 도움이 될 지를 고민하게 되었다. 또한 어떤 음식이 해로운 것인지도 알아야만 했다. 나는 인체에 대해서 무지한 자신을 발견하고 이때가 계기가 되어서 자연 치료학에 도전하게 되었다.

39 장군님의 심장병

장군으로 전역한 한 노인이, 죽었다가 살아난 자의 소문을 듣고 저를 찾아 오셨습니다. 작은 키의, 위를 향해서 눈꼬리가 날카롭게 치켜 올라간 70대 노인의 첫인상은 나폴레옹과 같이 보였습니다. 그가 언젠가부터 심장병에 시달리면서 신앙생활을 하게 되었답니다.

'듣자하니 예수 믿는 사람들은 40일 금식 기도를 하면 하나님이 무슨 일이든지 다 해결 해주고 병도 다 고쳐 주신다고 해서…'

그는 예수 믿은 지 2달 만에 유명한 금식기도원이라는 데를 찾아가서 하루에 40알씩 먹는 심장 약을 딱 끊고서 심장병 고치려고 40일 금식기도를 시작했었는데, 이틀 만에 혼수상태가 되어 구급차에 실려서 주치의에게 호송되어 갔었다고 했습니다.

그분에게서 풍기는 호기로움이 충분히 그런 무모한 도전을 감행했을 법하게도 보이셨습니다. 그동안에 서울 장안의 유명한 기도원들 중 열 군데 정도를 부관들을 시켜서 병 낫는 일에 대해서 뒷조사를 해 보았으나 모두 헛수고였다고 하셨습니다.

저는 장군님께 매일 먹는 40알의 약을 제게 맡겨 놓으시고, 지금부터 10일 동안 하루 한 때 아침 식사는 금식하고 두 끼 식사는 우리 기도원에서 제공하는 '순 음식'만을 드시도록 요구했습니다. 그리고 하루에 세 차례씩 드려지는 예배에 참석해서 말씀을 들으며 10일 동안 기도원에 머물러 주실 수 있겠느냐고 물었습니다.

그러자 장군님은 저의 제의에 선선하게 수락하셨습니다. 그날 저녁, 기도원에서 저녁 예배가 9시에 끝났습니다. 설교를 마치고 강대상 위의 의자 앞에 앉아서 잠시 기도를 드리고 있었습니다.

그때, 주께서 제 앞에 영의 세계를 활짝 열어 주셨습니다.

장군님의 가슴을 북한의 장교 차림을 한 얼굴이 붉은 건장한 귀신이 뒤에서 꽉 끌어안고서 조이고 있는 그런 모습이었습니다. 저는 일어나서 기도 중에 있는 장군님을 불렀습니다.

"이리 좀 와 보시겠습니까?"

열흘의 기도 시간이 있는데, 오자마자 첫날부터 안수받는 것이 다소 의외라는 얼굴을 하며 장군님이 일어나서 제 앞으로 다가 왔습니다.

"잠깐만 저 좀 따라 해 주시겠습니까?"

"예, 어떻게 … ?"

저는 언제나처럼 하나님께 지나간 모든 죄의 고백을 시키고, 그에게 우리 주 예수 그리스도의 이름으로 안수하였습니다. 그리고 나서 그를 붙잡고 있는 귀신을 향해서 소리쳤습니다.

"이 저주받은 심장병 귀신아, 내가 우리 주 예수 그리스도의 이름으로 명령한다. 당장 그에게서 떠나거라! 어서, 나가!"

그러자 귀신이 장군님을 뒤로 벌렁 자빠뜨리며 장군님의 뒤로 빠져 나갔습니다. 장군님은 벌렁 자빠진 채로 그대로 드러누워 있었습니다.(눅 4:35~37)

강단에서 내려가 그의 가슴에 손을 가볍게 얹고 기도하였습니다. 흰옷을 입고 들 것을 앞과 뒤에서 어깨에 둘러멘 여자 귀신도 둘이 더 나왔습니다. 지저분하게 밑단이 찢어진 치마를 입은 여자 귀신들로 보여 주셨습니다.

"흰옷 입고 들 것을 둘러멘 너희 계집 귀신들도 내가 예수 그리스도의 이름으로 명하니 물러가거라!"

20여분 정도를 안수하자 장군님이 평온해졌습니다. 믿음으로 그의 오른손을 붙잡아서 일으켜 주었습니다.

"자! 믿음을 갖고 일어나 보십시오."

장군님은 천천히 일어서더니 조심스럽게 만세를 부르는 자세를 취하며 두 팔을 위로 쑤욱 뻗기 시작했습니다. 그러더니 두 팔을 끝까지 들어 올려서 만세를 부르듯이 외쳤습니다.

"안 아프다! 안 아프다! 할렐루야! 하나님, 감사합니다. 저를 이토록 사랑하시는 것을 저도 알고 있었습니다! 오오! 내 주여, 감사합니다! 감사! 감사! 주여! 영광 받으시옵소서! 아멘!"

그는 10일 후에 저희 기도원에서 간증 예배 시간에 많은 성도들 앞에 나아가서 하나님께서 자기의 심장병 고쳐주심을 간증하였고, 집으로 돌아가서는 신학공부를 하고 주의 종이 되었습니다.

그는 해마다 설날이 되면 고운 한복을 차려 입으시고, 가슴에는 그동안 군에서 현역 시절에 받았던 색색의 훈장들을 달고서 사진을 찍어서 보내 주셨습니다. '멀리서 세배 올립니다.' 라는 서신과 함께 커다란 화선지에 붓글씨도 한 휘지하셔서 보내 주시기도 하셨습니다.

내 이름을 경외하는 너희에게는 공의로운 해가 떠올라서 치료하는 광선을 비추리니 너희가 나가서 외양간에서 나온 송아지 같이 뛰리라 - 말 4:2

정금 생각

장군님도 멋있지만 정말 멋있는 분은 우리 하나님 아버지이시다. 왜냐면 장군님은 그 길로 바로 신학교에 들어 가셔서 주의 종의 길에 도전장을 내 놓으셨다. 71살 나이에 만학을 시작하신 것이다. 해외 개척 이민단 단장도 역임하셨고 어느 큰 나라에선 대사직을 수행하셨던 그가 이제는 하늘나라의 정권 대사로서 살아 가겠노라고 출사표를 던진 것이었다.

㊵ 옥황상제와 재림 예수

"원장님, 계십니까?" 김대근 씨가 웬 체격 좋은 남자를 대동하고 와서 문 앞에 서 있었습니다. 그는 이전에 심장병 쇼크로 쓰러졌을 때, 제게 몇 차례 안수를 받았던 일이 있었습니다. 병이 낫고 나서 교회를 안 나가고 신앙생활을 안 해서 전도의 기회가 다시 오기를 기다리며, 그럭저럭 저와는 친구처럼 지내는 사이였습니다.

그는 낯선 남자와 동행했는데, 그 남자는 50대 중반으로 보였는데, 하얀 두루마기를 입고, 가슴에는 옥색 끈을 묶었고, 발에는 흰 고무신을 신고 있었습니다. 턱의 수염 역시 가슴께까지 길고 멋지게 자라 있었습니다. 손에는 자기의 키만큼이나 되는, 끝이 꼬부라진 도사 지팡이를 뽐내듯 자랑스럽게 들고 서서 있었습니다.

– '영화배우? 혹은 무속인? 아니면 정신병자?' –

"저는 이 기도원의 원장입니다만 본인이 자기 소개를 해주시지요."

"아 예, 저를 말씀드릴 것 같으면 저는 옥황상제입니다."

"그런데 여기까지 어인 행차시옵니까 좀 누추하긴 하지만 안으로 잠시 들어오세요."

저는 그들을 성전으로 안내했습니다. 옥황상제라는 그 남자는 큰기침을 하면서, 점잖게 걸어들어 왔습니다. 저는 잠시 기도를 드린 후에 본격적으로 그의 정체성을 밝히기 위해서 대화를 했습니다.

"제가 옥황상제로서 많은 표적들이 나타나고 있긴 하는데요. 원장님이 하도 영안이 밝으시다고 여기 대근 씨가 그러길래 제가 받은 영이 옳게 받은 영인지 분별 좀 해보려고 왔습니다. 참고로 말씀드리자면 저는 부흥회도 인도하고 있고 목사, 전도사들에게 신앙 상담도 계속하고 있는 중입니다. 환자 안수도 하구요. 3분 정도는 죽였다가 살려내기도 합니다."

"누가 선생님을 보고 옥황상제라고 했습니까?"

"예, 그건 하나님이 그랬습니다. 예수는 십자가에 달려 죽었기 때문에 구원에 실패했다면서 저보고 세상을 구원하라고 했습니다. 지금부터는 네가 옥황상제로서 세상을 다스리라 했어요."

"그러면 우선 한 가지 여쭈어 봅시다. 선생님께서는 부처의 영들을 왜 그렇게 많이 끌고 다닙니까?"

저들이 성전에 들어 왔을 때에 주께서는 제게 영안을 여시고, 그 남자에게 온갖 모양의 부처의 영들이 쫙 둘러서 따라 온 것을 보여 주셨습니다. 제가 부처 형상의 귀신 이야기를 하자 남자는 당황하면서 말했습니다.

"아, 그 부처들은 제가 전부 제자를 삼았습니다. 이제부터는 내가 세상을 다스릴 테니까 너는 나를 따르라' 했더니 부처들에게 붙었던 시커먼 그림자 같은 형상의 영들이 부처에게서 떨어져 나와서 그때부터 저를 따라 다니는 것 입니다. 원장님이 볼 줄 아시니까 한번 절에 가 보십시오. 큰 절이든 작은 암자이든지 간에 그 부처의 영들은 이제 하나도 없습니다. 전부 제가 다 끌고 다니니까요."

저는 말도 안 되는 이 대화를, 그에게 하나님의 피조계에 속한 하나의 피조물에 지나지 않는다는 사실을 깨우쳐 주기 위해서 계속 해야만 했습니다.
"그러면 왜 예수님이 인류 구원에 실패했다고 생각하시지요?"
"하나님이 그렇게 말씀했고, 예수가 십자가 위에서 죽었잖습니까? 그러니까 실패한 것이지요. 오는 11월 달 그러니까 앞으로 5개월만 더 있으면 재림 예수가 태가 없는 아기로 세상에 태어납니다."
"그건 또 무슨 말씀이십니까? 그것도 받으신 예언입니까?"
"저하고 영적으로 혼인 가약을 맺은 여인이 있는데 그 여자는 25년 전에 서울의 보건소 산하의 한 지정 병원에서 애기 못 낳는 '복강경' 수술을 받은 사람입니다. 그 사람의 자궁을 빌려서 난자가 없는 상태에서 성령으로 임신이 되었습니다.
저는 점점 더 마음이 답답하였습니다.
"재림 예수께서는 오실 때는 구름 타고 오신다고(마 24:30) 성경에 기록되어 있는 데요 성경 말씀을 부인하시면 안 되지요. 그런데 아까 하신 말씀 중에 사람을 죽였다가 살렸다가 한다는 것은 무슨 말씀입니까?"
"예, 그것은요. 제가 어떤 사람의 배 위에다가 제 손을 얹고 손끝을 그 사람의 얼굴로 향하게 펴서 기도하면 3분 정도는 숨을 안 쉬고 죽어 있어요. 3분 후에 제 손을 반대 방향으로 돌려 얹어서 기도하면 죽었던 사람이 다시 살아나요. 그 얘기입니다."

"그건 최면술인데요. 그런 것은 극히 위험한 일입니다. 사람의 생명이 달린 문제입니다. 그런 건 안 해야지요."

그에게 성경책을 펴놓고 말씀으로 정리해 나가는 바로 그때였습니다. 그 남자의 귀에다 대고 마치, 깡통로봇처럼 생긴 한 뼘 정도 크기의 살색을 한 부처 형상의 영 하나가 뭐라고 속살거리는 것을 주께서 보여 주셨습니다. 그러자 그 남자가 자신감 있게 한마디를 하였습니다.

"지금, 하나님이 원장님을 책망했습니다."

"이봐, 이제 다 들켰어요… 깡통 로봇처럼 생긴 조그만 부처 형상의 영이 방금 당신의 왼쪽 귀에다 대고 당신에게 속살거리는 것을 주께서 보여 주셨는데 당신은 그것을 하나님이 말씀했다고 말하는군요. 귀에 무슨 소리가 들리기만 하면 무조건 하나님 말씀입니까? 예수님을 인정하지 않는 하나님이 어디 있어요?"

"그러면 제가 여태까지 귀신에게 속아왔단 말입니까, 왜요? 귀신들이 왜 나를 속이며 따라다닌다는 것입니까?"

"죽이려고요."

저는 성경책을 펼쳐서 말씀을 그에게 읽어 주었습니다.

"그러므로 예수께서 다시 이르시되 내가 진실로 진실로 너희에게 말하노니 나는 양의 문이라 나보다 먼저 온 자는 다 절도요 강도니 양들이 듣지 아니 하였느니라 내가 문이니 누구든지 나로 말미암아 들어가면 구원을 받고 또는 들어가며 나오며 꼴을 얻으리라 도둑이 오는 것은 도둑질하고 죽이고 멸망시키려는 것 뿐이요 내가 온 것은 양으로 생명을 얻게 하고 더 풍성히 얻게 하려는 것이라 나는 선한 목자라 선한 목자는 양들을 위하여 목숨을 버리거니와 삯군은 목자가 아니요 양도 제 양이 아니라 이리가 오는 것을 보면 양을 버리고 달아나나니 이리가 양을 물어 가고 또 헤치느니라"(요 10:7~12)

"귀신들이 들어오는 이유는 죽이려고 들어오는 겁니다. 영분별의 능력을 받아야지만 하나님의 영과 잡신의 영들을 구별할 수 있는 것입니다. 귀신을 보고 하나님이라고 했으니 하나님께 대한 대단한 불경죄 입니다."

" … "

"환상에는 하나님께서 주시는 계시가 있고 마귀가 보여주는 거짓 환상이 있습니다. 거기에는 자기의 의지가 너무 강해서 자기 욕심대로 보이는 자기 묵시라는 것도 있습니다.(겔 13 ; 1~7)"

저는 성경 말씀을 그에게 읽어 주며 계속 말을 이어 나갔습니다.

"물론, 하나님은 몇 개의 고정된 단어로서 설명 할 수 있는 그런 분은 아니십니다. 그러나 성경을 부인하면 어떻게 합니까? 성경도 말씀도 예수님도 전부 부인하면서 뭘 가르칩니까? 정말로 목사, 전도사가 와서 안수를 받았습니까?"

" … "

자칭 옥황상제랍시고 떠들던 남자는 바람 빠진 풍선처럼 시선을 떨구고 망연히 앉아 있었습니다. 제 상담의 목적은 예수 안에서의 구원과 소망이지 누구 바람 빼자는 게 아닌지라 조용히 권면을 시작했습니다.

"잘 오신 거예요. 카리스마가 있어 보이십니다. 남을 그렇게 인도하고 사람들도 잘 따르면 아예 바르게 신학을 공부해서 정식으로 목사가 되시라고 권하고 싶습니다만 … 어때요? 이제부터라도 신학을 공부하시는 게?"

"제가 목사 … 글쎄요 할 수 있을는지 …"

"내게 능력 주시는 자 안에서 내가 모든 것을 할 수 있느니라 하셨습니다. 그것이 바로 십자가 위에서 죽으셨다가 사흘 만에 부활, 승천하셔서 전 인류의 구원을 이루신 분의 능력입니다. 예수 그리스도의 말씀의 능력이란 말씀입니다."

"예수님이 십자가 위에서 죽지 않으면 안 됩니까?"

"안 되지요."

"왜요?"

저는 다시 또 그에게 성경 말씀을 읽어 주었습니다.

"달아나는 것은 그가 삯꾼인 까닭에 양을 돌보지 아니함이나 나는 선한 목자라 나는 내 양을 알고 양도 나를 아는 것이 아버지께서 나를 아시고 내가 아버지를 아는 것 같으니 나는 양을 위하여 목숨을 버리노라 또 이 우리에 들지 아니한 다른 양들이 내게 있어 내가 인도하여야 할 터이니 그들도 내 음성을 듣고 한 무리가 되어 한 목자에게 있으리라 내가 목숨을 버리는 것은 그들을 내가 다시 얻기 위함이니 이로 말미암아 아버지께서 나를 사랑하시느니라 이를 내게서 빼앗는 자가 있는 것이 아니라 내가 스스로 버리노라 나는 버릴 권세도 있고 다시 얻을 권세도 있으니 이 계명은 내 아버지에게서 받았노라 하시니라"(요 10:13~18)

"우리 인생들은 아담의 후손들로서 하나님이 보시기에는 하나의 아담과 같은 존재들입니다.(고전 10:17) 그 아담이 죄를 지어서 죽음이 들어 왔는데(롬 4:12) 우리 모두가 사형스입니다. 어느 사형수가 어느 사형수를 대신해서 죽어 줄 수 있겠습니까? 사형수는 누구 대신 안 죽어도 자기 죄로 어차피 죽게 돼 있어요. 죄인이 죄인을 대신해서 죽을 권리가 있을까요?"

"그건 … 안 되겠지요."

"예, 그래서 사람의 씨를 받지 않은 성령의 잉태하심이 필요했던 것이고, 예수님은 사람의 죄를 대신해서 하나님 앞에 속죄 제물로써 죽으러 오신 분이기 때문에 예수님이 사람의 형상으로 오셔서 죽어 주신 것입니다.

예수님의 죽음에는 여러 의미가 있습니다. 가장 큰 고통의 끝은 죽음인데 우리가 두려워하는 그 죽음의 고통에서 우리를 해방시켜 주신 것입니다.

들어 보십시오. 예수님이 아무도 없는 골방에 들어가서 혼자 죽으셨다가 사흘 만에 혼자 살아 나셔서 밖으로 나와서 제자들에게 죽었다가 사흘 만에 다시 살아났다고 하신다면 그 말씀이 쉽게 받아들여질 수 있을까요?"

"안 믿어지지요."

"그렇지요. 그래서 예수님은 많은 사람들 앞에서의 공적인 죽음을 위해서 오신 거란 말씀입니다. 마귀는 가룟 유다를 이용해서 자기 일에 방해되는 예수님을 죽이는 일에 성공했지만 결정적인 실수를 한 것입니다.

예수님은 많은 이들 앞에서 공적으로 죽으심이 확인되었고, 사흘 만에 부활 하셔서도 40일을 이 땅에 더 계시면서 사망을 초월하시는 하나님의 부활의 능력을 우리에게 보여주신 것입니다. 우리는 그때부터 사망의 두려움으로부터 벗어나서 자유할 수가 있게 된 것이지요.

오늘날 주의 종들은 예수님의 사망에 대하여 그 분의 무죄하심과 동시에 그분은 부활의 능력을 가지신 참 하나님이심에 대하여 그분을 증거하는 증인들입니다."

그들은 그날은 일단 돌아갔습니다. 주일에는 자기 제자들을 전부 대동하고 저희 기도원으로 와서 하나님께 예배를 드렸습니다. 상상 임신을 했던 그 여제자도 왔었는데 온 얼굴에는 온통 기미가 새까맣게 끼어 있었고, 배도 불쑥 올라와 있었습니다. 그들이 기다리는 날에 태 없이 나온다고 하던 재림 예수는 나오지 않았습니다.

몇 년 후에, 그 옥황상제라 자칭하던 남자는 정식으로 신학 공부를 해서 목사 안수를 받고 목사가 되었습니다. 가까운 백암의 어느 교회에서 부흥회를 한다고 자랑 삼아서 대근 씨가 전화하기에 교회 이름을 물어 보고 가보겠노라고 했더니 집회를 하다 말고 그냥 섬으로 떠나 버렸더군요.

지금은 멀리 섬 지방에서 기도원 목회를 하고 있습니다. 성경 말씀대로 잘 하고 계시기를 예수 그리스도 이름으로 기도합니다.

내 백성이 지식이 없으므로 망하는도다 네가 지식을 버렸으니 나도 너를 버려 내 제사장이 되지 못하게 할 것이요 네가 네 하나님의 율법을 잊었으니 나도 네 자녀들을 잊어버리리라 그들은 번성할수록 내게 범죄하니 내가 그들의 영화를 변하여 욕이 되게 하리라 그들이 내 백성의 속죄제물을 먹고 그 마음을 그들의 죄악에 두는도다 장차는 백성이나 제사장이나 동일함이라 내가 그들의 행실대로 벌하며 그들의 행위대로 갚으리라 그들이 먹어도 배부르지 아니하며 음행하여도 수효가 늘지 못하니 이는 여호와를 버리고 따르지 아니 하였음이니라 – 호 4:6~10

정금 생각

영계는 이렇게 혼란스러운데 반면에 우리는 영의 세계에 대해서 아주 무지하다. 자칭 옥황상제라는 사람의 방문에는 성경 말씀이 교묘하게 인용되었었다. 목사, 전도사들이 속아 넘어 간 이유이다. 말세에는 영 분별의 능력이 반드시 필요하다. 진정한 영 분별이란 눈에 뭐가 보이고 안 보이고가 아니라 예수 그리스도를 시인하느냐 안 하느냐가 첫번째 영 분별의 시작이다.

예수님의 부활을 부인하면 무조건 적그리스도의 영이요, 거짓의 영이다.

성경 말씀을 편식해서 짜깁기해서 믿고 싶은 것만 믿는 것도 예수님을 부인하는 행위이다. "내가 너희에게 이른 내 말이 영이요 생명이라."(요 6:63)고 주께서 말씀하셨다. 예수님의 말씀이 예수님의 영이시라는 말씀이다. 성경을 바르게 보고 바르게 가르칠 수 있는 교사들이 많이 나왔으면 좋겠다. 순전한 젖을 사모하는 순수한 성도들에게 순전한 젖을 공급하려면 내 영혼이 먼저 순수해져야만 하겠다. 주님 보시기에 나는 지금 어떠한가를 항상 기준 삼으리라.

내가 만난 지정금 목사

할렐루야! 지정금 목사

제가 그녀를 알게 된 것도 어언간 20년 세월이 지났습니다. 내가 여종의 교회를 방문했을 때에 그녀는 작업복을 입고서 몇 명의 성도들과 집수리를 하던중이었습니다.

손에 망치를 쥐고서 못을 박다 말고는, 배가 아프고 소변을 못 본다고 고통을 호소해서 내 소개로 찾아간 성도를, 지 목사는 예배실로 이끌고 가더니, 두말 않고 예수 이름으로 귀신을 쫓더니 배에 안수를 해주었습니다. 그 성도의 아프던 배의 통증이 금새 사라져 버렸고 그 성도는 이내 배뇨를 시원하게 할 수 있었습니다. 부인할 수 없는 현상이 눈앞에서 일어난 것입니다.

저도 가끔 몸이 아플 때면 여종에게 건강관리를 받고 있습니다. 그녀에게서는 신유의 능력이 항상 나타났습니다. 그 일에는 20년이 넘게 같은 용인에 살면서 지켜 본 내가 증인입니다.

나는 지 목사가 이 시대에 주께서 살아계심을 나타내기 위해서 증인으로 선택된 목사라고 생각합니다. 내 주위에도 많고 많은 능력자들이 있지만 그 여종에게서 환자를 소개하고 나면 아무리 중환자라도 안심이 됩니다. 환자를 소개할 때마다 결과가 늘 좋았기 때문입니다.

거룩하신 하나님께서 함께 하시는 사역자들에게서 나타나는 거룩한 표적이 항상 나타나고 있습니다. 그러나 그녀는 자기를 세상에 드러 내지 않고 답답할 정도로 산에서의 기도생활만 하고 있습니다.

　죽어가던 말기암 환자가 성령의 역사하심으로 벌떡 벌떡 일어나도 목회 현장에서의 당연한 현상이라며 살아계신 하나님께로 영광을 돌리고는 이내 평범한 일상으로 돌아가 버리고 맙니다. 그것이 그녀가 인도하고 있는 예수교회의 일상입니다.

　이름도 없이 빛도 없이 자기에게 다가오는 모든 내방자들의 기도 문제를 붙잡고 함께 금식하며 함께 울고 함께 웃습니다. 그 여종은 사랑과 헌신의 사람입니다. 세상적인 욕심이 없는 그녀는 언제 봐도 만년 소녀 같이 그 표정이 밝기만 합니다. 평소에 목회자들의 상담을 주로 하는 지 목사는 그 받은 은혜가 참 깊습니다. 언제나 성령의 인도하심에 따라서 영의 세계를 바라보는 지 목사는 성경의 진리와 질서를 절대로 벗어나지 않습니다.

　지정금 목사는 말씀만 부여잡고 하나님의 관심을 끌며 기도에 정념하기에 오늘도 하나님의 귀한 일에 쓰임을 받고 있는 것입니다. 그녀는 하늘나라에 시민권을 두고 사는 예수님의 증인이 틀림없습니다. 이 시대에 사는 모든 예수쟁이들은 모두가 그녀의 말대로 성경말씀으로 돌아가야만 합니다. 그래야 모든 질서가 바로 잡히고, 우리 모두가 행복해질 수 있는 것입니다.

　예수 천국! 불신 지옥!

2014년 7월　신철호 목사　노방전도자

㊶ 길 잃은 청지기

　　　　국내외가 좁게 느껴질 정도로 활발하게 부흥회를 하고 다니는 어느 부흥강사가 있었습니다. 말씀의 역사하심도 많이 나타났지만 좋지 않은 열매의 소문도 자주 들려 왔습니다. 그의 사모와의 불화가 강사님을 바깥으로 돌게 만들었다고 합니다. 긴 세월이 지나면서 그것이 익숙한 타성으로 자리 잡았던 모양입니다.

　"부흥회를 하러 가면 일하러 가는 심정이 아니라 어디로 쉬러 가는 기분이 듭니다. 아주 우리 사모가 나를 정말 얼마나 괴롭히는지 내가 죽겠어요."

　나쁜 소문은 너무도 공공연히 들려 왔습니다. 부흥회를 끝내고 강사와 성도가 단둘만의 공간에서 상담을 한다면 남녀 관계의 진솔한 대화의 끝은 어디이고 어디까지 통제가 가능한 것일까요?

　저는 막힌 공간 안에서 이성간의 일대일의 상담은 절대로 반대하는 입장입니다. 전문 상담자나 어떤 멘토를 물론하고 성직자까지라도 포함해서 말씀입니다.

저는 육체의 약점이 있는 제 자신을 절대로 믿지 않습니다.

마귀는 더 더욱 믿지 않습니다. 자고하지 말아야 합니다.

문제가 많게 살기 때문에 많은 문제를 가지고 온 사람에게는 많은 죄의 영도 함께 있게 마련입니다. 모든 사람이 죄를 범하였으매 하나님의 영광에 이르지 못 하였다하셨습니다.(롬 3:23)

그 문제들을 어떻게 인상이 해결해 줄 수가 있을까요? 영적인 문제는 그냥 놔두고 육으로 위로 한다고 위로가 될까요? 오직 주 예수의 이름과 주 예수의 방법으로 영혼과 육의 질서를 회복하도록 돕는 것이 진정한 상담이라고 생각합니다.(히 12:13)

주 예수의 사랑으로, 주 예수님과의 질서 회복이 선행되어질 때, 모든 문제의 해결도 이루어집니다.(요삼 1:2)

저가 남에게는 은혜를 끼치었으나 자기는 도리어 멸망으로 가는 형국이 되어 결국은 그 세계적 부흥 강사는 50세의 나이에 길에서 요절을 하였습니다.(약 3:1) '그날 그에게 무슨 계획이 있었던 것일까?' 영으로 시작하였다가 육으로 마쳐버린 가슴 아픈 사건이었습니다.(갈 3;3)

주인공 강사의 장례식이 끝나고 두 달 정도가 지났을 때에, 새벽녘에 비몽사몽 간에(행 10:10), 그 강사가 제 잠자리에 나타났습니다. 저는 그를 보는 순간 역겨운 느낌이 들었습니다. 그는 빨갛고 얼룩덜룩한 세마포를 입고 있었는데 자세히 바라보니 원래는 흰 세마포였었는데(계 19:8) 붉은 피로 여기 저기 잔뜩 얼룩져 있어서 얼핏 봤을 때에 붉은 옷으로 보였던 것이었습니다.(사 63:2~6) 머리는 생시처럼 긴 단발머리였는데 아무렇게나 헝클어져 있었습니다. 저는 감정을 숨기지 못하고, 그 강사의 영에게 말했습니다.

"왜 왔어요? 그렇게 더럽게 하고서 여길 왜 왔습니까? 가세요. 보기 싫으니까, 가요. 빨리."

그는 가겠다는 표시로 고개를 두어 번 끄덕였습니다. 그러고도 그는 빨리 가질 않고 그냥 그 자리에 서 있었습니다. 저는 화가 났습니다. 주께서 그렇게 모든 것을 다 주셨는데도 육체의 정욕을 절제하지 못해서 누리지도 못하고 저 꼴이 되었다는 것이 야속했습니다. 그래서 단호하게 소리치며 그에게 침을 뱉었습니다.

"아이 더러워. 꼴도 보기 싫으니까 어서 가! 퇴! 퇴! 퉷!"

그러자 그는 제 눈 바로 앞에서 공기 중에 있는 공기의 벽을 커튼처럼 가르며 그 속으로 들어가 버렸습니다. 그리고는 그 모습이 다시 보이지 않았습니다.

얼마나 침을 계속해서 내 뱉었던지 침이 베개에 튀어서 제 입 주위로 차게 느껴졌습니다. 정신을 차리고 일어나 보니 베개에는 온통 제가 뱉은 침이 떨어져 있었습니다. 저는 일어나 앉아서 한참을 생각해 보았습니다.

-예수 믿으면 구원 받는다고 하셨는데 그 영혼은 왜 안식하지 못하고 헤매는 걸까?(히 4:10) 행위에 대한 심판을 받고 있는 것일까?(요 5:29) 또한 이 공기 중의 바람벽은 또 무엇이란 말인가? 이 현실과 영계와의 거리 개념이 없는 것으로 봐야 할까? 그런데 그가 죽어서 피투성이가 된 세마포를 입고 왜 하필이면 내 앞에 나타났을까?

감히 헤아릴 수 없는 하늘의 비밀인 것 같았습니다.(벧후 3:16~18) 저는 주께서 제게 정욕의 노예가 되지 말라고 경각심을 주신 사건이라고 생각했습니다.(요 6:63)

제가 영육 간에 체험을 했던 그 모든 것들이 주께서 맡기신 제 목회 사역의 자양분이 되어서 오늘도 힘겹기만 한 목회 환경 속에서 저를 넘어지지 않게 지켜내게 해주고 있다고 생각해 봅니다.

하나님이 범죄한 천사들을 용서하지 아니하시고 지옥에 던져 어두운 구덩이에 두어 심판 때까지 지키게 하셨으며 옛 세상을 용서하지 아니하시고 오직 의를 전파하는 노아와 그 일곱 식구를 보존하시고 경건하지 아니한 자들의 세상에 홍수를 내리셨으며 소돔과 고모라 성을 멸망하기로 정하여 재가 되게 하사 후세에 경건하지 아니할 자들에게 본을 삼으셨으며 무법한 자들의 음란한 행실로 말미암아 고통당하는 의로운 롯을 건지셨으니(이는 이 의인이 그들 중에 거하여 날마다 저 불법한 행실을 보고 들음으로 그 의로운 심령이 상함이라) 주께서 경건한 자는 시험에서 건지실 줄 아시고 불의한 자는 형벌 아래에 두어 심판 날까지 지키시며 특별히 육체를 따라 더러운 정욕 가운데서 행하며 주관하는 이를 멸시하는 자들에게는 형벌할 줄 아시느니라 이들은 당돌하고 자긍하며 떨지 않고 영광 있는 자들을 비방하거니와 - 벧후 2:4~10

정금 생각
천국은 직분으로 가는 것도 아니고, 주의 일을 많이 했다고 가는 것도 아닌데 우리는 무엇에 그리도 분주한 것일까. 내가 그렇게 더러운 세마포를 입고서 방황하는 꼴이 되지 않도록 항상 깨어 있도록 노력하리라.

㊷ 무학산의 십자바위

　　　　　　제가 섬기고 있는 예수교회의 부설기관인 '국제자연치료학회'의 3개월 과정 수업이 끝나고 연구원들과 1박 2일 성지순례에 올랐습니다. 마산의 무학산에 있는 십자바위에 올라가서 철야기도를 하기로 하고 우리 일행은 용인에서 일찍 출발을 하였습니다.
　십자바위는 일제 치하 때에 순교하신 주기철 목사님께서 기도하시다가 순교의 능력을 받은 장소로 유명했습니다.(계 6:9, 10) 엄청나게 큰 바위가 십자가로 갈라져 있어서 십자바위로 부른다고 알고 있었습니다.
　홍수가 나서 산으로 올라가는 길이 온통 다 물길로 변했는데도 남자 목사님이 먼저 씩씩하게 앞으로 나가는 데 힘입어서 우리 여자 연구원들도 신발이 물에 젖어가면서도 산 정상을 향해서 올라 갈 수가 있었습니다. 제가 인솔자였는데 오랜만에 왔더니 길이 낯설고, 더군다나 밤길로 접어드는 시간이라서 힘들어 하자 주께서 안내자를 붙여주셨습니다.
　처음에는 반대쪽 길로 가르쳐 주는 안내자 때문에 엉뚱한 길에서 애를 먹었지만 이내 길을 잘 아는 가이드를 붙여주셔서 순적하게 그날의 목적지인

마산에 있는 무학산의 십자바위에 어둡기 전에 당도할 수 있었습니다.

안개비가 내리는 산정상의 십자바위에서 우리는 우산을 펼쳐서 비를 가리고, 손전등을 켜서 성경을 읽으며 예배를 드리고 찬양하며 완전히 기도에 몰입했습니다. 한참을 그렇게 기도하다 보니 비가 그쳤습니다.

비 그친 여름 밤하늘에서는 골짜기마다 하얗게 피어오르는 골안개들이 한데 어우러져서 아름다운 운무가 한창이었습니다. 산을 휘감는 하얀 안개구름 속으로 건너편의 산 정상이 보였다 안 보였다 하면서 온 산천에 숨바꼭질을 하는데 그 구름은 기도하는 우리가 앉아 있는 십자바위마저도 금새 구름 속에 삼켜 버렸습니다.

'구름 속에 폭 싸여서 바로 옆 사람의 머리만이 겨우 보이는가' 할라치면 그 구름은 금새 우리를 멀쩡하게 토해내 놓고서는 어느새 허공으로 날아올라가서 은하수 물결처럼 산자락을 아주 길게 감고서 모였다 흩어졌다를 되풀이하면서 비 개인 밤하늘에서 하늘 이 끝에서 산자락 저 끝까지 하얗게 펼쳐져서 너울너울 학의 군무를 추고 있습니다.

바로 우리의 눈앞에서 밤하늘 전체가 무대가 되어, 하늘의 천군 천사들이 무학산을 휘감아 돌며 신비스러운 춤의 향연을 보여 주는 것입니다. 마치 하늘의 은하수들을 전부 모아다가 밤하늘에서 누군가가 흩뿌려 대는 것처럼 아름답고 황홀했습니다.

저희는 그날 밤의 그 경이로운 광경들은 주께서 저희를 위하여서 그 신비하고 아름다운 대 자연의 무도회를 일부러 연출하여 주고 계시는 것이라고(히

2:8) 모두가 입으로 시인했습니다. 사람은 감히 흉내조차 낼 수 없는 대자연의 장엄한 위용 앞에서 우리는 완전히 압도 되어서 숨이 막힐 지경이었습니다. 학이 춤을 추는 것 같아서 지어진 '무학산'이라는 이름 외에 구름과 학이 한데 어우러져서 춤을 추는 '운학산'이라는 이름을 그날 제가 하나 더 지어 주었습니다.

발만 한번 떼면 그대로 우리도 금새 그 구름 속으로 날아들어서 구름과 함께 어우러져 춤을 추게 될 것만 같은 충동이 마구 일어났습니다. 변화산상의 예수님을 떠올리며(마 17:1~8) 황홀경에 싸여서 우리는 감격하며 창조주 하나님을 찬양하고, 또 찬양하였습니다.

"주 하나님 지으신 모든 세계 내 마음 속에 그리어 볼 때
하늘에 별 울려 퍼지는 뇌성 주님의 권능 우주에 찼네
주님의 높고 위대하심을 내 영혼이 찬양 하네
주님의 높고 위대하심을 내 영혼이 찬양 하네
주여, 주여! 아름다운 밤을 주신 아버지여, 감사합니다. 아멘.
인생들에게 아름다운 세상을 주신 아버지여! 감사합니다. 아멘."

이는 만물이 주에게서 나오고 주로 말미암고 주에게로 돌아감이라
그에게 영광이 세세에 있을지어다. 아멘 - 롬 11:36

정금 생각

대자연은 주님의 손길이다. 자연 앞에 서면 인생의 마음이 숙연해지는 것도 그 때문이 아닐까. 창조주의 앞에서 모든 피조물은 질서가 정해진다.

㊸ 100일 작정 산 기도의 여인

자정이 가까워 오자 키가 큰 한 여자가 배낭을 메고서 산 위로 올라왔습니다. 그 여자는 성결교회에 나가는 집사님인데 100일 작정을 하고 매일 밤마다 그곳에 올라와서 기도를 드리다가 새벽이 되면 산을 내려간다고 안내하러 와 주신 목사님이 말해주었습니다.

그러면서 그에게 안수해 줄 수 있는지의 여부를 제게 물었습니다.

저는 그것은 제가 먼저 결정할 일이 아니라 그 집사님 본인에게 먼저 안수를 받겠느냐고 의사타진을 하는 것이 순서라고 말했습니다. 바위 뒤쪽으로 가서 자리 잡고 앉은 그 집사님에게로 안내 목사님이 다녀오더니 그쪽에서 흔쾌히 기도 요청을 수락했노라고 말하며 물었습니다.(요 13:20)

"어디로 가서 안수해주실 겁니까? 저 밑에 가면 기도원이 있는데 그리로 가서 하시렵니까?"

그때 주의 영이 그리로 가는 것을 거절하셨습니다.(행 21:4)

"아니요. 제가 남의 기도원으로 들어가서 남의 터 위에 건축하는 것은 안 되지요. 그냥 이 앞의 바위에서 하십시다."(롬 15:20)

그러자 그 안내 목사님은 산 아래 낭떠러지 밑으로 어둠 속에 아득하게 내려다보이는 공동묘지를 주시했습니다. 발만 한번 헛디뎠다 하면 바로 낭떠러지 밑의 공동묘지로 추락하게 되어 있는 곳이라서 다소 마음에 걸리는 것 같았습니다.

"괜찮습니다. 그냥 주께 맡기시고 이따가 세 시에 이리로 와서 같이 기도를 드리자고 해 주십시오."(롬 1:17)

우리는 다시 각자의 문제를 놓고 기도를 하기 시작했습니다.

약속 했던 새벽 3시가 되자 기도하던 집사님이 우리 쪽으로 다가 왔습니다. 그녀는 자기를 성결교회에 다니는 허 집사라고 인사를 하였습니다. 저는 꼭 한 사람이 누울 수 있을 만큼 길게 편편한 바위에 허 집사님을 눕게 하고, 그녀의 환처에 손을 얹어서 기도해 주었습니다.

그러자 주께서는 제 영안을 열어서 그 집사님의 배속의 상태를 감지시켜 주셨습니다. 많이 나쁘게 보여 주셨습니다. 그녀의 말에 의하면 신장이 괴사되어서 신장 이식 수술을 받았는데 양쪽의 신장이 다 괴사되어 가는 중이라서 소변도 병원엘 가서 투석을 해야지만 빼낼 수 있다고 했습니다.

현대 의학으로는 더 이상의 치료가 불가능하다고 하여서(마 12:43~45) 마지막으로 100일 작정 기도의 결단을 내리고, 매일 밤마다 생명을 걸고, 그곳에 올라와서 기도하는 중이라고 하였습니다.

그런데 제게는 허 집사의 기도한다는 전체적인 자세가 마치 무속인과도 같이 느껴졌습니다. 우리는 함께 신앙 고백과 주기도문을 외웠습니다. 안수는 저 혼자 하기로 하였고, 다른 목사님들은 돕는 기도를 하기로 하였습니다.(딤전 2:5)

모두가 간절히 기도를 하고 있는데 그 여인이 갑자기 몸을 뒤틀며 소리치기 시작하였습니다.

"왜 나를 내 쫓느냐? 여긴 내 집이다 못 간다, 못가!"

그러더니 꽥꽥하고 가래침을 뱉어내기 시작하였습니다.

제가 손을 얹은 그녀의 아랫배에서는 속으로부터 무엇인가가 바깥으로 주먹만한 것이 불쑥 불쑥 밖으로 내다 밀었습니다. 저는 주께서 감동 주시는 대로 따르며 귀신을 쫓기로 했습니다.

"야, 이 저주 받은 무당 귀신아, 내가 예수 이름으로 명령한다. 너는 더 이상 주의 성도를 괴롭히지 말고 그에게서 나가거라. 떠들지 말고 어서 나가라. 소변도 못 보는 귀신아! 그의 몸은 주의 성전이고 그에게는 예수 그리스도의 피가 있다.[왕상17:1~7] 어서 떠나거라. 그는 예수 믿고 구원 받았다. 주의 성전에서 어서 나가라!"

그러자 그녀의 입에서는 묘한 귀신의 고백이 터져 나왔습니다.

"아이고, 나는 요년 어미인데, 날보고 어디로 가라고 쫓는 기여?"

"내가 예수 그리스도 이름으로 명령하니 저 밑에 공동묘지로 가거라."

"아이고, 원통해라. 내가 집 다 짓고 인제 요년 데려 갈 일만 남았는데 내가 여기서 쫓겨나네. 아이고, 원통해라."

"더러운 귀신아, 내가 예수 그리스도의 이름으로 명령한다. 네 마음대로 떠들지 말고, 예수의 피가 있는 성도에게서 당장 나가거라."

배 아픈 귀신이 들어가니 그 사람의 배가 아프고 … .

아무튼 그 귀신은 나가는 순간까지 그녀의 성대까지도 제 것처럼 써 먹으며 계속해서 떠들어 댔습니다. 이때, 다른 분들은 얼어붙은 듯이 고개를 푹 수그리고 숨소리조차 내지 않으며 기도만 하고 있었습니다.

새벽 3시에 공동묘지가 보이는 낭떠러지 위에서 귀신을 쫓는 기도의 모습들이 우리 아버지께서 보시기에 어떠하셨을까요?

30여 분이 지나서 그녀가 안정을 찾고 평온해졌습니다. 그녀는 돌 같이 딱딱하게 굳어 있던 아랫배가 부드럽고 편안해졌다면서 좋아했고, 실제로 그녀의 아랫배가 딱딱하던 것이 부드러워졌습니다.

그런데 이게 웬일입니까? 그녀가 일어나 앉자 우리는 또 한 번 놀랐습니다. 그녀의 양쪽 눈까풀이 약 5센티 정도로 부풀어서 터질 듯이 앞으로 둥그렇게 공처럼 돌출되어 있는 것이었습니다.

그 모습은 마치 한밤중에 공포영화에 나오는 주인공도 같고 흉한 외계인처럼 보이기도 했습니다. 보는 사람들을 섬뜩하니 놀라게 했습니다.

"허 집사님은 무당의 귀신이 들어왔었는데요."

"알고 있습니다. 그래서 제가 매일 그 귀신하고 싸우러 온다 아입니까?"

"집사님이 싸우지 말고요. 예수 이름의 권세에 맡기고 기도하는 것이 능력입니다. 주님께서 역사하시게 하십시오."(막 16:19, 20)

"그래야지예. 지가 실은 무당의 신을 받아 가지고 무당도 했었습니다. 그런데 귀신들이 요구하는 게 끝이 없는 기라예. 한 십 년 하다가 때려 치고, 교회로 나가 예수를 믿기 시작했는데 내가 믿음이 약해가지고 몸이 자꾸만 아픈 기라예."

"예수 믿기 참 잘 하셨어요. 주 예수께서 지켜주십니다. 금번 작정기도에 꼭 승리하시기를 우리 주 예수 그리스도 이름으로 축원합니다."

"아멘, 아멘, 아멘, 주여."

이르시되 너희가 너희 하나님 나 여호와의 말을 들어 순종하고 내가 보기에 의를 행하며 내 계명에 귀를 기울이며 내 모든 규례를 지키면 내가 애굽 사람에게 내린 모든 질병 중 하나도 너희에게 내리지 아니하리니 나는 너희를 치료하는 여호와임이라 - 출 15:26

정금 생각

건전한 신앙생활은 보통 사람들처럼 보통의 방식으로 성경 말씀에 적용되는 신앙의 방식을 택하면 좋을 것 같다. 무엇에든지 치우치는 것은 문제가 수반되는 경우가 많다. 그 집사는 이후로도 서로 전화로 교통하며 건강한 신앙생활을 잘 하고 있다고 했다. 그날 가이드를 자청했던 목사님께서 많이 도와주신다고 한다.

주님은 질서의 하나님이시다. 남에게 대접을 받고 싶으면 먼저 대접하라고 하셨는데 주님께 대접을 받고 싶으면 주님을 먼저 대접해야 할 것이다. 주께서 거절하실 때에는 멈출 줄 알아야 한다. 주님의 명령 앞에는 이유불문이다. 무조건 아멘 뿐이다.

44 IMF 사태

그때 우리 사회에는 'IMF사태'가 발생되어 온 나라가 경제적으로 급속히 피폐해졌습니다. 환율 문제에 민감한 유학생 부모들이 자문을 구해 왔습니다. 저는 경제에 대해서 특별한 지식이 없어서 주님께 여쭈어 보았습니다.

"주님, 저들에게 종이 무어라고 대답을 해야 하는지요?"

"너희가 이전에 기도했던 일들이 응답되어진 현실이 온 것이니 놀라지 마라!"

"어떤 기도였었는지 생각나게 해 주세요."

"700만 원짜리 양주가 품절되어서 없어서 못 팔고, 1억 3,000만 원짜리의 친칠라 코트가 버젓이 진열되어서 팔려 나가는 너희의 사회상을 보면서 너희가 개탄하는 기도를 했을 때에 내가 응답했었느니라, '독일처럼 긴축하지 않으면 안 되는 나라가 되게 해 주마' 하고 그때 내가 말했었느니라. 이때가 그때라. 기도하라! 기도하는 자들에게는 내가 피할 길을 열어주마."

"아멘, 주여."

저는 그 응답을 기도 회원들에게 전했습니다. 참으로 그때에는 온 나라가 힘들었습니다. 사업장의 부도로 자살하는 사람들이 하루에만도 몇 십명, 혹은 몇 백 명씩이 되었습니다.

도시 근로자들은 줄도산의 희생양들이었으나 농촌에서는 그다지 큰 요동이 없었습니다. 텃밭을 가꾸시는 어르신들이 계셔서 그나마 야채라도 얻어먹고 살았고, 그 분들이 계셔서 많은 사람들이 덜 굶어 죽었던 것 같습니다.

온 나라는 금모으기 캠페인을 벌렸고, 달러 모으기 운동도 하였습니다. 온 국민들이 전기도 아껴서 쓰고 승용차보다는 웬만하면 대중교통으로 이동 수단을 삼았었습니다.

그러한 와중에도 주의 전에는 그야말로 주의 은혜로 말미암아 쌀과 라면을 오히려 교회 앞에 내놓아 어려운 이웃들과 나누어 먹을 수 있게 해 주셨고, "얼마나 어려우세요?" 하면서 물고 오는 까마귀들의 떡과 고기가 항상 끊기지 않게 도와 주셨습니다.〈왕상17:1~7〉

저희가 이 사회를 보며 개탄하는 기도를 그 당시에 참 잘 하였던 것인지 아니면 기도를 잘못해서 온 나라를 힘들게 한 것인지에 대해서는 아직도 잘 모르겠습니다.

저 자신조차도 저 자신에 대해서 함부로 판단하지 말라고 주께서 말씀하셨기 때문에 인도하심에 따라서 했던 모든 일들은 그 판단조차도 오직 주님께 맡기어 놓습니다.

그러한 사회상을 보면서 그 당시에 지각이 있는 자들로부터 전반적으로 개탄하는 목소리가 높았던 것은 우리 모두가 다 아는 사실입니다.(마 5:5)

그 사태 이후에, 우리 국민의 잘 뭉치는 저력이 온 세계에 입증되었습니다. 달러 모으기, 금 모으기 캠페인 등이 세계를 놀라게 했습니다. 빠른 경제 회복은 더더욱 세계를 놀라게 했습니다.

지금은 우리의 사회상이 건전하고 고르게 잘 성장되어 간다고 보여져서 그나마 다행입니다. 그만큼, 고통만큼 우리 국민들의 물질에 대한 가치관과 삶의 질에 대한 가치 기준이 더 많이 내재화 되고 선진화 되어서 얻어 먹던 나라에서 어느덧 나누어 주는 나라의 반열에 서 있게 된 것도 참 감사한 일입니다. 나라를 위한 기도도 잘 해야 되겠다고 생각했습니다. 어쩐지 그러면서도 늘 아쉬운 마음이 있는 것은 어쩔 수가 없습니다.

그러므로 각처에서 남자들이 분노와 다툼이 없이 거룩한 손을 들어 기도하기를 원하노라 또 이와 같이 여자들도 단정하게 옷을 입으며 소박함과 정절로써 자기를 단장하고 땋은 머리와 금이나 진주나 값진 옷으로 하지 말고 오직 선행으로 하기를 원하노라 이것이 하나님을 경외한다 하는 자들에게 마땅한 것이니라
- 딤전 2:8~10

정금 생각

지구상의 모든 것들을 총체적으로 운행하시는 하나님께서 이번에는 국제통화기금이라는 기구를 들어서 우리 사회를 도와 주셨다.

㊼ 아들의 본 아버지

　　그런 격동의 세월 속에서 어느덧 제 아들이 고등학교 3학년의 졸업반이 되었습니다. 대학에 보내야 하는데 TV 뉴스를 보니까 대학교에 진학하려면 입학금과 이런 저런 등록금 등을 합해서 580만 원 정도가 첫 학기에 필요하다고 했습니다.

　저는 그 소리를 듣고 그만 실의에 빠져 버렸습니다. 목회의 환경이 있기는 했지만 580만원이라는 큰돈은 제게 없었습니다. 솔직하게 말하면 100만원도 제 수중에는 없었습니다.

　그 무렵에, 저는 수원지역에서 특정인들을 대상으로 일주일에 한번씩 매주 목요일마다 모이는 기도회를 인도하고 있던 중이었습니다.

　IMF 사태에 대한 기도도 그 모임에서 했던 기도 제목 중의 하나였었습니다. 우리는 10여 명 정도의 소규모의 기도 모임이었었는데, 저의 인도에 따라서 예배를 드린 후에 회원 중에 누구든지 기도 제목을 내어 놓으면 그 제목을 놓고 전 회원이 합심해서 기도해 주는 기도 모임이었습니다.

그러다 보면 그 기도 중에 문제의 답을 주님의 말씀으로 듣기도 하는 등의 순수한 기도 모임이었습니다. 저는 그 모임에 나가서 예배 인도를 한 후에 돌아가며 하는 기도 요청 시간에 아들의 대학 등록금에 대한 기도를 요청했습니다.

한 10여분 정도를 모두가 간절히 한 제목으로 기도하고 있을 때에 주께서 제게 음성을 들려 주셨습니다.

"아들의 대학 등록금은 아이의 본 아버지가 해 주게 될 것이다."

"아멘."

저는 기도를 마치자 그 소식을 기도 회원들에게 전했습니다. 회원들은 모두 기뻐했습니다. 그리고 그 다음 날부터 저는 아들의 친 아버지를 찾으러 다녔습니다.

아이가 한 살도 넘기기 전에 군에 입대하여서 제대하자마자 일본으로 가버린 뒤에 단 한 번도 소식조차도 서로 모르고 살았던 애의 아비를 찾기가 그리 쉽지는 않았지만 아는 변호사의 도움으로 결국은 찾아서 18년 만에 만날 수가 있었습니다.

아들의 아빠는 생각했던 것 보다 더 많이 늙어 있었습니다. 저는 그동안 아이가 바르게 잘 자라 온 것과 이번에 대학에 들어간다는 이야기도 했습니다. 입학 등록금이 580여 만 원이나 든다는 것까지 말해 놓고 나서 그에게서 기쁜 소식이 오기만을 기다렸습니다. 그러나 그에게서는 아무런 기별도 오지 않았습니다.

아이는 '서울침례신학대학'에 응시를 하여서 필기시험과 면접시험에 전부 합격을 하고, 기숙사까지 배정을 받아 놓았는데도 아들의 제 아비로부터는 아무런 소식이 없었습니다. 분명히 제가 응답을 받았었는데 어찌된 일인지 알 수가 없었습니다.

그러던 중에, 아들이 합격한 '서울침례신학교'로부터 온 우편물을 한 통 받았습니다. 뜯어보니 제 아들이 목회자의 자녀에게 주어지는 장학생으로 선정이 되어서 입학금이 100% 장학금으로 지급된다는 통지서였습니다. 다만 기숙사비만 본인 부담이라고 적혀 있었습니다.

저는 그 우편물을 들고 성전으로 들어가서 한없이 울었습니다. 아이의 본 아버지는 바로 우리의 하나님 아버지이셨습니다.

"아버지, 죄송합니다. 저는 여태껏 땅의 것만 생각하고 있었습니다."

땅에 있는 자를 아버지라 하지 말라 너희의 아버지는 한 분 이시니 곧 하늘에 계신 이시니라 – 마 23:9

정금 생각

내 아들의 본 아버지가 하나님이시면 내 아들도 내 아들이기 이전에 먼저 하나님 아버지의 아들인 것이다. 그 아들이 크게 복된 인물로 쓰임 받기를 예수 이름으로 간절히 축복합니다. 아멘.

46 음란죄의 회개

　　기도회가 거의 끝날 무렵에 반 원장이 허둥지둥 달려 왔습니다. 그녀의 남편인 정 집사님께서 방금 전에 다리를 다쳐서 들어오는 바람에 기도회에 늦었다면서 사흘 후에는 7일 코스로 중국 방문을 가도록 가까운 의원들과 일정이 다 잡혀 있는데, 갑자기 다리가 부러져서 못 가게 됐으니 이를 어쩌면 좋으냐고 울상을 짓고 있었습니다.

　　"회비에 비행기 삯까지 다 냈는데 아까워서 어떻게 한데? 틀림없이 골절된 것 같은데 …"

　　저는 그럴 때마다 잠깐씩 회의에 빠지고는 합니다. 믿음의 역사는 다 어디에 까먹고 저럴까 … 하는 딘망한 마음입니다.

　　"정 집사님이 사흘 후에 나가도록 귀신 쫓고, 안수해드릴게요."

　　반 원장은 정신이 번쩍 든 것 같은 표정으로 저를 바라봤습니다.

　　"맞아요. 그러면 되는 걸 가지고! 그럼 어떻게 하실래요? 저희 집에 지금 저랑 같이 가실래요?"

"그러지 말고, 내일 아침에 7시까지 그 댁으로 갈게요. 오늘은 그냥 혼자 가십시오."

"알겠어요. 난 그럼 오늘은 같이 못 자겠네요. 그만 갈게요. 모든 분들에게 죄송합니다."

낮에 모두들 생업에 열심히 근무하다가 매주 목요일 밤이면 혼자 사는 회원의 집에서 모여 가지고, 예배도 드리고 맛있는 것도 나눠 먹으며, 나름대로는 사회 저변의 지도층인 만큼 서로 잘난 척들도 해가면서 우리는 서로가 의지하고 믿어주는 참 좋은 기도의 동역자들이었습니다.

그런데 제일 곤혹스러운 것은 예배 후에 집으로 안 가고 저랑 같이 굳이 한 방에서 하하 호호 하면서 잠을 자는 것이었습니다.

물론 그러다 보면 영적 문제도 상담해 가면서, 많은 것들이 해결이 되어서 그들로서는 나름의 이유가 있었겠지만 저는 어쩐지 매스컴에 등장하는 사이비 교주들의 집단 행각 등이 연상 되어서 여자 목회자로서 행여 비난의 대상이 될 새라 여간 조심스러운 것이 아니었기 때문입니다.

여종이 비난을 받으면 제가 주님께 죄스럽기 때문입니다. 그래서 예배가 끝나면 저는 되도록 그들을 집으로 돌아가게 하느라고 애를 썼습니다.

이튿날, 아침 7시에 저는 약속대로 반 원장의 집으로 갔습니다. 잠시 기도 후에, 정 집사님의 무릎에 손을 대고 기도를 하려 하는데 성령께서 제 앞에 갑자기 영의 비밀을 열어 주셨습니다.

저는 기도하러 나와 있던 그 댁의 자녀들을 방안으로 모두 들어가도록 부탁했습니다. 반 원장과 정 집사님만 남게 되자 저는 주께서 열어 주신대로 말씀을 전했습니다.

"주께서 한 여자를 보여 주시는데요. 집사님의 음란죄가 먼저 회개가 되어야 한다고 주께서 말씀하십니다."

"그게 무슨 소리야? 내가 집사가 된 뒤로는 단 한 번도 바람을 피운 적이 없어."

저는 열어 주시는 대로 다시 그대로 전했습니다.

"30살 먹은 여자입니다. '옥'이라는 이름을 보여 주시는데요. 한 여자의 인생을 짓밟으셨네요. 그 여자가 한을 품고 이를 갈며 살다가, 2년 전부터는 예수님을 영접하고 나서부터 겨우 마음을 잡고 삽니다. 행위를 멈춘다고 죄가 사함 받는 것이 아닙니다. 주님 앞에 입으로 시인하고 예수 이름으로 회개할 때 비로소 우리의 죄가 사함 받고, 또 모든 불의에서 우리를 깨끗하게 해주신다고 요한 일서 1장 8절에 기록해 놓으셨습니다. 그 당시의 죄악에 대하여서 주님 앞에 입으로 시인하는 회개의 기도를 하셨나요?"

"아니, 뭐 특별하게 입으로 시인하는 기도를 한 것 같지는 않은데."

"회개가 안 되어 있는 죄만 보여 주시는 것입니다. 그러면 지금 하시지요?"

"뭘, 어떻게 하면 되는 거지요?"

"주님께 '제가 과거에 주님 모르고 음란죄 지은 것을 모두 예수 이름으로 회개합니다.' 하고 주님께 입으로 시인하십시오."

사실, 주께서 제게 처음부터 열어 주신 것은 정 집사님의 아랫도리 생식기가 썩어서 온 집 안에 악취가 진동하는 모습이었었습니다. 차마 그 말까지는 못하고 앉아 있었습니다. 정 집사님이 음란의 죄를 입으로 시인하며, 예수 이름으로 회개하자 주께서는 그 환상을 바로 없애 주셨습니다. 그 동안 그가 입으로 시인하는 회개를 하지 않았기 때문에 그 죄가 따라다니고 있었던 것이었습니다.

만일 우리가 죄가 없다고 말하면 스스로 속이고 또 진리가 우리 속에 있지 아니할 것이요 만일 우리가 우리 죄를 자백하면 그는 미쁘시고 의로우사 우리 죄를 사하시며 우리를 모든 불의에서 깨끗하게 하실 것이요 만일 우리가 범죄하지 아니하였다 하면 하나님을 거짓말하는 이로 만드는 것이니 또한 그의 말씀이 우리 속에 있지 아니하니라 – 요일 1:8~10

정금 생각
우리는 매일 말갛게 벗기워져서 그 분 앞에 살고 있다.

④ 백포도주 한 잔의 의미

 이윽고 정 집사님의 무릎에 손을 얹고 기도를 하게 되었습니다.

역시 저는 주께서 열어 주시는 대로 전했습니다.

"이 무릎 안의 연골이 다 닳아서 무릎 뼈가 서로 부딪치면서 무릎 뼈에 금이 간 것을 보여 주시는데요. 안수 받고, 오늘 내일 외출을 자제하면 모레는 비행기를 타고 여행을 가실 수 있을 겁니다. 병원에 가면 최소한 1개월 이상은 기부스를 하라고 할 겁니다. 원하시면 안수해 드리지요. 정 집사님이 선택을 하십시오."

"안수 받아 볼게요. 해 봐요."

저는 정성껏 안수기도를 해 드렸습니다. 선선하게 죄를 시인하고 회개하는 믿음의 모습이 참 좋아 보였기 때문입니다. 기도를 마치고서 저는 기도원으로 바로 돌아 왔습니다.

그런데 10시 반 쯤에 반 원장으로부터 참 놀랄만한 전화를 받았습니다. 아침에 제가 자기네 집에서 나오자마자 정 집사님이 난리를 피웠다는 것입니다.

"그 옥이라는 여자가 사실은 장로님의 젊은 시절에 내연녀로 있긴 있었거든요 그 얘기를 제가 원장님한테 다 일러바친 거라고 하면서 난리를 피워대는데 어떻게 변명할 길이 없어서 그냥 당하고만 있었단 말입니다. 그게 지 원장님의 은사라고 해도 막무가내로 들은 척도 안 하고 미주알고주알 집안 얘기를 밖으로 나가서 까발리고 다닌다고 퍼부어 대는데 그냥 꼼짝없이 당했다니까요."

반 원장은 평소처럼 자기가 운영하는 유치원으로 9시에 출근을 하였답니다. 그런데 정 장로가 등산용 지팡이를 짚고 다리를 절뚝거리며 유치원까지 따라 와서는 빨리 자기를 정형외과로 데리고 가라며 호통을 치더라는 것이었습니다.

"정형외과를 왜 가자고 해요?"

"아! 이 사람아! 낼 모레 중국 갈래면 다리를 치료해야 할 것 아냐?"

"다리는 아까 안수 받았잖아요? 움직이지 말라고 했었는데 왜 나왔어요?"

"이봐! 거 지식인이 되 가지고 무식한 소리 집어 치우고 빨리 차 키 들고 나와! 나 이 발로 운전 못해!"

그래서 하는 수 없이 차로 모시고서 가까운 성형외과로 가서 사진을 찍고 검사를 하며 병원에서 요구하는 대로 다 응해 주었더니 의사가 검사 결과를 보여 주면서 기브스를 하자고 하였답니다.

그런데 중요한 것은 다리의 사진 판독 결과와 처방이 제가 안수하고 나서 말했던 내용과 아주 똑같이 일치가 되었더랍니다.

그러자 정 집사님이 기브스는 안 한다면서 그냥 집으로 데려다 달라고 하더랍니다. 집으로 모시고 가는 길에 차 안에서 반 원장이 2회전 반전의 기회

를 놓칠 리가 없지요

"당신 왜 기브스는 안 해요?"

"나 지 원장 말 듣고 낼 모레 중국 갈 거야! 기브스는 안 해."

"그러면 아까 그 검사 결과 보셨지요? 지 원장이 아침에 한 말하고 똑같이 나왔네요. 그렇죠?"

"그렇긴 하네 … "

"그러면 그 다리 속의 상태도 내가 지 원장에게 말한 거예요? 말해 보세요"

" … "

"그분은 하나님이 주신 영안으로 다 보면서 얘기 하는 것인데 내가 무슨 집안 얘기를 하고 다닌다고 그러세요? 내가 왜 누워서 침 뱉는 짓을 하겠냐고요?"

다리가 많이 좋아져서, 정 집사님은 7일 간의 중국 여행을 잘 다녀왔습니다. 저는 그의 부실했던 다리가 궁금해서 그 집으로 심방을 갔습니다.

"잘 다녀오셨습니까?"

"덕분에요. 나갈 때는 지팡이를 짚고 갔는데 다들 보기 싫다고들 해서 중간에 내 버리고 왔어요. 아무래도 다리는 썩 안 좋아요."

"고생하셨네요. 그래서 다리에 안수해 드리라고 주께서 저를 보내셨는데요. 회개하셔야 되는 문제가 좀 생겼네요."

"문제? 나 아무 짓도 안 했어요. 나 원 참!"

"술을 드셨다고 술잔을 보여 주시는데요 그것을 회개하셔야만 제가 기도를 할 수가 있어요. 치료의 주체는 제가 아니고 주님이시니까요 주님께서 술에 대한 회개를 원하고 계세요."

"술? 술이라고는 베이징에서 프랑스산 백포도주 딱 한 잔 밖에 안 먹었습니다."

"그거 성찬식 하신 건가요?"

"아니에요. 교회에서 간 게 아니고, 상공인들 하구 간 자리인데 무슨 성찬식을 해요?"

"그러니까 그게 술 드신 거잖아요 일단 회개부터 하셔야 겠습니다. 안수하려면 시간이 좀 걸리니까요"

정 집사님은 아주 곤혹스러운 표정으로 바르게 앉더니 이내 진지하게 회개의 기도를 하였습니다.

"주님, 제가 이방인들 앞에서 집사로서 좋은 본이 되지 못했습니다. 회개합니다."

반 원장은 고소한 표정을 애써 감추고 있었습니다. 주님께서는 이번 기회에 저를 통해서 하나님의 무소부재하심과 절대 주권에 대하여서 정 집사님에게 확실하게 깨우쳐주고 계셨습니다. 정 집사님이 받으실만한 그릇이 되시니까 주시는 것이겠지요.

그들이 파고 스올로 들어갈지라도 내 손이 거기에서 붙잡아 낼 것이요 하늘로 올라갈지라도 내가 거기에서 붙잡아 내릴 것이며 갈멜 산 꼭대기에 숨을지라도 내가 거기에서 찾아낼 것이요 내 눈을 피하여 바다 밑에 숨을지라도 내가 거기에서 뱀을 명령하여 물게 할 것이요 - 암 9:2, 3

정금 생각
하나님 앞에 자기의 죄를 시인하는 용기는 아주 큰 믿음의 소유자만이 갖을 수 있다 정 집사님은 참 그리스도인이었다.

㊽ 여자 목사라는 직분

저는 전도사의 직분으로 기도원 목회를 10여 년째 인도해 오고 있었습니다. 어느 날, 주님의 말씀이 들려왔습니다.

"목사 안수를 받아라."

"아버지, 저는 아직 전도사의 이름도 잘 감당하지 못하고 있는데요. 그냥 이 이름만으로도 감사합니다."

"질서를 위함이다. 받아라."

"그러면 어느 교단에서 받아야 하는지도 말씀해주십시오."

주께서는 더 이상의 말씀이 없으셨습니다. 저는 이 사실을 가까이 지내던 성도들에게 전했습니다.

평소의 제 마음에는 아들이 목사가 되고, 먼 훗날에 제 인생의 연륜이 다할 무렵에 명예직 목사 안수를 받고 싶었습니다. 그러나 나의 주권자께서 제게 명령하신 일입니다. 순종해야만 했습니다.

얼마 후에, 저는 기도원에 자주 오시는 목사님들에게 목사 안수를 받았습니다. 그리고 목사로서의 목회자가 되어 주님 앞에 무릎을 꿇고 간구했습니다.

"주님께 인정받는 목자가 되고 싶습니다. 능력 주시옵소서!"

목회 생활 10년 째까지도 저는 외식하는 자였습니다. 성도들 앞에서는 목자로서의 자세를 취했지만 저 혼자 있을 때에는 이방인들과 별 다름이 없이 자유하게 살았습니다.

그런데 목사 안수를 받고 나니 책임감이 느껴졌습니다. 사람들에게 인정받는 목사가 아니라 주님께 인정받는 멋진 목자가 되고 싶었습니다.

주님의 세상에 살면서 주님의 시선을 피해서 어디 나갈 곳도 없었고, 더 이상 만날 사람도 없었습니다.

그냥 그분 안에서 기도하다가 성경 말씀 읽다가 뒹굴다가 그분 안에서 쉼을 얻게 되기까지 그동안에 참 먼 길을 돌아 왔다는 생각이 들었습니다.

그 분 세상에서, 그 분의 말씀대로 살다가, 그 분의 품으로 돌아가는 것이 인생이라는 것을 그제 서야 깨달았습니다.

> 그가 어떤 사람은 사도로, 어떤 사람은 선지자로, 어떤 사람은 복음 전하는 자로, 어떤 사람은 목사와 교사로 삼으셨으니 이는 성도를 온전하게 하여 봉사의 일을 하게하며 그리스도의 몸을 세우려 하심이라 - 엡 4:11, 12

정금 생각

한 날 피조물이 예수 믿고 구원 받은 것도 큰 은혜 인데 웬 은혜로 주의 종까지 될 수 있었을까 맡은 자에게 구할 것은 오직 충성뿐이리라.

49 예수교회

어느 날, 저에게 돈을 빌리러 온 성도가 있었습니다.
"3일 동안 기도원에 안 계시던데 목사님 어디에 다녀오셨나요?"
"서해쪽에, 이 다음에 여유가 되면 교회를 지으려고 사 놓았던 땅이 있었어요. 그런데 그 땅에 누가 개척 교회를 짓겠다고 굳이 팔라고 해서 갔다 왔지요. 난 그곳에 당장 교회를 지을 입장도 아닌데 교회를 세운다고 팔라는데 제가 안 팔 수 없어서요."
"그래서요? 파셨어요?"
"그냥 헐값에 주고 왔어요. 그런데 별로 마음이 안 좋아요."
"목사님, 제가 그 돈 좀 쓸게요. 실은 저희 땅을 은행에 잡혀 놨었는데 6개월째 이자가 밀려서 내일까지 안 갚으면 경매에 넘어 간데요. 내일 5시 전에 갚아야 해요. 제발 저 좀 도와주세요."
"이 돈은 제 사적인 돈이 아니에요. 교회의 것, 하늘나라 공금입니다. 제 마음대로 못해요."

그날 밤에, 마음이 괴로워서 이리 저리 뒤척이고 있었습니다.
새벽녘에 주께서 말씀하셨습니다.
"곤경에 처한 자를 외면하지 말라!"
"아멘."
아침이 밝자 어제 돈을 빌려 달라던 성도가 또 찾아 왔습니다.
"목사님, 저 좀 살려 주세요. 제발 저 좀 살리시라구요."

저는 새벽녘에 주신 주님의 말씀을 생각하고 있었습니다.
"집사님, 지금 우리 기도원이 여기에서 이사를 나가야 하는 것은 알고 계시지요?"
"목사님, 우리 땅에다 기도원을 지어도 돼요. 저랑 지금 가서 보실래요?"

그 성도와 함께 땅을 가서 보았습니다. 기도원을 지어도 될 만큼 한적한 곳이긴 했습니다.
"그러면 이 땅의 일부를 파실 수도 있습니까?"
"그건 우리 애 아빠랑 제가 상의해 봐야 돼요. 일단 물어 볼 것도 없어요. 우리 애 아빠 회사로 가시자고요."
그날 땅의 일부를 계약하고, 그 계약금은 은행으로 그녀와 직접 가서 그동안의 밀린 이자를 갚아서 경매에 넘어 갈 것을 막았습니다.
저는 하늘나라의 국고를 맡은 청지기이기 때문에 늘 세심한 주의가 요구되었습니다. 그러나 2개월 후에, 땅을 분할해 주기로 했던 그들은 그 사이에 또 다른 사람에게 이중으로 그 땅을 팔아 넘겨 버렸습니다.

저는 급히 제가 계약했던 저희 지분의 땅에다 천막을 치고서 성전의 모든 성구들을 옮겨 갔습니다. 그리고 변호사를 선임해서 땅의 문제를 맡겼습니다.

그들은 제가 무허가로 천막을 쳤다면서 저를 내쫓기 위해서 경찰서에 고발했습니다. 저는 죄인 취급을 당하면서도 끝까지 참고 법적 대응을 했습니다. 주께서 명령하신 일에 대해서는 주님이 반드시 책임을 지신다는 확신이 마음에 있었기 때문입니다.(신 28:1~14)

쉽지는 않았지만, 땅의 분할은 합법적으로 이루어졌습니다. 지금의 예수교회 자리가 바로 그 땅입니다.

"이곳에 내 교회를 세우고 교패에 내 이름을 시인하라!"

"아멘."

주님의 인도하심에 따라서 저는 그곳에 교회를 세웠고, 교회의 이름도 '예수교회'라고 지었습니다. 예수교회의 교패를 걸고 있는데 제 뒤에서 갑자기 회오리바람이 일었습니다. 교패를 걸고 나서 돌아 서서 그 희한한 바람의 움직임을 바라보았습니다.

그러자 그 회오리바람은 산 앞자락에서 잦아지며 한 아카시아 나무의 가지 끝에서 멈추었습니다.(시 104:3, 4) 저의 시선도 머무른 그 곳에서 주께서 말씀하셨습니다.(출 3:1~8)

"내 이름으로 온 세상의 교회가 하나 되기를 만천하가 고대하는 바라."

교단과 교파로 갈기갈기 찢어지고 분리된 오늘날의 교회의 현실을 주님은 아파하고 계셨습니다.(고전 1:10~17)

이 예수는 너희 건축자들의 버린 돌로서 집 모퉁이의 머릿돌이 되었느니라 다른 이로써는 구원을 받을 만한 다른 이름을 우리에게 주신 일이 없음이라
- 행 4: 11, 12

정금 생각
온 세상의 교회들이 다 진리의 말씀으로 하나가 되어서 서로 다툼이 없이 예수님과 하나가 되었으면 좋겠다.

50 교회를 짓겠다더니

　　얼마 후에, 저는 서해 쪽으로 볼 일이 있어서 갔다가 이전에 교회를 짓겠다고 해서 매매한 저희 땅을 지나가게 되었었는데 깜짝 놀랐습니다. 웬 공장 건물이 들어서서 있는 것이었습니다. 땅의 소유주도 바뀌어 있었습니다. 저는 한 번 더 놀랐습니다.

　교회를 짓겠다면서 당장 내놓으라고 거의 빼앗아가다 시피 했던 그 사람이 몇 배나 비싼 가격으로 그 땅을 바로 다시 팔았다고 누군가가 말해 주었습니다. 그러더니 바로 암 진단을 받고, 그 멀쩡하던 사람이 진단 받은 지 한 달 만에 죽었다고 했습니다.(신 28:27)

　그 땅을 팔았을 때, 몇 날 며칠을 몹시도 괴로웠었던 기억이 떠올랐습니다. 저의 마음이 그래서 그렇게 괴로웠을까요.

　아나니아라 하는 사람이 그의 아내 삽비라와 더불어 소유를 팔아 그 값에서 얼마를 감추매 그 아내도 알더라 얼마만 가져다가 사도들의 발 앞에 두니 베드로가 이르되 아나니아야 어찌하여 사탄이 네 마음에 가득하여 네가 성령을 속이고 땅 값

얼마를 감추었느냐 땅이 그대로 있을 때에는 네 땅이 아니며 판 후에도 네 마음대로 할 수가 없더냐 어찌하여 이 일을 네 마음에 두었느냐 사람에게 거짓말한 것이 아니요 하나님께 로다 아나니아가 이 말을 듣고 엎드러져 혼이 떠나니 이 일을 듣는 사람이 다 크게 두려워하더라 – 행 5:1~5

정금 생각
영혼의 주인이 주님이신데 어찌 그리도 허무한 선택을 할 수가 있었을까 만물보다도 더욱 부패한 것이 사람의 마음이라.

내가 만난 지정금 목사

영이 맑은 여호와의 종

할렐루야, 제가 아는 지정금 목사는 영이 참 맑은 사람입니다. 그 여종과 대화하며 늘 느끼는 것인데 그녀는 눈이 참 맑습니다. 거짓이나 가식이 없이 진솔한 그녀의 삶처럼 그녀의 정서에서는 순수함이 느껴집니다.

여종에게는 그동안 삶의 애환도 많았고 어려운 고비도 많았습니다. 그 모든 과정을 그 여종은 하나님께 기도를 드리는 것으로써 풀어나갑니다.

주께서 자기를 붙잡아 주시지 않았으면 벌써 죽고 없었을 것이라는 그녀의 고백처럼 우리 한국 사회에서의 여자 목사로서의 목회 길은 몹시 험준해 보였습니다. 그러나 오랜 세월 변함없이 여종은 주로 영적상담과 치유목회를 묵묵히 해 오고 있습니다.

문제를 가지고 오는 성도들마다 그 문제의 핵심이 그 문제 당사자의 영성이 가지고 있는 문제라는 것을 강조합니다. 그리고 그 문제를 아주 구체적으로 찾아내어서 문제의 당사자가 인지하고 정리할 수 있도록 성경말씀을 찾아서 이해하도록 도와줍니다. 영의 질서가 바로 서야 혼의 질서, 육의 질서가 바로 선다는 성경의 질서를 바르게 인식시켜서 하나님과의 모든 질서를 바르게 잡도록 도와주는 것입니다. 그러면 그 내담자의 문제는 바로 해결되기 시작합니다.

본인은 그저 자기를 비우기만 할 뿐 모든 것은 주님께서 보여주시는 것이라고 말하고 있습니다. 꼽추가 등을 펴고 죽은 자가 살아나고 … 이것은 예수교회 안에서의 대표적인 이적과 기사들의 내용입니다.

안타까운 것은 상담으로 해서 내담자의 문제가 해결되어지는 부분에서는 언제나 내담자가 가지고 있는 문제의 핵심인 치부가 드러나게 되는데 문제가 해결되어지고 나면 본인의 치부를 드러냈던 내담자는 여종의 곁을 떠나는 것입니다.

본인에게 맡기신 은사들을 산파의 사명으로 비유한다면 또 다른 산모를 위해서 환경이 비워져야 하는 것처럼 산파가 고아원 원장이 되어서는 안 된다며 그것은 또 다른 이들의 몫이라는 말로 여종은 대답합니다.

부산에 살면서 어려운 문제가 있는 사람을 보게 될 때면 저는 항상 용인에 있는 지 목사를 떠올리고는 합니다. 그녀에게 가면 저런 문제는 바로 해결 될텐데 하는 마음이 자주 듭니다. 그것이 영의 문제이든지 육에 관한 문제이든지 그 여종은 가리지 않고, 기도와 상담으로 치유를 도와줍니다.

건강에 대한 지식도 해박한 그녀에게는 놀랍게도 주변에 의료인들이 많고 유명 인사들도 꽤 있는 것으로 알고 있습니다. 그러나 그녀는 오늘도 혼자 산에 머물면서 주님과 대화하고 있을 것입니다. 저는 그 여종의 영성이 여종의 소원대로 깨끗하게 잘 지켜지기를 기도합니다. 지정금 목사님, 당신을 사랑합니다.

2014년 8월

부산에서 이순득 권사

51 교회 땅의 경계

　　　　땅의 분할이 이루어지자 예수교회의 건물이 조촐하게 세워졌습니다. 그러나 나머지 지분의 소유자가 예배당의 문 앞을 가로 막고 자기네 건물을 올렸습니다. 그 과정에서 저희 교회가 그들의 땅을 침범했다면서 그들은 으름장을 놓으며 예수교회 건물의 일부를 허물고, 자기네 건물을 크게 지어 버린 것입니다.

　저는 아들과 둘이 살면서 개척 교회를 인도하는 중이었었는데, 그 때, 제 수중에는 땅의 경계를 측량할 돈이 없었습니다. 아무도 나서서 우리를 도와 줄 사람도 없이 교회의 일부가 그들의 손에 의해서 허물어졌고, 심지어는 그들이 교회의 입구를 다른 데로 내라면서 성전의 입구까지 막겠다고 했습니다.

　저는 성전에서 날마다 목에 피가 나도록 소리치며 울 수밖에 없었습니다. 성전 문 앞에서 예수님이 측은하게 그 아랫집을 내려다보고 계시는 모습을 두어 차례 제게 보여 주셨습니다.

그들이 성전의 입구는 막지는 못했으나 전체적으로 성전을 가로 막았습니다. 알고 보니 그들은 저를 속이고 교회의 경계를 침범해서 집을 지은 것이었습니다. 집 지은 사람은 한 해를 못 넘기고 죽었습니다.

교회의 경계를 이렇게 침범해 들어 왔다는 것은 그들이 예수 믿고 구원을 받기 위해서 이던지 아니면 스스로 저주를 받아 죽기로 작정을 한 것일 터인데 선택은 그들의 몫이었습니다.

저는 성도들과 함께 그들의 영혼 구원을 위해서 날마다 기도했습니다.
어느 날 주님께 여쭈어 보았습니다.
"아버지, 저들에게 가서 적극적으로 전도할까요?"
그러나 주께서는 거절하셨습니다.
"그들을 가까이 하지 말라."
"아멘."
주님의 말씀대로 그들의 영혼 구원을 위한 기도만 드릴 뿐 그들을 가까이 하지는 않았습니다. 그들은 목탁을 두들기는 불경을 크게 틀어 놓기도 하고, 저에 대한 비방을 온 동네에 퍼트리기도 하면서 어지간히도 목회를 많이 방해했습니다. 그들의 삶은 날이 갈수록 피폐해 져만 가는데, 생명 있는 동안에 어서 회개하고 주님께 돌아왔으면 좋겠습니다.

저는 이 귀한 지면에 그들의 이야기를 더 이상하지 않으려고 합니다. 그들을 판단하시고 심판하실 분은 오직 그들을 지으신 하나님 한분 뿐이시니까요.(고전 4:5) 다만 그들의 영혼 구원이 이루어지기를 기도합니다.

그들은 하나님의 존재가 개념이 아니라 실존이시며

그분만이 유일하신 창조주 하나님이신 것을
분명하게 입으로 시인하기 위해서
지금도 그 자리에 머물고 있다고 생각합니다.

가난한 자를 불공평하게 판결하여 가난한 내 백성의 권리를 박탈하며 과부에게 토색하고 고아의 것을 약탈하는 자는 화 있을진저 벌하시는 날과 멀리서 오는 환란 때에 너희가 어떻게 하려느냐 누구에게로 도망하여 도움을 구하겠으며 너희의 영화를 어느 곳에 두려느냐 포로 된 자 아래 구푸리며 죽임을 당한 자 아래에 엎드러질 따름이니라 그럴지라도 여호와의 진노가 돌아서지 아니하며 그의 손이 여전히 펴져 있으리라 – 사 10:2~4

정금 생각
하나님의 세상에 살면서 하나님께 원수 노릇을 하면 하나님 세상에서 어찌 잘 살 수 있을까 가엾은 사람들이다.

52 주께서 원하시는 자리

성전 문 앞에 건물이 들어서자 저는 답답하여서 짬만 나면 뒷산으로 올라갔습니다. 옛날에 할머니가 살아 계실 때 가르쳐준 산나물도 뜯고, 들나물도 뜯으면서 주님께 기도했습니다.

"아버지, 저에게 10억만 주십시오."

"무엇에 쓰려고 그러느냐?"

"성전을 짓고 싶습니다."

"너는 내가 10억을 주면 10억짜리 땅을 사서 성전 짓는다고 100억을 내놓으라고 할 것이다."

"그러면 100억도 주시면 되잖아요?"

"그렇게 해주면 너는 내가 원하는 자리에 머물지 않는다."

"그러면 이 답답한 자리가 마음에 드세요? 하나님의 이름을 두는 곳인데 좀 걸 맞는 환경을 주셔야지요. 창피하지 않습니까?"

주님께서는 제가 보채면 보챌수록 더욱 잠잠하게 저를 다독여 주셨습니다.

제가 처음, 이곳에 왔을 때 주께서는 환상 중에 길옆에 심은 작은 나무들이 지붕만큼이나 높이 자란 것을 보여 주셨습니다.

"이렇게 되기까지 기다리라."

그때로부터 지금 25년이 흘렀고, 그때 심었던 나무들은 2층집 정도의 높이만큼 높게 자랐습니다.

저는 그 자리에서 이 글을 쓰고 있습니다. 얼마 전에 시청에서 나와서 저희 교회 자리로 용인 시청의 우회도로가 지나간다고 했습니다. 그래서 주님께서 저를 이곳으로 인도해 주셨던 것 같습니다. 여기에서 옮기면 이번엔 더 좋은 건물과 더 좋은 환경을 주시겠지요.

주께서는 교회는 죽전으로 옮기고, 사택은 남사로 가라고 하셨습니다. 감사합니다.

우리가 알거니와 하나님을 사랑하는 자 곧 그의 뜻대로 부르심을 입은 자들에게는 모든 것이 합력하여 선을 이루느니라 – 롬 8:28

정금 생각

10억인들, 100억인들 하나님의 의가 먼저 계시지 않으면 한 낱 티끌에 지나지 않는다. 목회자는 물질 앞에 자유해야 한다.

53 아직도 명예에 마음이 있느냐

하루는 주님께 이렇게 간구하였습니다.

"아버지, 저도 백 목사처럼 장년층 성도 한 200명 정도 되는 교회를 맡겨주십시오. 아이들을 합치면 한 1,000여 명 되는 것 같았습니다."

주님께서는 저의 기도는 무엇이든지 잘 들어 주셨기 때문에, 그렇게 기도로 요청을 드렸습니다. 주님께서 바로 응답해주셨습니다.

"아직도 명예에 마음이 있느냐? 내가 너를 인정한다고 하지 않느냐?"

주께서 저를 인정하신다는 그 말씀에 저는 너무도 송구하여서 이내 다시 말씀을 드렸습니다.

"아닙니다. 아버지, 주께서 미천한 계집종을 인정하신다니요? 저, 지금 그냥도 괜찮습니다."

잠시, 허탄한 명예에 마음을 두었던 것이 부끄러웠습니다.

"나를 만나러 오는 사람들에게 언제든지 나를 만날 수 있는 환경을 만들어라."

"아멘."

주님의 명령이 계셔서, 저는 날이면 날마다 성전 가꾸기에 힘쓰고 있습니다. 주님을 만나러 오는 성도들에게 장소가 좀 좁기는 하지만 이왕이면 예배와 기도의 처소를 깨끗하고, 편안하고, 안정된 환경으로 제공하고 싶기 때문입니다.

처음에 개척 할 때에 돈이 없어서 조립식 판넬로 지은 성전을 어느 날 주께서 '방부 목'이라는 글을 보여 주셔서, 방부 목을 잔뜩 사다가 교회의 외벽을 전부 제 손으로 직접 톱으로 잘라서 붙였습니다. 하다 보니, 이제는 취미 삼아서 목수 일도 제법 잘 하게 되었습니다.

베드로가 입을 열어 말하되 내가 참으로 하나님은 사람의 외모를 보지 아니하시고 각 나라 중 하나님을 경외하며 의를 행하는 사람은 다 받으시는 줄 깨달았도다
- 행 10:34, 35

정금 생각
어찌 잠시라도 세상적인 명예에 마음을 두었었을까? 많이 맡은 자에게서는 많이 찾으실 텐데 그것이 진정한 명예이긴 한 것일까? 나는 스스로 생각해봐도 주님 앞에 늘 부끄러운 여종이다.

54 남사의 우물

성전의 이전 문제를 놓고 성도들이 기도하는 가운데 땅 300평을 장만할 수 있었습니다. 땅은 남사에 있는 것인데, 저희 교회에서는 주님의 인도하심에 따라서 성도들이 힘을 모아서 헌신을 하였습니다.

주께서는 많은 기도와 헌신을 아끼지 않았던 김 권사님에게도 선물로 땅을 300평 장만하도록 도와주셨습니다. 선물이라고 표현하는 까닭은 땅을 살 돈이 단 한 푼도 없는 상태에서 주님의 말씀이 먼저 주의 종에게 임하게 하셨고, 인도하시는 대로 순종하여서 그 결과로 생긴 땅이기 때문입니다.

그 내용은 이렇습니다. 어느 날, 주께서 말씀하셨습니다.

"김 집사에게 남사에 있는 땅을 300평 사라 하라."

제가 주님의 말씀을 전하자 김 집사님은 마이너스 통장에서 돈을 만들어서 잘 아는 친구 명의의 남사의 땅을 300평 계약했습니다.

"말씀대로 순종은 했는데 중도금으로 지불할 돈이 없어요. 어떻게 하지요?"(삼상 15:22)

기도하는 중에 또 다시 지시하심을 받아 김 집사님에게 전했습니다.

"성남에 있는 언니에게 가면 1억 원을 주신대요. 그것으로 중도금을 처리하십시오."(롬 4:17~25)

"언니에게는 그렇게 큰 돈 없어요."

"가보세요. 주실 거예요."

"그럼, 아예 1억 5,000만원을 다 달라고 해야겠네요."

"1억 원만 주신대요."

김 집사님의 언니는 자기 남편 앞에서 1억 원이 들어있는 통장을 선뜻 내주었습니다.

"언니, 기왕이면 1억 5,000만 원 주세요."

"1억 뿐이야!"

김 집사는 땅과 액수에 대해서 이야기를 하면서 제 이야기를 했고, 그들은 저를 보러 왔습니다. '도대체 어떤 족집게일까?' 하고 궁금한 얼굴로 말입니다. 그날, 그들이 보고 간 것은 장로교회의 평범한 목사였습니다. 순적하게 중도금을 제 날짜에 입금하자 땅은 분할이 되었고, 권사님은 그 분할된 땅을 담보 삼아서 은행 돈을 융자해서 잔금을 치룰 수 있었습니다.(마 5:5)

그 땅에 농사를 지으려니, 우물이 필요했습니다. 남사에는 원래가 물이 귀한 곳이라서 우물 파기가 아주 어렵다고 들었습니다. 주님께서 기도 중에 지목하여 주신 곳을 그 마을의 이장이 굴삭기로 팠습니다. 일을 맡기고 다른 볼일을 보고 왔더니 제가 지목한 곳에서부터 약간 아래쪽으로 계속 파여져 있었고 물은 나오지 않았습니다.

"이장님, 내일 다시 오늘 파기 시작한 곳에서 1m만 위로 올라가서 수직으로 파내려 가면 5 ~ 7m 사이에서 물이 나올 것입니다."

다음날 우물을 다시 파기 시작 했는데 이장님이 갑자기 경적을 **빵빵**하고 눌렀습니다. 이장님이 손가락으로 가리키는 곳을 바라보니 주님의 말씀대로 정확하게 5m 와 7m 지점에서 물줄기가 위로 솟구치고 있었습니다.

그때부터 저희 땅에 관한 문제라면 이장님께서 아주 고맙게 적극적으로 협조해주셨습니다. 그 지역에 전도의 씨앗이 뿌려진 것입니다. 열매가 맺혀 졌으면 좋겠습니다.

용인의 예수교회에서 우물을 팠을 때에도 그런 비슷한 상황이 있었습니다. 주께서 우물을 파라고 지시해주신 곳에 우물을 파 달라고, 우물 파러 오신 굴삭기 기사에게 주문을 했습니다. 그러나 그 기사는 정오가 다 되도록, 이리 저리 물 맥을 찾으러 다니기만 할 뿐이었고, 우물 파는 작업을 전혀 하지 않았습니다.

"제가 전문가인데 책임지고 우물을 파 놓겠습니다."

"제가 파 달라고 부탁드린 곳 외에 다른 자리는 싫습니다."

"좋습니다. 그러면 한 가지 약속을 해 주십시오.

저녁 5시까지 우물을 파서 그 자리에서 물이 나오지 않는다고 해도 주기로 했던 대로 우물 파는 돈을 주시겠다고 하면 그 자리를 파 드리겠습니다."

"예, 좋습니다."

약속했던 5시 10분 전에 그 자리에서 5줄기의 물이 세차게 터졌습니다.(렘 51:19) 그러자 굴삭기 기사가 말했습니다.

"이 물은 건수가 아닙니다. 제가 이 직업 때문에 2년째 교회는 못 나가고 있긴 해도, 실은 저도 감리교회 집사입니다."

그날 판 그 우물물은 수질도 대단히 좋은 물로 검증이 되었습니다.

지금까지 먹고 있는 물이 그 때 판 그 우물의 물입니다.

기록된 바 내가 너를 많은 민족의 조상으로 세웠다 하심과 같으니 그가 믿은 바 하나님은 죽은 자를 살리시며 없는 것을 있는 것으로 부르시는 이시니라 아브라함이 바랄 수 없는 중에 바라고 믿었으니 이는 네 후손이 이같으리라 하신 말씀대로 많은 민족의 조상이 되게 하려 하심이라 그가 백 세나 되어 자기 몸이 죽은 것 같고 사라의 태가 죽은 것 같음을 알고도 믿음이 약하여지지 아니하고 믿음이 없어 하나님의 약속을 의심하지 않고 믿음으로 견고하여져서 하나님께 영광을 돌리며 약속하신 그것을 또한 능히 이루실 줄을 확신하였으니 그러므로 그것이 그에게 의로 여겨졌느니라 그에게 의로 여겨졌다 기록된 것은 아브라함만 위한 것이 아니요 의로 여기심을 받을 우리도 위함이니 곧 예수 우리 주를 죽은 자 가운데서 살리신 이를 믿는 자니라 예수는 우리가 범죄한 것 때문에 내줌이 되고 또한 우리를 의롭다 하시기 위하여 살아나셨느니라 – 롬 4:17~25

정금 생각

많은 사람들이 그때 판 그 우물의 물을 먹으며 건강을 회복하는데 크게 도움이 되었다. 여름에는 손이 시리도록 차갑고 물이 미끄러우며 비누도 오래 풀린다. 주님께서는 내게 꼭 있어야 할 것들과 쓸 것들을 항상 먼저 챙겨 주셨다. 에덴을 창설하신 다음에 아담에게 허락하심과도 같다.

55 별미 기도의 역사

아주 오래간 만에 한 때 새마을운동의 주역 중에 한 사람이었던 최 원장이 전화를 해서 다짜고짜 던지는 말이었습니다.

"나, 지금 5천만 원을 주고 압구정동에 있는 외국어 학원을 계약했어요. 한 달 후에 중도금 없이 막 바로 잔금 8천 만원 해 주기로 했으니까 그렇게 알고 당신이 책임지고 기도해줘요. 5천만 원도 사채 빌린 것이고 앞으로 8천이 더 있어야 하니까 틀림없게 기도 응답 받아내야 해요. 알았지요?"

최 원장의 전화는 늘 이런 식의 일방통행이었습니다.

"지금 성전을 청소하다 말고 전화 받는 건데, 나중에 다시 전화 해주면 안 될까요?"

"내가 한 말 잊어버리면 안돼요. 반드시 응답을 받아내야 해요. 한 달 안에 8천이 꼭 들어 와야 한다고요. 알았지요?"

"돈이 필요하면 하나님께 구하면 주시잖아요. 하나님 전상서를 쓰십시오. 꼭 필요한 것이면 주시겠지요."

예수님과의 대화 235

"이거 때문에 사채까지 5천 빌렸어요. 우리 애들 6남매들의 사활이 걸린 문제예요. 잔금이 잘 해결 되도록 기도해줘요. 이번 기회에 구로동에서 압구정동으로 진출하느냐 못하느냐가 걸렸어요."

참으로 어려운 기도의 요청이라는 생각이 들었습니다. 제가 사사로이 결과를 장담할 수 있는 그런 일은 이 세상에 절대로 없다는 것을 저는 잘 알고 있었습니다. 성경이 기록하신대로 축복의 질서에 따라서 주님의 관심을 끌고 주님을 기쁘시게 하는 것이 응답 받는 기도의 질서인 것 일텐데 그녀의 말처럼 하나님과 직통 기도 채널 같은 것 운운은 피조물인 제가 듣기에도 마음이 편치 않은 대목이었습니다.

"꼭 응답을 받아야만 해결 될 기도의 제목이 있다면 야곱처럼
별미 기도를 하시는 게 좋겠습니다."
"그 성전에 내가 뭐하나 해 줄까요? 내가 특별 헌금 좀 할 게요!
성전 공사는 다 끝났나요?"

그녀가 보내준 헌금으로 새 성전에 커튼을 달았습니다. 그리고 그녀가 계약을 했다는 압구정동의 외국어 학원의 잔금을 잘 치를 수 있도록 예수 그리스도 이름으로 축복해 주었습니다. 한 달이 지난 후, 잔금 치루기 전날 저녁에 저는 그녀의 전화를 받았습니다.

"내가 지금 악덕 사채업자한테 잘못 걸렸어요. 학원을 자기들 이름으로 인수해야지만 8천만 원을 사채로 빌려 주겠대요. 그렇게 해주면 내 돈 계약금 5천만 원은 그냥 날라 가고 나는 빚더미에 올라앉는 거에요"

"지금 성도들과 금요 철야 기도를 하러 산에 올라가는 길이니까 내일 아침

9시에 전화하세요."

"당신이 당좌라도 빌려 온다고 약속 해줘요. 꼭 되어야 되요."

산에 올라가서 밤이 새도록 기도하는 중에도 그녀의 문제에 대한 응답은 주님께로부터 받을 수 없었습니다.

모두들 새벽에 산에서 내려와서 집으로 돌아 갈 사람들은 돌아가고 잠을 잘 사람들은 다들 숙소로 들어가서 성전에는 아무도 없는 시간에 저는 다시 강대상으로 올라가서 주님께 간구를 하였습니다.

"아버지, 최 원장이 잔금을 치를 수 있도록 도와주세요!"

평소에 제가 무엇을 여쭈어 볼 때마다 일문일답을 해 주시던 주님께서는 계속 아무런 말씀을 안 하셨습니다. 제 머리 속에는 오직 한 단어만이 맴돌고 있었습니다.

'별미까지 받아먹고 … 별미까지 받아먹고 …'

8시 30분에 그녀에게서 전화가 오자 제 동생이 전화를 받아서 원장님은 지금 기도 중이라면서 저를 바꿔주지 않고 전화를 끊었습니다. 저는 계속해서 하늘 문을 두드렸습니다.

8시 45분에 전화벨이 다시 울리는데 바로 그때, 주님께서 제게 응답을 해 주셨습니다.

"먼젓번 학원장의 학부형을 통해서 도와주마!"

"아멘, 아버지, 감사합니다."

저는 동생에게서 전화를 건네어 받았습니다.

"잘 들으십시오. 주께서 응답해주셨어요. 먼젓번 학원장의 학부형을 통해서 도와주신다고 하셨어요. 이따 2시에 나가 보세요."

"그 말도 안 되는 소리를 하고 있네요. 내가 엊저녁에 사채업자들 만나고 나서 그 원장을 만나러 갔었어요. 전후 사정을 얘기하고 잔금을 이틀만 늦춰 달라고 사정을 했었어요. 그런데 그 원장이란 여자가 팽 하니 일어나 나가면서 내일 2시까지 잔금 안 치루면 계약은 없었던 것으로 하고, 다시 자기가 학원 운영한다고 발표하겠다면서 나가버렸단 말이에요. 얼마나 냉정하든지 커피숍 주인 여자가 그런 말을 하더라고요. '저 원장님은 누굴 3분도 안 기다리는 분이에요' 하더라니까요. 그 여자는 절대로 타협할 여자가 아니에요. 안 됩니다. 그 말도 안 되는 소리를 하고 있어요. 나는 돈이 된 줄로 꼭 믿고 있었는데 … ."

"목회자가 돈으로 돕는 사람입니까?"

"어제 그 원장 여자가 하는 걸 보고, '이젠 끝이구나' 하고 커피숍 밖으로 나왔는데, 두 눈 앞이 캄캄하고 두 다리가 힘이 쭉 빠져서 후들거리는데 도저히 한 발짝도 걸음을 뗄 수가 없었어요. 그래 커피숍 층계를 내려가다 말고 그 층계에 그냥 털썩 주저앉아서 '아이고, 하나님!' 하고 하늘을 올려다보니 커다랗게 불같은 글씨로, '지정금, 지정금' - 하고, 당신 이름이 하늘에 두 번 적혀 있더란 말이에요. 그걸 보면서 잔금 문제는 지정금 당신을 통해서 문제가 해결이 되겠다는 확신이 확 들더라고요. 그래서 나는 오늘 당신을 통해서 돈이 되는 줄로 정말 꼭 믿고 있었단 말이에요."

"주께서 먼젓번 학원장의 학부형을 통해서 도와주신다고 하셨으니까 아멘으로 받고 믿음으로 나가 보세요 걱정하지 말고 나가십시오. 계약 잘 하시고 이따가 3시 정각에 저한테 전화 주세요."

"아이고 주여, 그런 말도 안 되는 소리를 하고 있네."

"주께서 주신 응답의 말씀이십니다. 말씀을 함부로 하지 마십시오. 기도 요청으로 말미암은 주의 응답이신데 아멘으로 받으셔야 합니다. 지금은 말씀을 아끼시고, 이따가 3시에 저한테 전화 주세요."

저는 정각 3시에 그녀의 전화를 받았습니다. 그녀는 전화 저 너머에서 흐느껴 울고 있었습니다. 저는 그냥 잠자코 그녀의 오열이 그치기만을 기다리고 있었습니다. 계약금을 떼여서 원통해서 우는 것인지 일이 잘 되어서 감사해서 우는 것인지 …

이윽고 울음을 그친 그녀가 말문을 열었습니다.

"2시에 약속 장소로 국회 보좌관으로 있는 큰 아들 하고 둘이서 나갔었어요. 학원장 보고 어제처럼 악덕 사채업자한테 속아서 그런 것이니까 월요일까지만 연기해 달라고 사정 이야기를 했었지요. 그랬더니 그 학원장이 그냥 발딱 일어나 나가면서 어제랑 똑같이 쏘아붙이더라고요

'나, 학원 그냥 한다고 발표합니다. 이 계약은 없었던 것입니다!'

그러더니 옆자리에 웬 남자가 따라와서 앉았었는데 그 남자를 보고, '오빠! 이리 와! 우리 나가요.' 그러면서 그 남자를 나오라고 부르더라고요. 그 남자가 그 학원장을 불러서 도로 자리에 앉히더니 나한테 엄청나게 퍼부어 대더라고요. '무책임한 사기꾼'이 아니냐고 호통을 치고, 돈도 없이 뻔뻔스럽게 여긴 무슨 속셈으로 나왔냐는 둥 학원 영업방해로 손해배상 청구를 할 거라면서 하도 해대길래 나도 이판사판이다 싶어서 당당하게 얘길 했지요 내가 그 오빠라는 남자를 붙잡고 자초지종을 상세히 말했어요. 그동안 준비된 우리 우수한 강사진들 얘기도 하고, 학생들 성적을 어떤 방법으로 향상 시킬 계

획인지 말을 했어요. 악덕 사채업자들한테 속은 얘기까지도 다 말했고요. 이틀만 말미를 주면 반드시 잔금을 해 올 자신이 있다고 당당하게 얘기 했어요. 그랬더니 그 사람이 대뜸, '당신 그러면 내가 8천 만원을 지금 빌려 주면 학원 인수를 받을 거요?' 하고 묻는 거예요. 아침에 한 당신 말이 생각나서 아이고 퍼뜩 대답했지요. '예, 인수 받지요' 라고 했지요. 그랬더니 그 사람이 8천만 원짜리 현금 보관증을 쓰라고 하기에 써줬어요. 이야기기가 잘 돼서 학원을 그 자리에서 인수인계 받았고, 학원에 들어가서 '새로 학원 인수하신 학원장님' 이라며 기존에 남아 있던 선생님들에게까지도 다 인사를 시켜 주더라고요."

그녀는 잠시 또 감정이 북받치는 듯 울먹이고 있었습니다.

"잘 되셨네요."

"월요일 아침 10시에 법원 앞에서 만나서 공증하기로 약속하고, 방금 전에 헤어졌어요. 고맙소. 내가 월요일 날 그 일 보고 나서 화요일 날 거기 용인으로 내려 갈게요. 그날 예수기도원에 가서 내가 예배 시간에 간증할게요 그날 말씀 끝나고 나서 나한테 시간 좀 잠깐 내줘요."

" … "

강대상을 자기 마음대로 사용할 것을 그녀는 주님의 허락도 없이
주의 종에게 주문하였습니다.(대상 27:17, 18)

대화가 조심스러운 순간입니다.

"정말 감사합니다. 이건 하나님이 역사하지 않고서는 있을 수 없는 일입니다. 고마워요."

별미를 떼어먹은 사기꾼이 안 되서 정말 다행이었습니다. 최 원장의 이름

으로 학원의 허가증이 변경되었습니다.

  그러자 최 원장 주변의 잘 아는 지인이 아주 싼 이자로 8천 만원을 빌려 주어서 현금 보관증을 회수할 수 있게 해 주었고, 나머지 다른 사채들도 전부 다 그 지인이 빌려 준 싼 이자로 대체하였다고 했습니다.

  그리고 그녀는 그리 오래지 않아서 학원을 또 다시 하나 더 인수하는 바람에 '학원 재벌' 이 하나 나왔다는 소리까지 들을 만큼 학원가에서 성공을 하였습니다. 하나님께 드린 별미 기도의 결과를 끈질기게 붙잡고 늘어져서 기어코 힘든 문제를 성공적으로 풀었던 것이었습니다.

> 이삭이 나이가 많아 눈이 어두워 잘 보지 못하더니 맏아들 에서를 불러 이르되 내 아들아 하매 그가 이르되 내가 여기 있나이다 하니 이삭이 이르되 내가 이제 늙어 어느 날 죽을는지 알지 못하니 그런즉 네 기구 곧 화살통과 활을 가지고 들에 가서 나를 위하여 사냥하여 내가 즐기는 별미를 만들어 내게로 가져와서 먹게 하여 내가 죽기 전에 내 마음껏 네게 축복하게 하라 – 창 27:1~4

정금 생각

하나님은 참으로 신묘막측하게 역사하시며, 오늘도 믿는 자들에게 성경에 기록된 말씀들이 길이요 진리요 생명이라고 증거해 주신다.

56 꼽추의 등을 펴주신 하나님

우리 기도원의 오랜 기도 동역자인 한 집사님이 전화를 했습니다. 오산에서 살고 있는 군대 귀신 들린 자를 일주일 후에 기도원으로 보내 주겠다는 것이었습니다. 저는 성도들과 함께 일주일 동안 매일 준비 기도를 하였습니다.

'군대 귀신 들린 자'들은 대체로 난동을 많이 피우기 때문에, 주의 전에서 완전히 새 사람으로 변화되기를 기도하였습니다. 일주일이 다 되어서 예정대로 군대 귀신 들렸다는 남자가 왔습니다.

우리는 단단히 각오를 하고서 성도들과 함께 그를 맞이했습니다.

그런데 보호자라고 같이 온 사람이 여름 방학을 해서 온 초등학교 6학년 된 그 환자의 딸이었는데 한 집사님이 미리 알리지 않은 사실이 있었습니다.

환자는 정상인이 아니라 등이 완전히 굽은 구루병 환자였습니다. 그가 기도원 성전으로 들어오자마자 그에게 안수하였습니다.

"내가 우리 주 예수 그리스도의 이름으로 명령한다. 이 등허리 굽은 귀신아 그에게서 나오고 다시는 들어가지 말라."

그러자 그 환자는 아이쿠! 하고 외마디 소리를 지르며 뒤로 넘어졌습니다. 그가 옆으로 새우등 처럼 구푸리고 눕자 저는 단호하게 말했습니다.

"예수 그리스도 이름으로 명령합니다. 똑바로 누우세요."

"아니요, 나는 꼽추등이라서 똑바로 못 누어요."

"내가 예수 이름으로 명령합니다. 똑바로 누우세요.

우리 주님은 죽은 나사로를 살리신 주님이십니다. 나사로 이야기를 알아요? 몰라요?"

"알아요."

"그러면, 똑바로 누우십시오. 내가 그리스도 예수 이름으로 명한다. 등굽은 귀신아 그에게서 물러가라. 예수 이름으로! 예수 이름으로!"

"아아아 아아-"

그가 비명을 지르며 똑 바로 눕는 그 순간에, 그의 꼽추 등이 '우지직' 하고 소리를 내며 우리의 눈앞에서 반듯하게 펴졌습니다.

"할렐루야!"

"아멘, 아멘."

옆에 앉아서 기도를 돕던 성도들이 마구 탄성을 질러댔습니다. 저는 그 환자의 허리에 손을 얹고 한 20여 분 정도를 계속 기도하였습니다. 그날 이후 그의 등은 다시는 꼬부라지지 않았습니다.

그가 등을 펴고 일어서자 그의 키가 한 순간에 굉장히 커졌습니다.

등이 펴진 뒤로 그는 한 동안 허리의 통증을 호소하였으나 한 달 정도가 지나자 주께서 깨끗이 치료해 주셨습니다. 그는 40일을 딸과 함께 기도원에 더 머물다가 건강한 모습으로 집으로 돌아갔습니다.

할 수 있거든이 무슨 말이냐 믿는 자에게는 능히 하지 못할 일이 없느니라 하시니
- 막 9:23

정금 생각

하나님은 전능자이시니 그가 꼽추의 등을 펴신 것 쯤은 지극히 당연한 일이시다. 그러나 그런 일에 도전하는 주의 종은 그리 많지가 않은 게 현실이다. 인간의 한계성으로 하나님의 전능하심을 제한하지 말아야 한다고 생각한다. 하나님께서 귀한 일에 사용해 주심에 깊이 감사드린다.

(57) 오십견 환자

그날은 수원에 있는 아주대병원에 제가 잘 아는 분이 입원을 했다고 해서 병원으로 병문안을 갔습니다. 환자의 쾌유를 위해서 주님께 기도를 드리고 안수를 해드렸습니다.

환자와 잠시 대화를 나누는 사이에도 방문객이 계속해서 줄을 이었습니다. 어떤 예쁜 친구가 들어 왔습니다.

"직장에 출근하는 사람이 여긴 어떻게 왔니?"

"응. 넌, 좀 어떠니?"

"많이 나아졌어. 이 시간에 어떻게 왔어?"

"나, 어깨에 오십견이 심하게 와서 사실은 회사도 그만 뒀어."

"언제?"

"어제까지 일 했어."

"병원에선 뭐래는데? 많이 아파?"

"오른 팔을 전혀 못 들어 오래 됐어."

그녀는 말을 잇지 못하고 눈물을 주루루 흘렸습니다.

병원 침대에 누워 있는 환자보다도

병문안을 온 그 사람이 더 환자처럼 보였습니다.

제가 보다 못해서 누워 있는 환자에게 말했습니다.

"저 좀 소개시켜 주십시오."

"영숙아, 이 분은 용인에서 기도원을 하시는 원장님이셔. 인사해?"

"어머, 안녕하세요? 몰라 뵈었습니다."

"예, 그런데 영숙님이 팔을 못 드신다고요?"

"예, 오른팔이 오십견이래요."

"전혀 못 드세요?"

"오십견이 심하게 왔데요. 전혀 … "

"그러면 제가 잠시 기도하고 만져 드릴까요?"

"어머나 좋지요. 저 좀 기도해 주세요."

"어디 제가 상태를 좀 볼 수 있게 팔을 한번 움직여 보십시오."

그러자 그녀는 괴로운 표정을 지으며 겨우 한 뼘 정도만 가까스로 움직여 보였습니다. 저는 그녀에게 예수 그리스도의 이름으로 안수 한 뒤에, 잠시 그녀의 어깨를 만져 주었습니다.

"자, 이제 그 오른 팔을 위로 천천히 들어 보십시오."

"어머나, 어머머. 주여, 팔이 올라가요! 할렐루야."

"자 이제는 천천히 크게 팔을 돌려 보십시다."

"어머머, 어머나 …"

그녀의 팔이 위로 앞뒤로 움직여지는 것을 보며 옆에 서있던 방문객들이 주님께 영광을 돌렸습니다.

"할렐루야."

주 예수께서는 뜻밖의 장소에서 그의 살아 계심을 증거하게 하셨습니다. 감사합니다.

또 다른 안식일에 예수께서 회당에 들어가사 가르치실새 거기 오른손 마른 사람이 있는지라 서기관과 바리새인들이 예수를 고발할 증거를 찾으려 하여 안식일에 병을 고치시는가 엿보니 예수께서 그들의 생각을 아시고 손 마른 사람에게 이르시되 일어나 한가운데 서라 하시니 그가 일어나 서거늘 예수께서 그들에게 이르시되 내가 너희에게 묻노니 안식일에 선을 행하는 것과 악을 행하는 것, 생명을 구하는 것과 죽이는 것, 어느 것이 옳으냐 하시며 무리를 둘러보시고 그 사람에게 이르시되 네 손을 내밀라 하시니 그가 그리하매 그 손이 회복된지라 – 눅 6:6~10

정금 생각

주께서는 당신의 살아계심을 시공간을 초월해서 당신께서 친히 드러내어 주신다. 그리하여 증인된 우리 또한 언제든지 쓰임 받을 수 있는 준비가 되어 있어야 겠다.

58 모기 목소리

　어느 날, 옛날 친구가 찾아 왔습니다. 그녀는 갑자기 목이 붓고 목에서 소리가 나지 않아서 병원에 가서 검사를 해보니 성대에 염증이 너무 심해서 성대가 많이 손상되었다면서 치료가 어려울 것 같다는 결과를 보고 하도 암담하니까 제가 생각나더라고 했습니다. 그래서 염치 불구하고 기도원으로 찾아왔다고 했습니다.

　염치불구라는 표현을 그 친구가 하는 까닭은 평소에 그만큼 주의 일에 소원했었다는 고백 같이 들렸습니다. 저는 그의 입 모양을 보면서 겨우 의사소통을 하고 있었습니다. 주 예수 그리스도의 이름으로 그녀의 머리에 손을 얹고 기도했습니다. 그러자 주께서 영안을 열어 주시는데 정말 끔찍한 광경을 보여 주셨습니다.

　"먼저 회개부터 해야 되겠어요."

　"회개요?"

　"성생활에 대해서 기도해야겠어요 우리 몸은 주님의 성전인데 입으로 들어가서는 안 될 균이 목으로 들어갔습니다. 잠시 회개의 기도부터 하십시오…"

그녀가 엎드려서 기도를 한참 했습니다. 그러더니 일어나서 물었습니다.
"지금 내가 기도하는데 날이 시퍼런 도끼 자루가 내 머리 위에 있는 것이 환상으로 계속 보이네요. 그게 뭘까요?"

저는 성경책을 펼쳐서 읽어 주었습니다.

"요한이 많은 바리새인들과 사두개인들이 세례 베푸는 데로 오는 것을 보고 이르되 독사의 자식들아 누가 너희를 가르쳐 임박한 진노를 피하라 하더냐 그러므로 회개에 합당한 열매를 맺고 속으로 아브라함이 우리 조상이라고 생각하지 말라 내가 너희에게 이르노니 하나님이 능히 이 돌들로도 아브라함의 자손이 되게 하시리라 이미 도끼가 나무뿌리에 놓였으니 좋은 열매를 맺지 아니하는 나무마다 찍혀 불에 던져지리라 나는 너희로 회개하게 하기 위하여 물로 세례를 베풀거니와 내 뒤에 오시는 이는 나보다 능력이 많으시니 나는 그의 신을 들기도 감당하지 못 하겠노라 그는 성령과 불로 너희에게 세례를 베푸실 것이요 손에 키를 들고 자기의 타작마당을 정하게 하사 알곡은 모아 곳간에 들이고 쭉정이는 꺼지지 않는 불에 태우시리라."(마 3:7~12)

그녀는 잠시 담요를 뒤집어 쓴 채 엎드려서 한참을 울고불고하면서 회개의 기도를 드렸습니다.
"자, 일어나서 기도합시다."
그녀가 제 앞에 일어나 섰습니다.
"이 벙어리 귀신아, 내가 우리 주 예수 그리스도의 이름으로 명령한다. 이 사람에게서 나오고 다시는 들어가지 말라. 어서 나오라."

그러자 그녀는 맥없이 쓰러졌습니다. 저는 그녀의 목에 손을 얹고 주 예수의 이름으로 안수하였습니다. 잠시 후에, 성령께서 감동을 주심에 따라서 그녀의 오른 손을 붙잡고 일으켜 주었습니다.

"자, 따라서 해 보십시오. 하나님, 감사합니다."

"하나님, 감사합니다. 어머나 음~ 음~ 하나님 음~ 감사합니다. 음~ 목사님, 감사합니다. 아이고 내 목이 터졌네 아이고 감사합니다."

"지금 남편에게 전화해서 간증하십시오."

그녀는 즉시 자기 남편에게 전화를 걸었습니다.

"민주 아빠! 나 목소리 터졌어요."

"어떻게 된 거야?"

"용인 예수기도원에 와서 지 목사님에게 안수 받았어요. 그런데 목소리가 나와요 금방. 나중에 집에 가서 자세한 말할게. 끊어요."

그녀의 목소리는 정상으로 그 날 즉시 돌아 왔습니다.

예수께서 한 말 못하게 하는 귀신을 쫓아 내시니 귀신이 나가매 말 못하는 사람이 말하는지라 무리들이 놀랍게 여겼으나 – 눅 11:14

정금 생각

아무리 허락된 부부라 할지라도 성생활은 정결하게 이루어져야만 한다. 우리의 몸은 거룩하신 하나님의 성전이기 때문이다.

59 게하시의 기도

　　그날은 제 자신이 처한 현실이 하도 한심스러워서 아주 작정을 하고 강대상에 꿇어 엎드려서 주님께 간구하였습니다.

　한참을 기도하고 있을 때에, 주께서 환상을 열어서 보여 주시는 데 제 얼굴의 절반이 갑자기 문둥병이 걸린 일그러진 모습으로 보여 주시는 것이었습니다.

　저는 놀라서 주님께 여쭈어 보았습니다.

　"주여 제가 왜 게하시처럼 문둥이가 되어야 하는 것이지요? 게하시는 물욕 때문에 그렇게 됐는데 저는 물질에 대하여서 주님 앞에나 성도들에게나 얼마나 철저하고 깨끗한지 주님께서 다 아시잖습니까? 저는 지금까지 백 원짜리 하나까지도 주님을 의식하며 투명하게 깨끗하게 살아 왔습니다."

　"그래도 너는 게하시와 같느니라."

　"가르쳐 주세요. 제가 무엇이 게하시와 같습니까?"

　"너는 날마다 기도할 때에 왜 돈돈하고 돈을 구하느냐?"

"예? 그럼 성전에 이런 저런 것이 사야 할 게 많은데요,
아버지께 구하지 않으면 제가 어떻게 누구에게 구하나요?"
저는 비통한 심정으로 울며 주님께 항변했습니다.
"그럼, 성전에 아무것도 없이 맨날 이러고 있습니까?"
"무엇을 사기 위해서든 내게 돈을 구하지 말고 필요한 것,
있어야 할 것들을 그대로 구하라."
"아멘 … "

저의 문둥병의 환상은 금새 없어졌습니다. 저는 그때부터는 주님께 기도할 때에 절대로 돈으로 구하지 않습니다. 가르쳐 주신대로 그냥 있어야 할 것들이나 필요한 것들로 진솔하게 구합니다.

여태껏 온갖 고생을 하며 주님을 붙쫓아 왔는데 게하시가 될 수는 없는 일이지요. 깨우치고 나니 맨 날 돈돈하는 기도를 했던 제 자신이 부끄러웠습니다.

> 돈을 사랑함이 일만 악의 뿌리가 되나니 이것을 탐내는 자들은 미혹을 받아 믿음에서 떠나 많은 근심으로써 자기를 찔렀도다 – 딤전 6:10

정금 생각
하나님의 일은 하나님의 방법대로 하나님께서 하신다.

60 순응하라

그날도 장맛비가 주룩 주룩 내리고 있었습니다. 수원 지역의 심방을 일찍 마치고 예수기도원으로 향했습니다.

기도원에는 지난해에 신문에 나간 저희 기도원의 기사를 보고 찾아 왔던 모자 가족이 있었습니다. 그들 모자는 철거민들이었는데 짐이 꽤 많아서 방 두 개를 쓰게 했었습니다. 그들 모자는 평생을 예수기도원에서 봉사하며 살 겠다면서 외로운 저와 아들을 많이 위로해주었습니다.

그러나 6개월 정도가 지나면서 사사건건이 제게 맞서고, 돌아 서면 기도원에 온 성도들에게 공공연히 저를 비난하며 제가 모르게 성도들의 집으로 찾아다니기도 하며, 학교에 갔다 오는 제 아들에게까지도 툭 하면 싸움을 거는 등 삶 가운데서 여러 모로 화합이 잘 안 되고 있었습니다. 그들의 지난날의 삶 가운데에 상처가 많았던 것 때문에, 성격이 거칠어지고 비비 꼬여 있는 것 같았습니다.

그날은 주어진 현실 가운데에 안주하지 못하고 있는 그 모자를 위로해 주는 시간을 갖고 싶었습니다. 그래서 한 군데를 더 들릴 수도 있었지만 기도원으로 일찍 돌아갔습니다.

그런데 성전에는 그들 모자가 보이지 않았습니다. 사택으로 가서 대문을 열다가 마당 안에 펼쳐진 광경에 저는 깜짝 놀랐습니다.

비가 쏟아지는 그 마당에 그들 모자의 짐들이 전부 나와 있었던 것입니다. 그들 모자와 그들을 도우러 왔던 청년은 서로 얼굴을 쳐다보며 저의 이른 귀가에 흠칫 놀라는 기색들이 역력했습니다.

아마도 그들은 제가 없는 시간에 자기들의 짐을 전부 가지고 떠나려고 했었던 것 같았습니다.

"한 마디 상의도 없이 도망가듯 이게 뭐하는 짓들입니까?"

저는 굳은 듯이 빗속에 한참을 서서 있다가 그냥 다시 제 차를 타고 에버랜드 호숫가로 올라갔습니다. 한갓진 곳에 차를 세워 놓고 저는 한없이 울었습니다.

"아버지 이게 뭐에요? 왜 저는 맨 날 이렇게 당하고만 살아야 하는데요?"

"순응하라!"

"예? 순응…"

주님의 음성이 들리시는 앞을 바라보았습니다.

벚꽃나무 가지의 잎새 위로 비는 하염없이 쏟아지고 있는데 그 잎새는 빗물을 그대로 흘려 내리며, 쏟아지는 빗속에 흠씬 젖고 있었습니다. 가녀린 잎새는 그냥 떨며 울고만 있었습니다.

저는 그 잎새에 흐르는 빗물처럼 물 흐르듯이 현실에 순응하라고 하시는 주님의 뜻을 깨닫고 나서야 미쳐버릴 것 같았던 감정의 소용돌이를 겨우 가라앉혔습니다.

눈물을 닦고 차를 돌려 집으로 다시 내려갔습니다. 학교에 갔던 제 아들이 집으로 돌아 올 시간이 다 되었기 때문에 그 전에 집에 들어가서 아이가 놀라지 않게 환경을 수습해야 했습니다.

저는 내려가서 그들 모자에게 내일이라도 날이 개면 이사를 가라고 말했습니다. 그리고 이튿날 그들이 떠나는 것을 차마 볼 자신이 없어서 집에서 일찍 나왔다가 일부러 늦게 들어 갔습니다.

그런데 그 아들과 이삿짐들은 안 보이는데 그 어머니가 그대로 남아서 저를 기다리고 있는 것이었습니다. 그녀는 제게 돈을 내놓으라고 했습니다.

"그동안에, 내가 밥 해준 인건비랑 그동안 우리가 헌금한 것을 전부 내놓으세요 나 그거 받아야 갑니다."

"그래요? 그렇다면 그동안 두 분이 저희 집에서 생활하셨던 방 두 개에 대한 방세 계산을 저도 해야겠습니다. 그 동안의 밥값도 같이 계산하십시오."

" … "

저는 이튿날, 몇 푼 안 되는 돈이지만 여비라도 하라며 그녀의 손에 돈 봉투를 쥐어줬습니다. 돌아 서서는 하도 기가 막혀서 혼자 또 성전으로 가서 하염없이 울었습니다.

"순응하라, 순응하라 … "

형제들아 너희는 함께 나를 본받으라 그리고 너희가 우리를 본받은 것처럼 그와 같이 행하는 자들을 눈여겨 보라 내가 여러 번 너희에게 말하였거니와 이제도 눈물을 흘리며 말하노니 여러 사람들이 그리스도의 십자가의 원수로 행하느니라 그들의 마침은 멸망이요 그들의 신은 배요 그 영광은 그들의 부끄러움에 있고 땅의 일을 생각하는 자라 그러나 우리의 시민권은 하늘에 있는지라 거기로부터 구원하는 자 곧 주 예수 그리스도를 기다리노니 그는 만물을 자기에게 복종하게 하실 수 있는 자의 역사로 우리의 낮은 몸을 자기 영광의 몸의 형체와 같이 변하게 하시리라 – 빌 3:17~21

정금 생각

하나님께 대하여서도 현실에 대하여서도 나는 오늘도 순응하는 것을 배우며 살고 있다.

61 그를 포기하라

　　교회에서 연말 제직회의가 있는 날이었습니다. 신앙생활을 열심 있게 잘 하시던 집사님이 교회를 그만 나오겠으니 내년의 집사 임명은 하지 말라고 했습니다.

　목회자들이 제일 힘들 때가 이런 때일 것입니다. 이제까지 내 가족인줄만 알고 있었던 그들이 갑자기 교회를 떠날 때는 어떻게 해야 할까요? 그 순간에, 많은 생각들이 머릿속을 스칩니다.

　- 무엇 때문에 몇 년씩 다니던 교회를 갑자기 떠나려 하는 걸까

　물론 나의 부족함 때문이겠지.
　그럼, 어느 교회로 간다는 걸까?
　일전에 식당에 같이 앉아 있던 그 목사네 교회로?
　그래도 되는 걸까?
　그렇게 되면 저 영혼은 어떻게 되나?

그걸 바른 신앙생활이라고 할 수 있을까?

그때 주께서 제게 말씀해 주셨습니다.
"그를 포기하라."
"예에? 포기하라니요?"
"백체를 다 가지고 지옥 가는 것보다 그 중 하나 없이
천국 가는 게 더 낫다."
주께서는 제게 말씀과 함께 환상을 보여 주셨습니다. 저의 오른쪽 팔이 완전히 잘라져버린 모습이었습니다.

사실, 그 집사님은 정말 제게 오른 팔과도 같은 존재였습니다. 그러나 주님의 말씀이 계시어, 저는 그를 더 이상 붙잡을 수가 없었습니다. 참 좋은 성도인데 마음이 아픕니다. 그 성도는 그렇게 떠났지만 그가 다시 저에게로 돌아왔으면 참 좋겠습니다. 아직도 제 마음 속에는 그의 빈자리가 그대로 남아 있습니다.

저는 목회 과정에서 비슷하게 성도를 떠나보내야만 했던 아픈 기억이 또 한 번 있었는데 그때도 주께서는, '그를 포기하라'는 말씀과 함께, "세월을 아끼라 때가 악하니라."(엡 5:16) 라고 말씀하셨습니다.

그러나 제가 그를 빨리 포기하지 못하고 머뭇거리자 주께서는 거듭 말씀하셨습니다.

"세월을 아끼라 때가 악하니라."
저는 주님께 여쭈어 보았습니다.

"주님, 제가 왜 그를 포기해야 하는지 가르쳐 주세요?"

그러자 주님께서는 이렇게 말씀하셨습니다.

"생명을 경히 여기지 말라."

그래서 주님께 또 여쭈어 보았습니다.

"그를 포기하는 것과 생명을 경히 여기지 말라는 말씀은 무슨 뜻이신지요?"

"그에게는 생명을 해하는 영이 있다 그의 주변에 죽음의 소리가 가까이 있는 것도 그 때문이다."

주께서 밥숟가락으로 제 입에 밥을 떠먹여 주시듯이 자세하게 말씀 해주셔서 더 이상 변론하지 않고 그 집사님을 포기했습니다.

주님의 뜻 앞에 여종은 다만 '아멘'으로 순종할 따름입니다. 그런데도 때로는 혼자 앉아서 아프게 울 수밖에 없는 심정을 주님은 용서해주시겠지요.(잠 3:1~8)

오늘도 뒷산에 올라가서 나무들과 대화하며 산나물이나 뜯어야 할 모양입니다. 저는 자연 속으로 들어가면 모든 스트레스를 다 잊게 됩니다. 제 방어기제가 '대자연'이니까요. 자연 속에는 창조 섭리의 숨결이 남아 있고, 산에는 경이로운 생명의 순리가 어우러져 있습니다. 풀잎들을 바라보며 자연과 대화 하다보면, 저도 어느덧 자연의 일부가 되어서 제 마음도 어느새 대자연처럼 초연해집니다.

한줌의 흙이 생령으로 태어나
흙 위에 뒹굴다가 날이 저물어 부르시면

한 줌의 흙으로 돌아가서
주의 품에 안식하는 게 인생일진대
잠시 다녀가는 길에
뭐 그리 두 눈 크게 뜨고
목청 돋우며
울고 불며 몸부림치며 살아왔을까.
풀밭에 누워 하늘을 본다.
어릴 적에 보았을 때나 지금이나 푸른 하늘에 흰 구름은 언제나 멋지고
솔바람은 마냥 한가롭다.
시원한 생수 한 잔이면 만족스럽다.
주님 품 안에서 내 영혼이 자유해진다.
흙 내음 풀 내음을 한껏 가슴 깊이 들여 마신다.
흙을 사랑하다 흙에서 살다 흙으로 돌아간다.

내 영혼을 주께 의탁하오며 오늘도 주께서 허락하신 대자연의 삶 속에서 예수님과 대화를 하고 있습니다.(계 13:14)

만일 네 오른 눈이 너로 실족하게 하거든 빼어 내버리라 네 백체 중 하나가 없어지고 온 몸이 지옥에 던져지지 않는 것이 유익하며 또한 만일 네 오른손이 너로 실족하게 하거든 찍어 내버리라 네 백체 중 하나가 없어지고 온 몸이 지옥에 던져지지 않는 것이 유익하니라 - 마 5:29, 30

정금 생각

교회는 주님의 몸이시다. 주께서 원하시는 자들로 채워 나가시도록 그분의 뜻에 순종해야 한다. 주님이 주인이시기 때문이다.

62 건져 주어라

　　　　예전 20년 전에 처음 이곳에 성전 건축을 할 때, 수고를 많이 하였던 팽 집사님이 10 여년 만에 뜻밖에 꿈에 보이셨습니다. 저는 아침 기도 시간에 주님께 여쭈어 보았습니다.

"왜, 생전 안보이던 팽 집사가 꿈에 보이는 것이지요?"

그러자 주께서는 제게 한 환상을 보여주셨습니다.

팽 집사님이 목에 칼을 쓰고 앉아 있는 모습, 그의 옆에서는 그의 형이 서서 팽 집사님을 바라만 볼뿐 도와주지는 않고, 무엇이라고 열심히 떠들고만 있는 모습이었습니다.

"주여, 그것이 무슨 뜻이지요?"

"건져 주어라."

"건져 주어라."

주께서는 그날 두 번을 거듭 말씀하셨습니다. 그의 자녀들에게 수소문해서 그의 전화번호를 겨우 알아내어서 전화를 걸었습니다.

"목사님이 어쩐 일이세요? 저는 서울에서 기숙사 관리로 있으면서 아주 잘 지내고 있습니다."

그의 말은 번지르르 하니 큰소릴 치는 것이 별 큰 문제는 없는 것처럼 들렸지만, 주님께서 명령하신 일이었기에 일부러 짬을 내어서 그가 가르쳐 준 주소대로 네비게이션에 찍고서 그의 일터로 찾아가 보았습니다.

막상 찾아가 보니 십여 년 만에 보아서인지, 팽 집사님은 많이 늙고 야위어 초췌해 보였습니다. 그는 머리숱이 하나도 없는 빡빡머리에 71세의 나이 인데도 떠꺼머리총각 애들의 인조 가발을 쓰고서 아주 분주하게 움직이고 있었습니다.

기숙사에서 밥도 하고, 빨래도 해 주고, 방 청소, 계단 청소를 혼자 다 하면서 화장실 청소와 집수리까지 혼자 다 하는데 중노동도 그런 중노동이 없었습니다. 그의 군상은 흡사 기숙사의 생쥐처럼 보였습니다.

'이렇게 일에 묶여 있어서 목에 칼을 쓰고 앉아 있는 모습을 보여 주셨을까' 하고 생각하며, 그와 밥을 먹고 있었는데 그가 밥을 잘 먹지 못하는 것이었습니다.

"집사님, 왜 식사를 잘 못하시지요?"

"소화가 잘 안 되어서요."

"언제부터 그렇습니까?"

"저, 위암이래요. 병원에서…"

저는 그제서야 주님께서 저를 보내신 뜻을 알 수 있었습니다.

"주께서 '건져 주어라' 하셔서 와 본 거에요. 이제, 그 뜻을 알겠습니다. 집사님 잘 들어보세요. 암이 발생되면 일단은 그 환경을 벗어나야 합니다. 똑같은 환경에서는 '암'이 치료되기가 어렵습니다. 서둘러서 용인 예수교회로 들어오십시오. 그 곳에는 예수님도 계시고 좋은 자연 환경이 있으니까 내려오시면 회복에 도움이 될 겁니다. 걱정 마시고 주님께 기도하십시오.

주님께서는 팽 집사님이 예수교회의 개척 당시에 성전 공사를 하시며 힘써서 헌신하신 것을 기억하고 계십니다. 아무 걱정 마시고 내려 오십시오."

"아멘, 목사님 고맙습니다."

그의 목소리는 눈물에 젖어 있었습니다. 그는 아내와 이혼 이후로 가족 모두에게 버림을 받고, 10년 째 혼자 떠돌이 생활을 하고 있던 중에, 최근에는 설상가상으로 암 선고까지 받았던 것이었습니다. 오랫동안 소화가 잘 안 되었다고 했습니다.

그는 얼마 후에 용인으로 내려 왔습니다. 그가 예수교회로 들어오자 주께서 그에게 주신 말씀입니다. "새로워져야 한다."(롬 2:12) 그는 용인으로 내려와서도 처음 한 열흘 정도는 병증에 별 차도가 없었습니다.

팽 집사님은 자주 배의 통증을 호소했습니다. 그래서 저는 주일 예배 후에, 팽 집사님의 배에 손을 얹어서 안수를 해 드렸고, 붙이는 핫 팩을 배에 대 드렸습니다.

팽 집사님은 식사하는 도중에도 구토를 일으키며 밖으로 자주 뛰어 나갔습니다. 그의 잘못된 '식탐하는 식습관'이 원인으로 보였습니다. 그래서 날마다 매 끼니의 식사 때마다 팽 집사님 본인의 식사 일지를 쓰도록 권면했습니다. 그러나 한 며칠은 집사님이 식사 일지를 쓰지 않았습니다.

팽 집사님은 무슨 불만이 있는 듯이 입이 잔뜩 튀어 나와서 슬로우 비디오처럼 흐느적거리며 걸어 다녔습니다. 무조건 배가 아프다고 떼를 쓰는 것이 제가 그때마다 안수하며 자기의 배를 어루만져 주기를 바라는 것 같았습니

다.(약 3:15)

저는 예배 후에, 다른 성도들이 있을 때에만 팽 집사님에게 안수하는 것을 원칙으로 삼고 있었습니다. 그것은 이성 간의 안수이기 때문에 더욱 삼갔습니다. 자꾸만 속이 메스껍고 부대끼자 결국은 팽 집사님이 식사 일지를 쓰기 시작하였습니다.

'식사 일지'

어떤 음식을 어떻게 먹었을 때 구토 증세가 나는 것인지 본인 스스로 점검을 하는데 큰 도움이 됐던 것 같습니다. 먹을거리만 보면 무조건 아무거나 아무 때나 손으로 움켜서 먹어 대던 팽 집사님의 나쁜 식습관이 차츰 정리가 되어 갔습니다.

한 달 쯤이 지나자 팽 집사님의 식사의 양이 조금씩 늘고 바짝 말랐던 얼굴도 많이 편해졌습니다. 팽 집사님이 요즘은 거의 정상인처럼 생활하지만 매운 것과 짠 것은 절대로 안 먹습니다. 그리고 찬 것과 불에 탄 음식이 안 좋다고 했더니 아예 불에 구운 음식은 전혀 먹지 않습니다. 식습관에 절제가 시작된 것이지요.(고전 9:25)

팽 집사님이 자주 불던 녹슨 하모니카도 불지 못하게 했습니다.

불결하게 관리된 하모니카에 푸른 녹이 끼어 있었기 때문입니다. 팽 집사님이 정말 새로워졌으면 좋겠습니다.(요 3:5~7) 그러나 아직도 이방인과도 같은 그의 모습들을 보며 제 마음이 멈칫거릴 때가 종종 있습니다.

저의 안타까운 마음을 주께서 아시고, 다음과 같이 말씀하셨습니다.

"내가 자녀에게 말하듯 말하노니 보답하는 것으로 너희도 마음을 넓히라."
(고후 6:13)

그런즉 누구든지 그리스도 안에 있으면 새로운 피조물이라 이전 것은 지나갔으니 보라 새 것이 되었도다 모든 것이 하나님께로서 났으며 그가 그리스도로 말미암아 우리를 자기와 화목하게 하시고 또 우리에게 화목하게 하는 직분을 주셨으니 곧 하나님께서 그리스도 안에 계시사 세상을 자기와 화목하게 하시며 그들의 죄를 그들에게 돌리지 아니하시고 화목하게 하는 말씀을 우리에게 부탁하셨느니라
– 고후 5:17~19

정금 생각

주님께서는 왜, 어떤 사람은 포기하라고 말씀하시고 또 어떤 사람은 건져 주라고 하시는 것일까. 절대 주권자이신 그분만이 아시는 일이시다.

⑥³ 집사님의 친정어머니

　　최 집사님이 예배 시간에 친정어머니를 모시고 왔습니다. 평소에 절에만 열심히 다니셨지 신앙생활은 안 하시는 줄로만 알고 있다가 성전에 들어오시는 것을 보니 무척 반가웠습니다.

　저는 그녀를 맞이하며 두 팔로 꽉 끌어안아 드렸습니다.

　"어머니, 어서 오세요. 정말 잘 오셨어요. 감사합니다."

　"엄마가 몸이 안 좋으시답니다. 그래서 내가 무조건 원장님한테 모시고 온 거에요."

　"잘 했어요. 어디가 어떻게 안 좋으신지, 예배 끝나고, 안수하시지요."

　우리는 정해진 시간에 닺추어서 예배를 드렸습니다. 다른 성도들이 모두 안수를 받고 다들 돌아 갈 때까지 최 집사님의 어머니는 계속 해서 뒤로 살살 빼기만 했습니다.

　모두들 돌아가고 최 집사님과 그의 친정어머님만이 남게 되자

　그제서야 최 집사님이 입을 열었습니다.

　"엄마가 무슨 큰 수술을 해야 된대요. 그래서 …"

"어머니, 어디가 많이 아프세요? 어디가 아프신데요?"

"그게 무슨 자궁에 암인지 뭐 그렇대나 봐 …"

"자궁암이라구요?"

"엄마가 밑이 다 쏟아져 나왔대요 엄마가 원장님에게 솔직히 다 말씀 드려! 자궁경부암에다가 또 무슨 합병증이래나 봐요."

"아랫도리가 … 앞이 다 쏟아져서 수술을 받아도 대수술을 해야 된다는데 자궁, 무슨 암이래 근데 그런 것도 기도한다고 낫나?"

"하나님께서 고치시면 수술 안 받고도 싹 나을 수 있다니까 그러네. 내가 여기서 별의별 환자들이 원장님한테 안수만 받고도 병이 낫는 걸 맨 날 본다니까 그러네. 엄마, 아무 걱정 말고 원장님이 하라는 대로만 해. 제발 …"

최 집사님은 울음을 터트렸습니다.

"암에다 무슨 합병증에다가 수술한다고 해도 산다는 보장이 없대요"

"진작에 모시고 오지 그랬어요."

"죽어라고 일만 할 줄 알았지 어디 사람 말을 들어야 말이지요."

저는 최 집사님의 어머니를 매트 위에 누우시게 하고, 아랫배에 손을 얹어 안수해 드렸습니다.

저는 주께서 주시는 감동대로 10일 동안 매일 와서 예배를 드리고 안수를 받으시라고 말씀을 드렸습니다. 그리고 집에서 저녁에 주무시기 전에 따뜻한 소금물로 매일 밤 뒷물을 하고 주무시라고 말씀을 드렸습니다.

최 집사님의 어머니는 8일 만에 병원엘 다시 다녀왔습니다.

이번에는 다른 병원에서 진찰을 받았는데, 아무 이상이 없다고 했다면서 아주 신기한 얼굴을 하고 계셨습니다.

"어머니 무슨 일이 있었는지 얘기 좀 해 보십시오."

"내가 엊그제 아침에 자고 막 일어나서 화장실엘 들어 갔는데 반시간 동안이나 변기에 걸쳐 앉아 있었어 …. "

"왜요?"

"오줌이 계속 해서 졸졸졸 쏟아지는 거야. 별일도 다 있지. 일어나려고 하면 또 졸졸 오줌이 나오고 이젠 다 나왔나보다 하고, 일어나려고 하면 또 졸졸 쏟아져서 한 30분은 앉아서 오줌을 누었다니까 그리고 나서부터 밑에 쏟아졌든 게 다 없어진 거야."

"어머니, 그때 쏟아진 것이 무슨 색깔인지 확인해 보았나요?"

"못 봤어 수세식 변기니까 물을 그냥 내려 버렸지. 그걸 봐야 되는 거였어?"

"아니 괜찮습니다. 그래서요?"

"오늘 진찰 받으러 병원엘 두 군데나 갔었는데 …"

"왜요?"

"아니, 전번에 간 병원어서는 자궁을 다 들어내는 대 수술을 받아야 한다고 했었는데 오늘 새로 갔던 병원에서는 아무 이상이 없다고 하니까 미심쩍어서 다른 병원으로 한 번 더 가서 다시 진찰을 받아봤지."

"그러셨어요? 거기서는 뭐래던 가요?"

"그 병원에서도 아무 이상이 없대 …"

"어머니, 배가 아프던 것은 어떻습니까?"

"아픈데가 없어졌어 처음에 여기 올 때까지만 해도 배랑 허리가 많이 아팠었는데 이젠 배도 괜찮아 …"

"그럼, 됐습니다. 하나님께서 어머니의 병을 치료해 주셨네요."
"아멘, 엄마도 어서 아멘 해!"
"응? 아멘? 그래, 나도 아멘이다."

최 집사님의 친정어머니의 기도 생활은 병이 낫자, 8일 만에 끝이 났지만 최 집사님의 친정어머니는 이전보다도 오히려 더욱 건강해졌습니다. 매일 밭에서 일만 하시던 분이 그 일 이후로 아주 삶의 자세가 확 바뀌었습니다.

동네 할머니들과 온천장 등지로 관광도 자주 다니시고, 안 하던 화장도 하셨으며 노는 자리에선 춤도 신나게 잘 추셨습니다. 아주 늘그막에 우리 주님의 은혜로 즐거운 노년을 보내고 계십니다.

이에 열두 해를 혈루증으로 앓는 중에 아무에게도 고침을 받지 못하던 여자가 예수의 뒤로 와서 그의 옷 가에 손을 대니 혈루증이 즉시 그쳤더라 - 눅 8:43, 44

정금 생각

절기 때마다 옛날 풍속을 쫓아서 사찰만 찾아 다니며 70 평생을 살아가던 여인도 예수 이름 앞에 겸손히 나아오면 주께서는 죄를 묻지 않으시고 치유해주셨다.

64 사회주의 국가의 교회

집사님의 가족들과 중국을 방문했을 때의 일입니다. 예배에 참석을 했습니다. 예배시간이 분명한데 무슨 구호 같은 것을 외치고 있는 것을 보았습니다. 통역하시는 선교사님께서 설명해 주셨습니다.

"이곳에는 세 유형의 교회가 있습니다. 하나는 가정교회이고, 또 하나는 처소교회이며, 또 하나가 이곳과 같은 삼자교회입니다.
가정교회와 처소교회는 한국의 개척 교회와 비슷한 형태로 보시면 되겠는데요. 예배는 아주 뜨겁게 드리지만 내어 놓고 마음대로 예배드릴 수는 없습니다.
삼자교회는 정부에서 정식으로 허가를 내 준 교회인데 안전하기는 한데 그 대신에 정부에서 요구하는 양식에 따라야 합니다.
방금 보신대로 구호를 외치는 것이 맞습니다."

예배가 끝나고, 선교사의 안내에 따라서 저희 일행이 간 곳은 성전공사가 한창인 어느 교회였습니다. 저희는 교회에 건축 헌금을 해 달라는 요청을 받고서 그곳에 간 것이었습니다. 아직 공사 중이지만 성전의 모양새를 갖춘 커다란 삼자교회였습니다.

교회 안에는 영적으로 우상이 둘이나 버티고 있는 것을 보여 주셨습니다. 그 성전의 단 앞에 흙바닥에 무릎을 꿇고 앉아서 주님께 여쭈어 보았습니다.

"하나님 아버지, 우상이 저렇게 둘씩이나 버티고 있는 이런 삼자교회에 저희가 성전공사에 참여를 해야 할까요?"

그러자 주께서 말씀하셨습니다.

"내게 예배하는 환경을 많이 만들어 놓아야 많은 사람들이 모이게 될 것이고, 사람들이 많이 모이면 그때에 그 모인 무리들에게 내가 성령을 부어주마."

저희 교회는 주님의 뜻에 따라서 그곳에 건축 헌금을 보냈습니다.

그들이 예루살렘에 들어가니라 예수께서 성전에 들어가사 성전 안에서 매매하는 자들을 내쫓으시며 돈 바꾸는 자들의 상과 비둘기 파는 자들의 의자를 둘러 엎으시며 아무나 물건을 가지고 성전 안으로 지나다님을 허락하지 아니하시고 이에 가르쳐 이르시되 기록된 바 내 집은 만민이 기도하는 집이라 칭함을 받으리라 하지 아니하였느냐 너희는 강도의 소굴을 만들었도다 하시매 대제사장들과 서기관들이 듣고 예수를 어떻게 죽일까 하고 꾀하니 이는 무리가 다 그의 교훈을 놀랍게 여기므로 그를 두려워함일러라 – 막 11:15~18

정금 생각
예수 이름의 교회는 계속해서 세워져야 한다. 사회주의 국가의 정부 소속 교회도 그 주인은 예수 그리스도이시기 때문이다.

65 기도하는 자의 의

　　　　섬기는 성전이 몹시 지저분하게 어지럽혀진 날,
강대상에 올라가서 뒤도 안 돌아 보고 앉아서
중언부언 기도하는 친구 목사가 있었습니다.
그의 아내는 걸레를 들고, 강대상으로 올라가서 묵묵히 강대상을 닦고
나서 의자들을 마저 닦았습니다.
기도 한답시고 앉아 있는 친구 목사는 자기의 아내를
전혀 거들어 주지 않았습니다.
그는 청소하는 자기의 아내를 못 본 체하며
꼼짝도 안하고 그대로 앉아 있었습니다.

온통 휴지 투성이로 어지럽혀져 있는 성전 바닥을 보다 못한 제가 비를 들고서 성전 청소를 거들어 주기 시작했습니다. 그리고 기도를 한다고 앉아 있는 친구 목사에게 다가가서 제가 한마디 했습니다.

"기도하는 게 네 '의' 냐? 이렇게 지저분한데서 … ."

그 친구는 기분 나쁜 표정으로 저를 힐끗 바라보았습니다.

그러더니 이내 우리를 구시하고는 그냥 다시 무슨 설교 노트인가를 뒤적거렸습니다.

그런데 바로 그때 주님의 말씀이 제게 임하셨습니다.

"너는 청소하는 게 네 '의' 냐?"

저는 움찔했습니다.

하기는 우리의 '의'는 오직 예수 그리스도를 믿는 믿음의 '의' 뿐입니다.

사람이 의롭게 되는 것은 율법의 행위에서 난 것이 아니요 오직 예수 그리스도를 믿음으로 말미암는 줄 아는 고로 우리도 그리스도 예수를 믿나니 이는 우리가 율법의 행위에서 아니고 그리스도를 믿음으로서 의롭다 함을 얻으려 함이라
- 갈 2:16

정금 생각

오직 나의 믿음을 지키며 할 수 있는 것은 하고 할 수 없는 것은 주님께 맡기되 아무도 아무것도 판단하지 말자. 그러면 나도 판단 받지 아니하리라.

66 헌신하는 자

교회당의 규모가 꽤 큰 교회의 여전도회 회장으로 있으면서 봉사와 헌신에 늘 앞장서며 신앙생활을 열심히 하는 유 권사님의 환경에 어려움이 끊임이 없었습니다. 저는 그녀를 위해서 주님 앞에 무릎을 꿇었습니다.

"아버지여, 유 권사를 도와주시기를 간구합니다. 그의 아름다운 헌신을 기억하시옵소서."

주께서는 다른 말씀을 하셨습니다.

"나는 그의 헌신보다도 그의 중심의 사랑을 더욱 원하노라."

사람의 눈에 보이는 기준과 주님이 보시는 기준은 다른 것 같았습니다. 겉으로 잘 드러나지 않는 문제를 본인들이 품고 있을 때가 많았습니다.

그래서 우리는 눈에 보이는 외모만 보지만 주님은 우리의 중심까지 다 보고 계시는가 봅니다.

주님은 언제나 맞으시고, 언제나 옳으십니다.
근시안인 우리 인생의 기준이 틀린 것입니다
우리가 모르는 그의 또 다른 속사람을 주께서는 알고 계심 입니다.
주님께서는 오늘도 우리의 중심을 달아 보고 계십니다.

내가 노래로 하나님의 이름을 찬송하며 감사함으로 하나님을 위대하시다 하리니 이것이 소 곧 뿔과 굽이 있는 황소를 드림보다 여호와를 더욱 기쁘시게 함이 될 것이라 - 시 69:30, 31

정금 생각
헌신도 사랑일진대 사랑의 방식에 있어서, 주님은 보이는 사랑보다는 보이지 않는 속사람의 사랑을 더욱 요구하신다.

내가 만난 지정금 목사

처음과 끝이 똑 같은 사람

내가 본 지정금 목사님은 하나님 앞에서 처음과 끝이 똑 같은 마음으로 주님을 섬기는 일에 변함이 없는 사람이다. 또한 지 목사님은 자기 이웃에 대하여도 늘 진정한 마음으로 예수 사랑을 베풀고 사는 진정한 목회자이다.

지 목사께서는 위로는 하나님 말씀에 순종하시면서 그 말씀대로 살기를 늘 몸부림치는 주의 종이고, 아래로는 주께서 맡기신 한 영혼 한 영혼을 위해서 쉬지 않고 기도하시며 속해 있는 교단을 위해서도 늘 충언을 아끼지 않는 좋은 목사이다.

지 목사님은 그가 만나는 후배 신학도들에게도 모든 언행심사에 있어서 진리를 올바르게 인도해 주고 있다. 후배 목회자들에게도 바른 길을 보여주는 참 반듯한 선교 목사라 하겠다.

- 내가 살면 교회가 죽고, 내가 죽으면 교회가 산다.
- 내가 살면 예수님이 죽으시고, 내가 죽으면 예수님이 사신다.

그렇게 말하는 지 목사님의 언어에서는 그의 마음이 무소유 무념무상으로 늘 맑게 비어 있음을 느낄 수가 있다. 지 목사님에게서 찾을 수 있는 것이라고는 '살아계신 예수님'이 우리와 함께 계신다는 증거 자료들 뿐이다.

그녀는 말하기를 지 목사님 본인의 것은 하나도 없다고 한다. 지 목사님께서 그 말을 주님 앞에서 시인하기까지는 기나긴 각고의 세월이 있었을 것이다.

지 목사님은 분명 영원불변의 진리이신 하나님을 만난 분이시다. 그리고 지 목사님은 그의 모든 삶 가운데에서 참 하나님이신 예수님을 시인하며 사는 분이시다.

금번 이 간증집을 통하여서 지 목사님께서 쓰임 받는 성령의 역사하심에 대하여 더욱 더 깊이 알게 되었음을 주님께 감사드린다.

"지 목사님의 앞으로 남은 사역에도 늘 하나님이 함께 하시기를 기도드립니다. 아멘!"

2014년 9월 하늘빛 교회에서,

문종철 목사

67 아담아 네가 어디 있느냐

　　오랜 세월을 외롭게 살아 온 어느 성도의 고백입니다. 그는 외로움을 벗어 버리고 싶었습니다. 여행도 하고, 취미로 찍은 사진을 모아서 친구들과 사진전도 해 봤고, 대학에서 강의도 해 보았지만 혼자 사는 그의 마음은 늘 허전하기만 했습니다.

　주일에는 항상 본 교회에서 예배를 드렸고, 수요일도 저녁 기도회나 금요일 철야 기도회에도 그는 언제나 같은 자리를 잘 지켰습니다.

　그러나 그에게 엄습하는 외로움은 밤이 되면 더욱 심화 됐습니다. 그의 아내는 그와의 성격 차이로 해서 5년 정도 따로 별거하다가 결국은 이혼을 하고서 그와의 사이에 하나 있었던 딸만 데리고 미국으로 떠나 버렸습니다.

　그는 매주 금요일이면 아내와 살았을 때 가끔씩 아내와 딸과 함께 갔었던 찜질방을 다니고 있습니다. 규칙적인 삶의 리듬을 유지하기 위해서 일주일 동안 쌓인 스트레스 해소와 건강관리를 위해서 였습니다. 그런데 어느 순간부터인지 자기 자신의 삶의 모습이 싫어지고 있었습니다.

뜨거운 찜질방에 누워서 땀인지 눈물인지를 한참을 쏟고 나면 아파트로 돌아가는 걸음이 왜 그런지 더더욱 허전하다 못해 허무하기까지 했습니다.

그는 어느 날, 모텔 근처에 세워 놓은 자신의 차 유리문에 꽂힌 반나체의 밤거리 여인의 명함을 손에 들고, 유심히 들여다 보았습니다. 이윽고 그는 명함에 찍힌 전화번호에 전화를 걸어서 어떤 약속을 했습니다.

궂은 비 내리는 어느 여름 날 밤에, 그는 약속된 모텔을 찾아 가고 있었습니다. 그때, 한 교회의 전도용 신문이 길에 떨어진 것이 눈에 보였습니다.

큰 제목이 눈에 들어 왔습니다.

"아담아! 네가 어디 있느냐?"(창 3:9)

그 순간, 그의 발길은 얼어붙은 듯이 한참을 그 자리에 멈춰 서 있었습니다. 잠시 후에, 그는 결국 가던 걸음을 멈추고 돌아 서서 스스로의 자존감에게 부끄러워하면서 자신을 일깨웠답니다.

"너, 하나님의 사람아! 나 하나님의 사람아, 지금 어디로 가고 있느냐?"

그는 주님의 말씀에 의지해서 아픈 마음을 추스르며, 집으로 돌아 갈 수 있었습니다. 그에게 좋은 아내를 주셨으면 참 좋겠다는 생각을 보는 이마다 이구동성으로 했습니다. 모든 것이 반듯해 보이는 그에게 주님께서 예비하신 좋은 계획이 따로 있으셨든 것 같았습니다 그리 오래지 않아서 사모님의 중매로 같은 교회에서 성가대원으로 봉사하는 예쁜 교우와 결혼을 하였답니다

참 고마운 일이었습니다

오직 너 하나님의 사람아 이것들을 피하고 의와 경건과 믿음과 사랑과 인내와 온

유를 따르며 믿음의 선한 싸움을 싸우라 영생을 취하라 이를 위하여 네가 부르심을 받았고 많은 증인 앞에서 선한 증언을 하였도다 만물을 살게 하신 하나님 앞과 본디오 빌라도를 향하여 선한 증언을 하신 그리스도 예수 앞에서 내가 너를 명하노니 우리 주 예수 그리스도께서 나타나실 때까지 흠도 없고 책망 받을 것도 없이 이 명령을 지키라 - 딤전 6:11~14

정금 생각

주께서 우리에게 원하시는 거룩함은 어디까지 일까 젖만 먹는 자가 있고 과일과 채소를 먹는 자가 있으며, 고기를 먹을 수 있는 자도 있는데 먹는 자는 못 먹는 자를 판단하지 말고 못 먹는 자는 먹는 자를 판단하지 말라고 하셨다. 감당할 수 없는 현실 앞에서 멈출 수 있는 것도 용기 있는 행동이요 새로운 삶에 순응 할 수 있는 것도 지혜로운 자세이다.

68 벙어리 귀신

충청도의 어느 작은 마을에 경호라고 하는 아이가 있었습니다. 그 애는 12살 먹은 남자 아이였는데, 갓 태어났을 때부터 말을 하지 못했습니다.

경호가 7살 되던 해의 어느 날 집안에 갑자기 이상한 일이 벌어졌습니다. 경호는 5대 독자 집안의 종손인지라 그의 할머니와 단 둘이서 안방을 쓰고 있었습니다.

그런데 안방의 장지문에 새빨갛게 피가 잔뜩 튀겨져서 묻어 있었고, 경수가 없어진 것이었습니다. 방 안에는 경호가 입고 있었던 겉옷과 팬티가 아무렇게나 놓여 있었고, 옷에는 약간의 피도 묻어 있었습니다.

옷이 벗겨 진 채 아이만 감쪽같이 사라져 버린 것이었습니다. 그 집안의 5대 독자 종손이 사라진 사건은 그 집안은 물론 온 마을을 발칵 뒤집어 놓았습니다.

"누가 말 못하는 아이를 납치해 갔을까?"

경찰서에 신고가 들어갔고 온 마을의 청년들이 앞장서서 경찰과 함께 마을

뒷산을 이 잡듯 뒤졌으나 허탕이었습니다.

실종된 지 7일째 되던 날에, 경호는 뒷산 너머의 큰 산 초입에 있는 찔레나무의 가시덤불 속에서 온 몸이 발가벗은 채로 실신한 듯이 잠들어 있는 것이 경호의 아버지에 의해서 발견되었습니다. 다행히도 아이는 살아 있었습니다.

놀라운 것은 아이의 몸이 상처 하나 없이 깨끗한 것이었습니다.

경호가 말을 못하다 보니까 가족들이 뭘 물어봐도 아이에게서 알아 낼 수 있는 것은 아무것도 없었고, 다만 그 뒤로는 온 집안이 눈이 되어서 경호를 돌보기 시작했습니다.

그러던 어느 날이었습니다. 경호가 제 아버지의 면도칼로 제 다섯 손가락 끝을 쪽쪽 잡아 째더니 안방의 장지문에 대고 손끝에서 나는 피를 쫙쫙 뿌려댔습니다. 그리고는 아래 위에 입은 옷을 훌훌 벗더니 순식간에 알몸을 하고 마루의 뒷문으로 빠져 나갔습니다.

이것은 말과 행동이 약간 어눌하신 경호의 할아버지가 마당에서 일을 하다가 본 것입니다. 할아버지가 허둥지둥 하면서 대문 밖에서 일하고 있던 경수의 아버지에게로 쫓아나가면서 소리쳤습니다.

"경 … ! 경 … 호!"

"경호가 왜요?"

그의 아비는 경수의 할아버지가 손으로 가리키는 집안으로 뛰어 들어 갔다가 뒷문이 열린 것을 보더니, 본능적으로 경호에게 전과 같은 어떤 상황이 벌어졌음을 직감하고 뒷마당으로 뛰어 갔습니다. 뒷산으로 뛰어 달아난 경호는 할아버지가 빨리 가르쳐 주신 덕에 바로 뒤 쫓아간 제 아버지에게 붙잡혀서 집으로 내려 왔습니다.

그제서야 수수께끼 같았던 그전의 경호 실종사건의 의문점들이 다소 풀렸습니다. 그때부터 경호의 할머니는 경호의 병을 고치기 위해서 경호를 데리고 안 가본 곳이 없을 정도로 전국의 유명한 병원, 사찰, 용하다는 무당에 점쟁이까지 안 찾아가 본 곳 없이 다 다녀 보았답니다.

그러다가 동네 교회의 부흥회까지 가보게 된 것이 시작이 되어서 5년 째 신앙생활을 하고 있는 중이었습니다. 그러는 와중에도 경호는 틈만 보이면 손가락을 찢어 장지문에 피 뿌리고, 발가벗은 채 뒷산으로 달아나는 게 한 두 번이 아니었습니다.

최근에는 그것이 거의 경호의 일상처럼 되어 버렸다는 것입니다. 그날 본 그 장지문도 새 문창호지가 발라져 있었는데 그 역시도 새빨간 피가 여러 군데 뿌려져있었습니다.

제가 어느 날 잠시 쉬고 싶어서 친구 목사님이 운영하는 산골의 작은 기도처를 찾아 갔다가 경호의 소식을 듣고는 쉬는 것을 포기하고 산을 내려 왔습니다. 웬일로 쉴만한 여유가 다 생기나 싶더니 일하라고 주께서 저를 그 지역으로 인도하신 것 같았습니다.

그 기도처의 집사님이 가르쳐 준 대로 경호네 집은 워낙에 큰 한옥이라서 쉽게 찾을 수 있었습니다. 제 친구 목사가 뭐라고 전화를 걸어 놨는지 경호네 엄마랑 아빠가 반갑게 저를 맞아주었습니다. 큰 방으로 들어가서 앉자 저는 잠시 기도를 드리고 나서 경호의 엄마에게 말했습니다.

"경호를 데리고 와 주십시오."

제가 그렇게 부탁을 하자 경호의 할머니가 경호를 데리고 방으로 들어오셨습니다. 12살이라던 아이는 7살 정도의 성장 정도 밖에 안 되어 보였습니다. 경호는 그런 이상한 행동을 보이는 통에 일반 학교를 보낼 수 없었답니다.

장애인 특수학교에 입학을 시키고 경호의 엄마가 매일 같이 경호를 데리고 등하교를 시켰었는데 거기서도 자해하며, 옷을 벗고 달아나는 통에 15일 만에 학교에서도 경호를 더 이상 받아 주지 않았다고 했습니다. 경호는 집에서 어린 애처럼 맨 날 할머니 품에서만 놀고 있었습니다.

경호는 저를 보자마자, 할머니의 손을 꼭 잡고서 제 할머니의 품으로 숨는 시늉을 했습니다. 저는 할머니와 경호를 같이 앉도록 했습니다. 저는 아이의 머리에 손을 얹고 기도하였습니다.

"하나님 아버지,
사랑하는 경호를 긍휼히 여겨 주옵소서.
아이가 제 또래들과 같이 어울려서 공부도 하고 놀 수도 있도록
아이에게 은혜를 베풀어 주시옵소서.
우리 주 예수 그리스도 이름으로 기도 드립니다. 아멘"

기도를 마치고 제 할머니의 품에 매달려 있는 아이에게 손을 얹고 명령했습니다.

"내가 우리 주 예수 그리스도의 이름으로 명령한다. 아이를 괴롭히고 있는 더러운 벙어리 귀신아. 옷 벗는 귀신아, 자해하고 피 흘리는 귀신아, 아

이에게서 나가라 나가고 다시는 들어가지 말라."(막 9:25)

그렇게 말하자 벙어리로 살던 아이의 입에서 이 말이 나왔습니다.

"안 나가."

짧은 외마디 소리였습니다. 그런데 목소리가 마치 늙은 할아버지의 목소리처럼 톤이 굵고 거칠게 쉬어 있는 목소리였습니다. 저는 계속 해서 예수 이름으로 귀신을 다그쳤습니다.

"예수 그리스도의 이름으로 명령한다. 어서 나가, 어서."

"싫어 안 나가!"

더 놀라운 것은 아이의 할머니의 반응입니다. 할머니는 거의 숨이 멎는 것처럼 놀란 두 눈을 동그랗게 뜨고서 넋이 나간 사람처럼 어쩔 줄을 몰라 하고 있었습니다.

"우리 손자가 말을 하네. 말을 했어 아이고, 천지신명 하나님 아버지시여 …"

경호의 엄마도 놀라기는 마찬가지였습니다.

저는 계속 아이의 머리에 손을 얹은 채 기도하였습니다. 그리고 아이를 예수 그리스도의 이름으로 축복해 주고 나서 기도를 마쳤습니다. 그러자 경호의 할머니가 제 앞에 두 무릎을 꿇고 앉아 빌며 말했습니다.

"선상님, 저희 집에 사흘만 더 유하다가 가셔요, 예? 이번 기회에 우리 손자 좀 깨끗이 살려 주시야겠네요, 예?"

그때 주께서 제게 말씀을 하셨습니다.

"이 가족들의 믿음이 성장됨에 따라서 아이의 병도 차차 치유될 것이니 치유는 내게 맡기고 인자야 너는 어서 일어나라."

저는 주님의 말씀을 그 가족들에게 전했습니다.

"경호를 주님께 맡기십시오. 아이의 말문이 터졌으니 아무 염려 마시고, 신앙생활을 열심히 잘 하십시오. 이 가족들의 믿음이 잘 성장 되면 그때에 주께서 경호를 아주 깨끗하게 해 주시겠다고 말씀하셨습니다. 이 가족들 위에 주님의 관심이 항상 함께 역사하고 계십니다."

주님의 말씀으로 그 가족들을 위로하고 그 집을 나왔습니다.

예수께서 바다 건너편 거라사인의 지방에 이르러 배에서 나오시매 곧 더러운 귀신 들린 사람이 무덤 사이에서 나와 예수를 만나니라 그 사람은 무덤 사이에 거처하는데 이제는 아무도 그를 쇠사슬로도 맬 수 없게 되었으니 이는 여러 번 고랑과 쇠사슬에 매였어도 쇠사슬을 끊고 고랑을 깨뜨렸음이러라 그리하여 아무도 그를 제어할 힘이 없는지라 밤낮 무덤 사이에서나 산에서나 늘 소리 지르며 돌로 자기의 몸을 해치고 있었더라 그가 멀리서 예수를 보고 달려와 절하며 큰 소리로 부르짖어 이르되 지극히 높으신 하나님의 아들 예수여 나와 당신이 무슨 상관이 있나이까 원하건대 하나님 앞에 맹세하고 나를 괴롭히지 마옵소서 하니 이는 예수께서 이미 그에게 이르시기를 더러운 귀신아 그 사람에게서 나오라 하셨음이라 이에 물으시되 네 이름이 무엇이냐 이르되 내 이름은 군대니 우리가 많음이니이다 하고 자기를 그 지방에서 내보내지 마시기를 간구하더니 마침 거기 돼지의 큰 떼가 산 곁에서 먹고 있는지라 이에 간구하여 이르되 우리를 돼지에게로 보내어 들어가게 하소서 하니 허락하신대 더러운 귀신들이 나와서 돼지에게로 들어가매 거의 이천 마리 되는 떼가 바다를 향하여 비탈로 내리달아 바다에서 몰사하거늘 치던 자들이 도망하여 읍내와 여러 마을에 말하니 사람들이 어떻게 되었는지를 보러 와서 예수께 이르러 그 귀신 들렸던 자 곧 군대 귀신 지폈던 자가 옷을 입고 정신이 온전하여 앉은 것을 보고 두려워하더라 이에 귀신 들렸던 자가 당한 것과 돼지의 일을 본 자들이 그들에게 알리매 그들이 예수께 그 지방에서 떠나시기를 간구하더라 예수께서 배에 오르실 때에 귀신 들렸던 사람이 함께 있기를 간구하였으나 허락하지 아니하시고 그에게 이르시되 집으로 돌아가 주께서 네게 어떻게 큰 일을 행하사 너를 불쌍히 여기신 것을 네 가족에게 알리라 하시니 그가 가서 예수께서 자기에게 어떻게 큰 일 행하셨는지를 데가볼리에 전파하니 모든 사람이 놀랍게 여기더라 - 막 5:1~20

정금 생각

경호가 그 집안과 그 지역에 있어서 진정한 부흥사역의 주인공이었다.

69. 생후 2개월된 서연이의 난소암

　　　서연은 생후 2개월 밖에 안 된 여아였습니다. 그런데 계속해서 아기가 고열이 나고 울어대기만 하니까, 수원에 있는 아주대학병원에 데리고 가서 진찰을 받았습니다. 여기 저기 사진을 찍고 검사를 해 본 결과, '난소암'으로 판정이 나왔습니다.

　병원에서는 수술을 권했으나 그의 부모는 생후 2개월 밖에 안 된 아기를 차마 수술대에 눕힐 수가 없었습니다. 지인의 소개로 서연의 아빠가 제게 찾아와서 상담을 하면서 울먹였습니다.

　"병원에서는 하루라도 빨리 수술 날짜를 잡으라는데 어떻게 생후 2개월 밖에 안 된 갓난아기의 몸에 매스를 대라고 허락을 하겠습니까? 저는 차마 못하겠어요. 수술을 하지 않고도 우리 서연이가 안 아플 수만 있다면 제가 무엇이든지 목사님께서 시키는 대로 다하겠습니다."

　"제가 믿는 예수님께서는 전지전능하신 하나님이십니다. 믿고 따라와 주시겠습니까?"

"예, 제가 어떻게 하면 되겠습니까?"

"내일이 주일입니다. 아내와 함께 아기를 데리고 11시까지 교회로 와서 예배에 참석해 주십시오. 예배 후에 아기에게 안수하겠습니다."

"그렇게 하겠습니다."

그들 가족은 예수교회의 성도가 되었습니다. 그의 아내가 물었습니다.

"쪼그만 것이 무슨 죄가 있어서 이렇게 고통을 당하는 걸까요?"

"부모님 중에 음란죄를 회개해야 되는 분이 계십니다."(고전 6:18)

"서연 아빠가 아주 국제적으로 놀던 유명한 바람둥이였습니다."

"음란죄의 영이 아기에게 몹쓸 짓을 했습니다."

"어머나! 그럼, 어떻게 하나요?"

"예수 그리스도의 이름으로 모두 회개하셔야 합니다."

그들 부부는 지난날의 행실에 대하여 철저히 회개했습니다. 그리고 신앙생활을 아주 열심히 하였습니다.

주님은 그들의 믿음을 보시고, 아기의 건강을 회복시켜 주셨습니다.

석 달 정도가 지나서 병원에 다시 가서 서연의 병의 상태를 검사하였는데 깨끗이 완치된 것을 확인할 수 있었습니다. 서연은 예쁘게 잘 자라고 있습니다.

예수께서 그 아버지에게 물으시되 언제부터 이렇게 되었느냐 하시니 이르되 어릴 때 부터니이다 귀신이 그를 죽이려고 불과 물에 자주 던졌나이다 그러나 무엇을 하실 수 있거든 우리를 불쌍히 여기사 도와 주옵소서 예수께서 이르시되 할 수 있거든이 무슨 말이냐 믿는 자에게는 능히 하지 못할 일이 없느니라 하시니 곧 그 아이의 아버지가 소리를 질러 이르되 내가 믿나이다 나의 믿음 없는 것을 도와 주소서 하더라 예수께서 무리가 달려와 모이는 것을 보시고 그 더러운 귀신을 꾸짖어 이르시되 말 못하고 못 듣는 귀신아 내가 네게 명하노니 그 아이에게서 나오고 다시 들어가지 말라 하시매 귀신이 소리 지르며 아이로 심히 경련을 일으키게 하고 나가니 그 아이가 죽은 것 같이 되어 많은 사람이 말하기를 죽었다 하나 예수께서 그 손을 잡아 일으키시니 이에 일어서니라 집에 들어가시매 제자들이 조용히 묻자오되 우리는 어찌하여 능히 그 귀신을 쫓아내지 못하였나이까 이르시되 기도 외에 다른 것으로는 이런 종류가 나갈 수 없느니라 하시니라 – 막 9:21~29

정금 생각

무엇이든지 사람의 생각으로 포기를 해서는 안 된다.
주님의 전능하심과 그 애 아빠의 순수한 자식 사랑이 이루어 낸 은혜의 결실이다.

70 세월호 참사현장을 다녀가면서

2014년 4월 16일 오전 8시 50분, 사고가 나고 77일째 되던 날에 세월호 참사의 현장을 가 볼 수 있었습니다. 유가족님들께 무엇이라 무엇으로 위로한들 그 절박한 심정이 달래지겠습니까

구급차만 보여도
혹시 우리 가족을 찾았나 싶어서
미친 듯이 일어나
쫓아 갔다가
허망하게 돌아 서며
정신 줄 놓기를 수백 수 천 번

아이고 하나님
아무것도 모르게 내가 아예 미쳐버리든가
차라리 내가 영영 죽고 말 일이지

깨어나면 또 울고
넋 놓고 기다리다 또 울고
비통해서 원통해서 또 울고
아이고 하나님
내 새끼가 숨진 물로 뛰어 들어
차라리 나도 영영 죽고 말아야 할 일입니다.

팬티만 입고 저만 살겠다고 달아나는 선장을 보며
처음에는 분노의 끓는 욕이 나왔습니다.
죽일 놈, 쳐 죽일 놈, 찢어 죽일 놈!
그런데, 두 번 세 번 네 번 하루 온종일
매스컴에서 되풀이 되며 보여지는 그 모습에서
저는 제 모습을 보았습니다.
온갖 관행을 묵인하며 관행적 불법을 저지르며 살아왔던
지금까지의 제 모습이 거기 있었습니다.
나의 그런 죄악들이 그들의 죄악상이고
아직도 물속에 갇혀 있는 그 가족들이 바로 제 가족들입니다.

유가족 여러분 사죄드립니다.
이 죄인이 그냥 앉아 있을 수만은 없어서
자원 봉사를 자처하고 나왔습니다.
지금 저부터라도 반듯하고 더 정의롭게 바뀌려고 합니다.

평생을 제 가족들로 제 가슴에 묻고 여러분 곁에서
참회하며 살겠습니다.
국민 여러분, 우리가 저들을 죽였습니다.
부디 우리 가족들을 찾아 주시기 바랍니다.
수고하며 뼈를 깎으며 고생하는
자원 봉사라는 이름의 국민 대표 여러분들도
정말 고맙습니다.
우리 끝까지 힘을 모아 보십시다.
작은 불꽃이 되어 어두운 세상을 비춰 봅시다.

팽목항 바닷물은 잠잠히 나를 바라보는데
그 앞에 선 인생들은 아직도 절규하고 있습니다.
부디 우리 모두가 서로 사랑하게 하소서
아멘.

모든 것이 내게 가하나 다 유익한 것이 아니요 모든 것이 내게 가하나 내가 무엇에
든지 얽매이지 아니하리라 – 고전 6:12

정금 생각
우리 모두가 공범이다. 주께서는 세월호의 모습이 그 사업주의 모습과도 같다고
하셨다. 우리의 환경에는 우리의 정서가 담겨있다.

71. 비에 젖은 진도 앞산

앞산에 비가 내리고 있습니다.
저만치 보이는 높은 산이 주룩 주룩 찬 비를 맞으며 젖고 있는데
산을 씌어 줄 만큼 큰 우산이 내게는 없었습니다.
안타까워서 산을 바라보며 울고 서 있을 수밖에 없었습니다.
산에 사는 나는 비가 내리면 그냥 젖은 채로 눈물 흘리는 산을 바라보며
같이 웁니다.

2014년 4월 16일 오전 8시 50분
순리를 거역한 인생들 앞에
팽 목 항이 비통하게 울고 있습니다.

앞산도, 세월호의 참사 현장을 바라보며
잔인한 역사 앞에 눈물을 흘리고 있습니다.

만물을 조성하신 창조주의 눈물입니다.
주님도, 나도 그 앞산에 서서
불러도, 불러도 대답 없는 메아리를 비에 적시며
거친 물살에 흐느끼고 있습니다.

인생들아, 인생들아 어느 때까지
창조의 섭리를 거스리고
어느 때까지, 어느 때까지
허사를 경영하겠느냐

어느 때까지 패역함으로 주의 진노를 쌓겠느냐

잔인한 세월호가 참으로 야속해서
주님도, 나도 팽 목 항을 바라보며
비에 젖어 울며 서 있습니다.

어찌하여 이방 나라들이 분노하며 민족들이 헛된 일을 꾸미는가 – 시 2:1

정금 생각

대자연의 한 자리를 빌려서 잠시 머물다 가는 것이 인생일진대, 우리 모두가 자연의 질서에 순응하며 겸허하게 살다가 주님 품으로 돌아 갔으면 좋겠다.

72 명지대학교로 가라

어느 날 주께서 말씀하셨습니다.
"명지대로 가서 사회복지 공부를 하라."
"주님, 사회복지는 성도들도 여럿이 했는데요."
"네가 사회복지 공부를 해야 한다."
"꼭 하라고 하시면 해야지요."
"네가 컴퓨터를 할 줄 알아야 한다."
"저는 컴퓨터의 전자파 폐해가 너무 견디기 힘들고요 필요한 것이 있을 때는 성도들이 다 해주는 데요? 제가 굳이 해야만 하나요?"
"네가 컴퓨터를 할 줄 알아야 한다."
"…"
"명지대로 가서 사회복지 공부를 하라."
저는 얼마 후에 결국 주님의 명령에 따라서 명지대 사회복지학과에 등록을 하였습니다.

예수 이름으로 축복을 받으며 잘 자라서 어느새 의젓한 사회인이 되어 있는 아들이 제 등록금의 일부를 보내주었고, 일부는 목회자 장학금으로 충당을 하였습니다. 레포트를 작성을 하다 보니, 몇 년 사이에 컴퓨터는 자연스레 익혀졌습니다. 다행히 이 문서도 제가 직접 작성할 수 있었습니다.

- 명지대학교 -

그곳에서 참 많은 것을 배웠습니다. 그리고 참 좋은 사람들을 많이 만났습니다. 정말, 제 인생에 활기를 더해주는 기분 좋은 만남들이었습니다.

아직도 주께서 왜 저를 그곳에 보내셨는지 다 알 수는 없지만, 배움과 만남의 하루하루가 유익하고 즐겁습니다.

"목회자로 불러 주신 주님! 감사합니다."

"목회자 어미 곁의 첫번째 동역자 아들, 고마워요."

"제가 목회자로 살 수 있도록 저와 함께 해주시는 동역자 성도님들, 고맙습니다."

"주께서 만 배의 복으로 갚아 주시기를 예수 그리스도 이름으로 축복합니다. 아멘!"

곧 지혜가 네 마음에 들어가며 지식이 네 영혼을 즐겁게 할 것이요 - 잠 3:10

정금 생각

지식의 근본 하나님께로 평생 교육을 통해서 더욱 가까이 나가고 싶다. 이같은 은혜를 나의 동역자들도 다 같이 누리게 되기를 예수 그리스도의 이름으로 축복했다.

"하나님 아버지, 우리에게 평생 교육의 여유 있는 환경과 충만한 능력을 주시옵소서. 그 은혜 또한 예수교회 모든 가족들도 다같이 누릴 수 있도록 도와주세요 아멘."

예수교회 가족이라고 지칭하는 대상은 지구촌의 모든 성도들을 의미한다.

73 백석대학교

　　고 집사님이 고등학교 3학년에 재학 중인 아들의 진로상담을 하러 오셨습니다. 평소에 그 학생의 진로 문제를 놓고 하나님께 기도를 드렸었기 때문에 바로 권면할 수 있었습니다.
　　"집사님의 아들 기도만 드리면 주께서 늘 주시는 감동이 있습니다."
　　"그게 뭔지 말씀해 주셔야 알지요"
　　"기도 할 때마다 항상 – 백석 – 이라는 글을 보여 주셨습니다."
　　"백석? 백석대학교 … 토다는 … 알겠습니다."
　　주님의 인도하심이 계셨다고 전했으나 고 집사님은 11개 대학교에 아들의 입학원서 신청을 하였습니다.
　　백십만 원 정도의 입학원서 비용이 발생하였고 거기에 따르는 부대 비용도 만만찮게 들어갔습니다. 아들도 시험장을 열한 군데나 돌아야 했습니다. 그 때 마다 고 집사님으로부터 전화가 걸려 왔습니다.
　　"목사님, 오늘 제 아들의 대학교 시험 날이에요. 기도 부탁드려요."

"목사님, 오늘 제 아들의 대학교 면접 날이에요. 기도 부탁드려요."
"목사님, 오늘 제 아들의 대학교 합격자 발표에요. 기도 부탁드려요."
저는 그때마다 대답하며 생각했습니다.

"예, 알겠습니다. 기도하겠습니다."
결과는 이미 주께서 백석대학교로 보여주셨는데, 어떻게 기도드려야 하는 것인지 참으로 난감했습니다. 결과적으로 고 집사님의 아들은 지망했던 열한 개 대학교에 모두 다 떨어지고 나서야 백석예술전문대로 들어갈 수 있었습니다. 그 바람에 고 집사님의 아들은 열 한 번의 시험과 열 한 번의 좌절을 맛보아야 했습니다.

목회자와의 상담을 통해서 미리 안내를 받았음에도 불구하고 부모님은 돈만 잔뜩 쓴 결과를 낳았습니다.

저는 우리가 믿는 믿음의 정체성에 대해서 다시 생각해 보게 됩니다. 우리는 아무래도 영원 전부터 스스로 말씀으로 존재하시는 하나님보다도 '내가 만든 하나님'을 더 의지하는 것 같습니다.(요 1:5)

너의 행사를 여호와께 맡기라 그리하면 네가 기도하는 것이 이루어지리라
- 잠 16:3

정금 생각
우리는 스스로 만드는 시험에 스스로 갇혀 있을 때가 종종 있다. 내 시험의 중심에는 항상 내가 있다

74 주님의 책과 내 책

저는 여유가 좀 생기면 그동안 주님의 명령을 받고 기록한 주님의 역사하심과 주님과의 대화 내용들을 모아서 간증집을 펴낼 생각을 하고 있었습니다. 그런데 주께서 말씀하셨습니다.

"네가 만들면 네 책이고, 내가 만들면 내 책이다."

주님의 책을 주님의 명령대로 만들어야만 했습니다. 그래서 어떻게 하는 것이 '주님께서 만드시는 책'인지를 고민하고 있었습니다.

'어차피 내 모든 것이 다 주님의 것인데 어떻게 내 책이라는 것이 만들어진다는 말씀이실까?'

명지대에서 공부를 하는 중에 만난 이 목사님이 제 강의실에 방문했을 때에, 간증집의 출판에 대한 내용들을 말씀드렸습니다. 그러자 이 목사님도 출판사를 통해서 요약설교집 여덟 권을 시중에 출판하셨다고 하면서 저에게 그 출판사를 소개시켜 주시겠다고 하셨습니다.

그때, 곰곰이 주님께서 제게 주셨던 말씀에 비추어 생각해 보았습니다. 제게 주신 돈으로 제가 만들어서 제 마음대로 인심을 쓰며 돌려 보면 제 책이고, 주님께서 인도하시는 성경 서적 전문가들에게 의뢰해서 책을 만들어 전문 유통과정을 통하여 기독교 전문 서적으로 보급을 하면 주님의 책인 것 같았습니다. 그렇게 해야지만 주님의 방법으로 널리 보급하시겠다는 말씀 같았습니다. 제가 굳이 돈을 들여 가면서 주께서 싫어하실 일을 할 필요는 없을 것 같습니다.

주께서 역사하시고, 명령하시어 기록한 글들을 주님의 손 위에 올려 드리려고 합니다. 주님의 것을 주님의 방법으로 사용하시도록 내어 드리려고 합니다. 주님의 것을 제 것으로 삼을 수는 없습니다.

하나님의 것을 인간의 것으로 삼는다고 인간의 것으로 될 수 있는 것도 아닙니다.

만약, 주님의 뜻에 제가 순종하지 않는다면 주님의 계획에 쓰임 받는 일에서 저만 제외 될 뿐이고 주님의 계획에는 다른 사람이 쓰임 받게 될 것입니다. 살아 계신 주님의 역사를 세상에 드러내시고자 하시는 주님의 계획에는 변함이 없으시니까요.

그것이 이 책을 기록하신 목적이심을 믿고 있습니다.

사랑하는 성도 여러분,

저는 1950년대 중반에 서울에서 태어나 서울에서 신앙생활을 하며 성장했습니다. 제가 스물 여덟 살이 되던 해에 경남지역에 거주할 당시에 처음 임하신 계시의 내용들과 그 때로부터 하나님께서 제게 어떻게 가르치시고 최근까지 어떻게 인도하셨는지에 대해서 이 지면을 통하여 진솔하게 기록했습니다. 이 글의 주인공은 제가 아니고 주님과 성도들이어야 합니다

 이 목사님을 통해서 출판사를 소개받기로 했습니다. 주께서 역사하시는 대로 주님의 일을 하시는 그분들에게 주의 일을 맡기려고 합니다.

 "주님, 저희는 잠시 세상에 머물다 가오나 주님은 영존하옵시고 만유 위에 계셔서 만유를 다스리시며 만유를 통하여서 세세 무궁토록 홀로 영광을 받으시옵소서. 아멘."

 기약이 이르면 하나님이 그의 나타나심을 보이시리니 하나님은 복되시고 유일하신 주권자이시며 만왕의 왕이시며 만주의 주시오 오직 그에게만 죽지 아니함이 있고 가까이 가지 못할 빛에 거하시고 어떤 사람도 보지 못하였고 또 볼 수 없는 이시니 그에게 존귀와 영원한 권능을 돌릴지어다. 아멘 – 딤전 6:15~16)

정금 생각
주님의 것을 주님의 방법으로 주님 뜻에 맡기리라.

75 7월의 기도

푸릇한 벼 포기로 바람이 일고
그 바람 물결치며
흐르고 또 흘러서
누렇게 영 글리어 이삭이 패듯

오직 예수
내 주 예수 십자가의 길

여종의 가는 길 바람도 세차
흐르는 세월 속에
주름이 져도
내일은 예수 닮은 반석 되게 하소서. 아멘.

보라 내가 너를 연단하였으나 은처럼 하지 아니하고 너를 고난의 풀무에서 택하였노라 나는 나를 위하며 이를 이룰 것이라 어찌 내 이름을 욕되게 하리요 내 영광을 다른 자에게 주지 아니하리라 - 사 45:10, 11

정금 생각
고난이 내게 유익이라! 인내의 법이 나의 믿음을 성장시킨다.

76 두릅 순

짬을 내서 뒷산에 올라가니, 산나물들이 쑥쑥 자라 있습니다. 풀섶에 있을 뱀을 쫓기 위해서 등산용 지팡이를 이리 저리로 툭툭 쳐 가며, 숲속으로 들어가서 들나물과 산나물을 뜯었습니다.

홑잎은 벌써 때가 지났고, 지난 번에 뜯었던 원추리 잎에는 그간에 새 순이 또 올라와 있습니다. 쑥의 연한 순들을 따서 배낭에 담았습니다. 냉이랑 들의 산삼이라고 하는 고들빼기도 캐고, 참취에 미역취, 잔대 순, 다래 순까지 뜯었습니다. 쓴 나물의 맛을 나이 들어서야 알았고, 장아찌를 담는 까닭도 최근에야 알게 되었습니다.

그런데 지난번에 꺾은 두릅의 순이 새로 올라 와 있어야 하는데 새 순이 하나도 없었습니다. 누군가가 꺾어 간 것이 분명합니다. 저는 주님께 불평을 했습니다.

"아버지, 제가 오늘 따려고 했는데요. 어쩌면 이렇게 두릅 순 하나 조차도 안 지켜 주시나요?"

주께서 대답해 주셨습니다.

"그것은 산을 사랑하는 자들의 것이다."

산 꼭대기의 땅에도 곡식이 풍성하고 그것의 열매가 레바논 같이 흔들리며 성에 있는 자가 땅의 풀 같이 왕성하리로다 – 시 72:16

정금 생각
예수께서 팔복을 선포하셨던 태초의 산 환경으로
더욱 자주 나아가서 내 주님과 대화하리라

77 문서 선교사

오랜 세월 문서 선교를 담당 해 오신 한 목사님을 지인의 소개로 만날 수 있었습니다.

한 목사님의 첫 인상에서는 그다지 흠모할 만한 느낌을 받지 못했습니다.

제 간증집의 출판을 결정짓고 나서 그 출판 과정에서 몇 차례 책에 관한 상의로 한 목사님을 만났습니다.

주님의 책을 출간함에 있어서 제 마음대로 무엇을 결정할 수는 없는 일이기에 기도 중에 주님께 여쭈었습니다.

"주님, 문서선교를 한다는 한 목사님은 어떤 사람인지요?"

제가 그렇게 여쭙자 주께서는 저의 영안을 열어서 보여주셨습니다.

높은 성벽 위에 한 목사님이 세상을 내려다보며 서서 계셨고 그의 오른쪽에는 횃불이 켜져 있는데 그 횃불은 주 예수께서 오른 손으로 들고 계신 횃불이었습니다.

처음에는 주께서 한 목사님께 흰 종이로 된 두루마기를 입혀 주셨었는데, 얼마 후에는 그 옷이 벗겨지더니 휴지처럼 구겨지고 속은 묵지처럼 새까만 지저분한 옷이 그에게 대강 입혀졌습니다. 그 속 부분으로는 나무 십자가가 보였습니다. 제가 바라보고 있노라니 얼마 후에 그 지저분한 옷이 벗겨지자 그 속에 있던 십자가만 남게 되었습니다.

하늘로부터 몇 차례의 물로 씻김이 계시더니 그 나무 십자가는 불 같기도 하고 유리 황금과도 같이 변해버렸습니다. 주님께서는 여전히 그 불 같이 밝게 빛나는 유리 황금 십자가를 두 손으로 품에 안 듯이 붙잡아 주고 계셨습니다.

주께서 말씀하셨습니다.

"한 목사 속의 변함없는 십자가 사랑이다 내가 그의 문서 선교를 통해서 세상에 불을 밝히기 원하노라."

"아멘, 좋은 문서 선교사를 만나게 해 주셔서 감사합니다"

저는 한 목사님을 통해서 제 간증집을 출간하게 된 것이 무척 감사했습니다. 지금도 제 기도 중에는 한 목사님을 종이옷으로 입히시고 그의 우편에서 횃불을 들고 계시는 주님이 보이십니다.

그의 사역이 문서선교의 중요한 축이 되시기를 기도합니다.(행 9:15)

정금 생각

주 안에 있는 자들에게는 모든 것이 합력하여 선을 이루시는데 그 중에서도 성도들의 필연적인 만남을 통하여서 주님은 주님의 일을 이루어 나가신다

78 미국인 선교사

　　　　　중국에서 제 책을 보고 찾아오신 미국인 선교사가 계셨습니다. 그는 한국계 미국인이었었는데, 중국의 남부 지역에서 오랫동안 선교사역을 하고 계시던 중에 – 자연치료요법 – 에 관한 저의 책을 읽고 저를 만나려고 일부러 오셨습니다.

　저는, 먼저 선교사님의 건강 상태를 점검해드렸습니다. 특히, 귀로 진단하는 내과 질환에 대하여 자신의 건강 상태와 정확히 일치한다면서 많은 자문을 구해왔습니다.

　그때에 주께서 말씀을 주셨습니다.

　"그에게 너희 학회의 자연치료사 자격증을 해주라."

　"아멘."

　저는 주께서 말씀 하신 대로 그 선교사가 중국에 들어가시기 전에
　그의 사진이 들어 간 – 자연 치료사 자격증 – 을 발급해 드렸습니다.
　중국 현지에서 쓸 수 있는 간단한 의료 장비들도, 제 책과 함께 챙겨서 보

내 드렸습니다.

선교사님께서 무척 기뻐하셨습니다.

그 이듬해에,

중국 베이징에서 올림픽이 개최되었는데 그때에 중국 정부의 시책에 따라서 중국에 거주하고 있던 모든 외국인들에게 비자를 1달 기한의 체류 기간만 주고 무조건 국외로 추방을 하였답니다.

그 선교사님도 공안 당국에 가서 비자를 연장하는 과정에서 예외없이 1달 기한으로 연장이 되는 대상이 되어 자격심사를 받았답니다.

그런데 그때 저희 – 국제 자연치료학회 – 에서 발급해 드렸던 – 자연 치료사 자격증 – 을 제출하였답니다.

그러자 그쪽 심사원들이 그것을 보더니 말하기를

"당신은 우리나라(중국)에 꼭 필요한 분이십니다."라고 하면서 선교사의 비자를 1년으로 길게 연장을 해 주었다고 했습니다.

그 뿐만이 아니라 수수료도 1개월 연장하는 것보다도 더 조금 받더랍니다.

그러자 그가 그동안에, 선교의 씨앗을 뿌렸던 사역지에서도 선교사님에 대한 입지가 좋아지면서 인지도 또한 올라가다 보니, 제자 육성이 잘 되어서 – 중동지역의 파키스탄 – 에 선교사들을 4명씩이나 파송하셨다고 기쁜 소식을 전해 왔습니다.

"다음에 그 파키스탄에 보낸 선교사들도 한국에 한번 데리고 가겠습니다. 그때 그 자격증을 해 주셔서 선교 사역에 크게 도움이 됐습니다. 제가 그들과 나가게 되면 그들에게도 그 자격증을 꼭 해 주시길 부탁드리겠습니다. 고맙습니다."라고 하시며 저를 중국의 사역지로 초청해 주셨지만 주께서 허락하

예수님과의 대화 313

시지 않으셔서 갈 수 없었습니다.

저희 학회의 자격증이 국제무대에서 선교사역을 하시는 데에 그렇게 크게 도움이 되셨다고 들으니, 쓰임 받은 저로서도 무척 기뻤습니다.

제가 아는 것이 있다면 오직 한 가지뿐입니다. 주께서 말씀하시는 것은 무엇이든지 가감도 하지 않고(계 22장 18절~19절), 제한도 하지 않고, 그때 마다 순종한 것이 그렇게 귀한 주의 사역에 동참 할 수 있게 되었다는 사실 그것입니다. 감사합니다.

우리가 알거니와 하나님을 사랑 하는 자 곧 그이 뜻대로 부르심을 입은 자들에게는 모든 것이 합력하여 선을 이루느니라 - 롬 8:28

정금 생각

내과 질환을 오래 앓은 성도들에게 어떤 섭생이 옳을지 연구하다 보니 결국은 자연치료학을 접하게 되었다. 그 방면의 최고학부로 가서 자연치료학 박사학위까지 받았으나 학문은 학문일 뿐 이었다. 독일계 미국인 베네딕트 러스트가 자연치료학의 창시자로 되어 있는데 내 생각은 조금 달랐다. 그래서 성경 말씀에 기록된 자연 섭생의 방법을 파고들다가 내린 결론이 자연치료 보다는 자연치유가 훨씬 포괄적이며, 그 창시는 태초에 에덴을 창설하신 하나님으로부터 시작되었음을 부인할 수가 없었다.

사실은 자연치료도 여기 한 부분에 속한다고 생각한다. 그래서 본인은 창세기로부터 시작된 자연 환경 속의 자연 치유의 섭생 방식을 홍보하기 위해서 사당동 사거리에 있는 연구소에서 선교지에서 쉬러 들어오시는 선교사님들을 대상으로 자연치유 요법에 대한 강의를 하게 되었다. 교재도 창세기로부터 새로 정리해서 직접 만들었다.

"태초의 자연으로 돌아가야 태초의 건강을 누릴 수 있다"로 서두를 잡은 교재에는 귀나 얼굴, 몸 등의 외부에 나타난 특징을 보며 그 몸 속의 질환을 진단해 보고 거기에 따르는 성경적 섭생방식과 현대인의 과학으로 검증된 식생활 요법 등을 함께 연구한다.

자연치유학을 연구하게 도면 어느 곳에서든지 자비량으로 의료선교가 가능하다 우리의 자연치유요법은 하나님께서 우리에게 허락하신 몸 안의 자연치유력을 극대화 시키는 것에 초점을 맞춘다. 천년 만년 오래 살자는 것이 아니라 사는 동안 건강하게 건강관리를 하며 살자는 취지가 먼저이다.

수신제가하고 치국평천하이니 우리가 건강해야 내 가족과 내 교회와 내 이웃의 건강 지킴이가 될 수 있을 것이 아닌가. 요즈음 우리 사회에 자연치유의 붐이 일고 있어서 참으로 감사하다.

용인 예수교회의 부설기관인 '국제자연치료학회'는 의료선교를 위한 모임이다. 그 곳에서는 하나님의 영광을 위한 선교의 도구로 쓰임 받기 위해서 오늘도 기도하고 있다.

79 극동지역에서 가장 큰 자

극동방송을 듣는 중에, 귀에 익은 목소리가 들려왔습니다. 극동방송국의 운영인 김 목사님의 목소리였습니다. 그때, 주께서 말씀하셨습니다.

"그가 극동지역에서 가장 큰 자다."

저는 주님께 그 이유를 여쭈어 보았습니다.

주께서는 다음과 같이 말씀해주셨습니다.

"그가 공산권 전역에 방송으로 복음을 전파하고 있다. 그러니 가장 큰 일을 하는 게 아니겠느냐.(요 14:12) 극동지역에서 그가 가장 큰 자다."

저는 그 때로부터 김 목사님의 사역을 돕는 기도를 늘 하였습니다.

하루는 주님께 기도 중에 김 목사님께서 몸이 몹시 지쳐서 누워 계신다는 감동을 성령께서 주셨습니다.

저는 김 목사님께서 담임을 하고 계시는 교회에 다니고 있는 내과 전문의 친구에게 전화를 걸어서 급히 링거와 영양제들을 챙겨 가지고 김 목사님을 찾아 뵐 것을 부탁하였습니다. 친구 의사는 영문도 모르고 제 부탁대로 왕진 준비를 하여 김 목사님 자택으로 방문을 하였다가 깜짝 놀랐답니다.

김 목사님께서 큰 교회를 담임하고 계시면서도 해외로, 국내 방송국의 일로 잦은 출장과 격무로 인해 몸에 피로가 쌓여서 거의 말씀도 못할 정도로 지친 모습으로 꼼짝도 못하시고 자리에 누워 계셨던 것이었습니다. 올곧기만한 김 목사님은 당신이 지쳐서 쓰러진 사실을 성도들이 알게 되면 괜히 교회에 근심을 끼치게 되니 일절 외부에 알리지 말라고 사모님께 철저히 단속을 하시는 통에 혼자서 쩔쩔매고 계시던 사모님이 제 친구 의사를 아주 반갑게 맞아 주셨답니다.

친구 의사는 챙겨 갔었던 영양제를 김 목사님께 급히 놔 드리고 김 목사님께서 기력을 회복하시기까지 옆에서 지켜 드리다가 자기 병원으로 돌아 와서 저에게 전화를 해서 물었습니다.
"저희 담임 목사님이 그렇게 쓰러져 계신 것을 지 목사님이 어떻게 아셨습니까?"
"기도 중에 성령께서 감동을 주셨습니다. 닥터께서 제가 부탁 한대로 순종해 주셔서 감사했습니다. 하늘에 상급이 클 것입니다. 수고하셨습니다."

우리는 복된 주의 일에 쓰임받은 것에 서로 감사하며 하나님께 영광을 올렸습니다. 성도님들 정말 감사합니다. 아멘!

또 참으로 멍에를 같이 한 네게 구하노니 복음에 나와 함께 힘쓰던 저 여인들을 돕고 또한 글레멘드와 그 외에 나의 동역자들을 도우라 그 이름들이 생명책에 있느니라 – 빌 4:3

정금 생각

주께서는 세계 어느 곳이나 사회주의 공산권 지역까지라도 유대와 사마리아 땅 끝까지라도 주의 복음이 널리 전해지기를(막 16:15) 우리에게 부탁하셨다.

[주기도]

하늘에 계신 우리 아버지
아버지의 이름을 거룩하게 하시며
아버지의 나라가 오게 하시며
하나님 아버지의 뜻이 하늘에서와 같이
땅에서도 이루어지게 하소서
오늘 우리에게 일용할 양식을 주시고
우리가 우리에게 잘못한 사람을 용서하여 준 것 같이
우리 죄를 용서 하여 주시고
우리를 시험에 빠지지 않게 하시고 악에서 구하소서
나라와 권능과 영광이 영원히 아버지의 것입니다.
아멘.